대한민국
둘레길

대한민국 둘레길

동·서·남해안과 휴전선 2700km 트레킹

강신길 지음

안나푸르나

들어가는 글

안나푸르나 ABC(Annapurna Base Camp)를 다녀왔다. 대박 등산회 멤버와 같이. 그때가 2010년 회사를 정리하고 자유인으로 막 탈바꿈할 때이기도 하다. 주말에 간헐적으로 국내 산행은 하고 있었지만 히말라야 트레킹은 처음이었다. 말로만 듣던, 트레커들의 로망이기도 한 히말라야를 트레킹한 것이다. 장엄한 산군들의 산맥을 오르고 내리기를 반복하는 트레일에 고산증에 이르기까지, 말로 표현하기 어려운 힘든 여정이었다. 트레킹 트레일 정상인 ABC에서 맛본 희열에 가득 찬 성취감은 지금도 뇌리에 깊이 남아 있다. 이 안나푸르나 트레킹 후 짧고 높은 데는 가 보았으니 이제 길고 낮은 곳은 어딜까? 그렇게 찾아낸 곳이 '까미노 데 산티아고(Camino De Santiago)', 산티아고 순례길이다.

2011년 산티아고 순례길을 걸었다. 33일간, 920km. 산티아고 순례길 중 어느 날 저녁, 홀연히 내 가슴속에 들어와 박힌 그 무엇이 자라길 16일, 내 가슴속에 더 자랄 공간이 없어지자 어느 때 갑자기 가슴 밖으로 터져 나와 내 눈앞에 나타난 하트 모양의 갈대숲의 형상(形狀). 이것이 무엇인가? 순례길 내내 이 생각으로 머리는 꽉 찼다. 아내에 대한 사랑이라 생각했다. 훈훈한 가슴을 안고 걷고 걷고 또 걸었다. 이후 걷는 것이 가벼워지고 또한 좋아지기 시작했다. 그 누구의 도움이 필요 없는 나만의 동작으로 고통과 희열이 동시에 공존하는 내 몸이 바로 걷는 도구라는 사실을 깨닫게 되었다. 다시 환희에 온몸을 떨었다. 그 후 나는 걷기에 빠져들게 된다.

그 무엇이 다시 한번 오기를 갈구하면서 '해파랑길'을 걸었다. 25일간, 770km. 2014년이었다. 동해안 해파랑길 트레킹이 끝나자 걷기 욕심이 발동되어 '동서횡단 DMZ 평화누리길'을 걸었다. 12일간, 428km. 2015년이다. 트레킹은 계속 이어진다. '서해안 트레킹'. 19일간, 600km. 2016년이었다. 자유인으로의 생활이 터를 잡았을 때다. 국토 동서남북, 종횡단 트레킹의 마지막 퍼즐을 2017년에 '남해안 트레킹'으로 마감한다. 27일간, 857km. 이렇게 하여 '대한민국 둘레길'이 83일간에 걸친 2655km 걷기로 막을 내린다. "우연이 필연을 낳는다."라는 사실을 머리에 담고 걸은, 길고 긴 트레킹의 시작은 2011년 그 무엇이 내 몸에 들어온 우연이었다.

　부산 이기대공원 길에서 보는 망망대해, 낭만이 가득한 울산 간절곶, 태화강변의 사각사각하는 대나무 숲길, 울산 대왕암 바위 공원의 신비감, 강동 주전해안의 까만 화성암 바위의 주상절리, 억겁의 시간이 만들어 낸 몽돌의 주전해변, 동해의 끝자락 호미곶의 푸른 파도, 솔숲과 해안 절벽과 너울성 파도와 바위를 건너 뛰어 걷는 길의 절경 영덕 블루로드, 월송정, 망양정 등 관동팔경이 어우러진 울진 해안 소나무 숲길, 바다와 모래와 촛대바위와 형제암의 비경 추암 해변, 정동진의 청춘 활력과 가을날의 안개 낀 괘방산 트레일, 안진항 해변에서 경포대로 이어지는 너울 파도의 해안 모래 길 걷기, 크고 작은 동해안 포구의 활력 넘치는 생선 경매와 난전 장터 구경하기. 주문진항과 속초항의 해물 먹거리, 화진포와 김일성 별장에 이은 가슴 아픈 이북의 해금강. 억겁의 세월로 부딪혀 오는 파도를 묵묵히 이겨내는 수많은 형형의 바위들. 이 모든 것이 내가 사랑하지 않을 수 없게 하는 동해안의 모습들이다. 나타나 있거나 숨어 있기도 한 것들이….

　백두대간 태백산맥을 횡단하는 진부령, 백두대간 트레일이 어우러지는 인제. 휴전선으로 치닫는 펀치볼의 양구, 한국의 차마고도인 평화의 댐에서 화천 재안터널까지 고도 고개의 굽이굽이 길, 영원한 비경에 숨겨져 있는 화천 비수구미마을, 인적이 없는 한가한 도로에서 갑자기 들려오는 사격 총소리, 짜장면 집이 없는 면 소재지. 모텔과 레스토랑과 편의점이 있는 군 부대. 한탄강을 가로지르는 한탄대교, 달리고 싶은 철마가 마지막 멈춰 선 곳 신탄리. 가을날 안개 낀 임진강변의 갈대숲과 주상절리, 임진 강변의 갈대 평원, 황포돛대가 멈춰선 임진강 두지나루, 일산 호수공원의 여유로운 풍경, 행주산성의 역사 이야기, 애환 어린 애기봉의 전설, 남북 분단의 상징인 철책로 걷기, 재두루미 비행대대 시찰하기. 이 또한 아름다 운 동서횡단 DMZ 평화누리길의 모습들이다.

추억이 깃든 소래포구의 낭만. 시흥의 아름다운 오이도의 낙조. 모공만 큼이나 많은 뻘 구멍을 헤아리며 걷는 화성, 아산, 삽교천 방조제 길. 수채 화 같은 농촌의 풍경들. 솔 향기 가득 담고 걸어보는 몽산포, 달산포, 청포 대 송림 해변 길. 간척지의 역사를 만든 서산 간척지의 광활한 농토. 전곡 항, 궁리항, 대천해수욕장의 슬프도록 아름다운 서해 낙조. 모세의 기적이 일어나는 무창포 신비의 바닷길. 은은한 은색 물결로 뒤덮이는 서해의 아 침 갯벌. 농촌과 어촌이 공존하는 아름다운 마을. 가리비 팻말과 소원 성 취 나무패가 걸려 있는 쿠안 마실길 2, 3코스의 해안 철책 길. 은하수로 흩뿌려진 오후의 서해 바다. 법성포의 조기 백반. 해변 풍광과 낙조의 운 치가 극치를 이루는 백수면 '백수해안 노을 길', 갈대와 야생화가 함빡 피 어난 아름다운 지방 길 걷기. 문화 예술이 깃든 항구 목포와 삼학도. 서해 안이 자랑하는 명소들이다.

아리랑의 고장으로 가는 아름다운 영암 갑문. 아름다운 진도 대교 아 치. 많은 인명이 희생된 안타까움이 밀려오는 진도항/팽목항의 으스스한 느낌. 바다 목장의 고요한 자태. 해남의 땅끝마을. 달마산 병풍 바위군의 위용. 출렁이지 않는 가우도의 출렁다리. 아름다운 항구 마량의 낙조. 푸 근하고 고요한 농촌 마을 길의 이름 모를 야생화. 바다와 뻘과 갈대가 어 우러진 굴곡진 남해 해안 길. 녹차와 꼬막과 문학이 함께하는 보성 벌교의 한 상 차림. 순천만 순천 갈대밭 길. 이름 없는 크고 작은 포구들의 일상. 아름다운 작은 어촌 마을들. 돌산대교에서 보는 여수시 전경. 향일암으로 가는 돌산 해안 길의 고요함. 이순신 대교의 위용. 평화로운 섬진강 하구의 모래탑. 남해 금산의 수려함과 앵강만의 사파이어 바다. 해안을 끼고 있는 아름다운 농어촌 공존 마을. 이국 정취의 독일인 마을. 지족리 죽방 멸치 쌈밥 한 상. 예술 문화의 도시 통영 시가지. 미륵도 관광특구 산양읍 해안길과 달아공원. 조선의 메카 거제도 해안 길 걷기. 사파이어 바다에 은색 줄로 구역 지어진 바다 목장 굴 양식장의 위용. 애잔한 석양과 아침 바다의 풍요로운 풍광. 부산항 북항의 거대함. 이것들 또한 남해안이 자랑하는 풍광, 명소들이다.

4년간에 걸친 '대한민국 둘레길' 걷기 중에 중국 호도협/옥룡설산(2015년), 뉴질랜드 밀포드 사운드 트레킹(2016년), 알프스 몽블랑 트레킹(2017년), 페루 마추픽추 잉카 트레킹(2018년), 히말라야 무스탕 트레킹(2018년)을 다녀왔다. 이어 쿰부 히말라야(에베레스트 베이스 캠프 & 칼라파라르. 2019년)도 걸었다. 그냥 걷고 싶었고, 걷는 것이 좋았을 뿐이다. 아는 만큼 보인다는 여행 정설을 '대한민국 둘레길' 걷기에서는 '걷는 만큼 보인다'로 바꿔야 한다. 무심코 지나가는 자동차 길 아래에 보물같이 숨어있는 멋진 풍광에 나 스스로 감탄하기가 한두 번이 아니었다.

이 책은 트레킹이나 여행 가이드가 아니다. 제목에서 이야기하듯이, 그냥 우리나라동서남북, 종횡단 변방 길을 걸은 대한민국 둘레길의 내용을 적은 내 나름의 기록이다. 솜씨가 짧아, 보고 느낀 것을 제대로 충분히 옮기지 못한 데다, 많은 내용을 한정된 페이지에 다 실을 수 없음은 유감이다. 혼자만 간직하기에는 아깝기도 하고, 다소 용기가 부족하여 국내 트레킹을 주저하는 사람들에게 "그냥 떠나라"라는 용기를 줄 수 있다면, 이 책의 소임을 다한 것이라고 하겠다.

　의대 교수이자, 은퇴 설계 전문가인 호사카 다카시 교수가 말한 바와 같이 50대에는 근육을 키우는 시기인 것과 같이, 혼자 사는 힘 '고독력(孤獨力)'을 키우는 시기이기도 하다. 혼자 재미있게 지낼 수 있는 힘을 키울 수 있는 방법, 즉 고독력을 키울 수 있는 방법이 곧 혼자 여행을 떠나거나, 낯선 곳에서 혼자만의 시간을 가지는 것이다. 걷기에는 고통이 따르고, 기쁨이 오고, 감동을 받고 또 고통을 맞이하고, 이겨내고 하는 것이 마치 우리 몸과 정신의 리듬을 알 수 있는 자기와의 대화, 자기 내면세계의 관조, 자기 성찰의 시간과 같다고 할 수 있다. 사유(思惟)의 철학, 이것이 트레킹이다. 특히 국내 트레킹은 그동안 알지 못했던, 알려지지 않은 크고 작은 아름다운 풍광을 가진 곳이 너무나 많은 사실에 놀라고, 기뻐하게 될 것이다. 일단 떠나라, 그러면 성취감에 따른 행복감은 곧 따라올 것이다. 만일 처음 시도하는 트레커라면 짧은 구간으로 나누어 시작해 봄도 좋을 듯하다. "시작이 반"이라는 평범한 진리가 여기서도 작동한다. 등에는 배낭을 머리에는 트레킹 주제 '나는 누구인가?, 나는 무엇을 아는가?, 나는 어떻게 살 것인가?'를 담고 떠난 트레킹이었다.

　한마디 덧붙인다면, 등산 친구들이 붙여준 별칭 '길꾼'이 처음에는 어색하게 들렸으나 이제는 편안한 마음으로 받아들이게 되어 자랑스럽게 사용하고자 한다. 끝으로 방대한 자료를 편집하여 이렇게 아담한 책으로 출간해주신 안나푸르나 김영훈 사장님께 감사의 인사를 드린다.

2021년 3월

길꾼 K.강신길

4부 남해안

일러두기: 지도의 정해진 코스를 걸을 계획이었으나, 당일의 여건에 따라 변동이 생겨 지도의 '코스'와 '오늘의 여정'이 다른 경우가 있음.

01

해파랑길

부산 오륙도 해맞이공원 – 강원도 고성 통일전망대, 25일, 770km

2011년 스페인 산티아고 순례길 920km를 33일간에 걸쳐 걸으면서 신비한 경험을 한다. 그간 느껴보지 못했던 혹독한 육체적 고통이 계속되는 걷기 속에서, 걸어온 길이 점점 길어지자 차츰 고통은 줄어들면서 마음에는 자신감이 넘치고 훈훈한 열기가 일어났다, 다시 잠잠해지는 일이 반복되었다. 시간이 지날수록 평안한 마음의 상태가 계속되다, 다시 몸의 고단함이 찾아오고 이로 인해 몸도 마음도 편하지 않은 상태에서 어쩔 수 없이 걷기를 계속 해야만 했다. 이때 육체적 고통은 어쩌면 당연하다는 생각에 미치자 이 사실을 받아들이는 마음의 변화가 생기고, 이것이 정신에 이르자, 어느 날 저녁 문득 내 왼쪽 가슴에 그 무언가가 들어와 박히는 것 같았다. 이날 이후 나날이 조금씩 그 무엇이 왼쪽 가슴에서 자라나 점점 어떤 형상을 만들어 가는 느낌을 확연히 받았지만, 그것이 무엇인지는 알 수 없었다.

나는 지금도 뚜렷이 느낄 수 있다. 그 무엇이 왼쪽 가슴 안에 박힌 그날 이후 차츰 자라서 점점 커지고 가슴에 가득 차고 있음을 느낄 수 있었던, 이 신비한 경험을 되풀이 해보려고 해파랑길 트레킹을 시작하게 된 것이다. 도저히 믿기지도, 믿을 수도 없는 이 이야기를 친구들과 나누는 과정에서 독실한 신자인 친구는 틀림없이 성령이 임한 것이라고 했다. 그 후 나도 그렇게 믿고 확신하지 않을 수 없었다. 그렇지 않으면 그 상황을 설명할 방법을 도저히 찾을 수 없기 때문이다.

해파랑길은 부산광역시 해맞공원에서 출발하여 부산광역시-기장군-경남, 울산시-울주군-경북, 경주시-포항시-영덕군-울진군-강원도, 삼척시-동해시-강릉시-속초시-양양군-고성군 통일 전망대까지 이어지는 770km 길이다. 완전히 개발되어 연결된 트레킹 트레일이지만 트레킹을 하는 사람들이 많이 다니지 않은 관계로 중간중간 길이 함몰되거나 도로가 새로 생겨남으로 인해 트레킹 길이 훼손되어 길 찾기가 쉽지 않은 곳도 있다. 그러나 전 구간의 트레킹 길을 찾아 걷기에는 큰 무리가 없을 만큼 정비되어 있다. 다만, 산티아고 순례길처럼 동네 마을마다 숙박 시설과 음식점이 완비되어 있지 않은 것이 이 트레킹의 가장 큰 애로사항이다.

　　해파랑길은 동해안 해안가 길을 중심으로 바다 갓길과 다을 길 그리고 인근 농촌 들길과 산길로도 이어진, 우리나라에서 가장 긴 트레킹 길이다. 2년 전 산티아고 순례 길 트레킹에서 내 가슴속에 홀연히 들어와 박히고 자란 그 무엇이 다시 나타나기를 간절히 바라는 마음을 품고 '해파랑(해와 파도를 의미하는)길'을 걷기로 했다. 우리나라 해안 길과 산길 그리고 작은 포구와 작은 농촌 마을 길들의 아늑하고 소박한 정경들이 그렇게 아름다울 수가 없다. 어릴 때 자라고 뛰놀던 옛길이고 옛 마을들이다.

부산
구간

1코스: 부산 오륙도 해맞이공원-이기대공원 -광안리해수욕장-동백공원-
해운대해수욕장 -동해 남부 철도길-송정해수욕장
2코스: 기장군 해동 용궁사-시랑대-오랑대-연화리 대변항
3코스: 기장 대변항-죽성리 왜성-기장군청-일광 해변-임랑해변
4코스: 임랑 해변-나사 해변-울주 간절곶-진하 해변

산불119
안전센터

을숙도대교

을숙도
생태공원

낙동강하굿둑

부산동구청

부산역

부산항

1
코스

이기대
공원

오륙도
해맞이공원

오륙도 선착장

수영만

광안리
해수욕장

동백
공원

해운대
해수욕장

송정
해수욕장

해동용궁사

2
코스

연화리 대변항
오랑대
시랑대

기장군청

일광
해수욕장

3
코스

임랑
해수욕장

4
코스

나사해변

간절곶

2014년 3월 27일. 수요일. 흐림

 2011년 스페인 산티아고 순례길을 출발할 때 못지않은 기대감과 불안감을 동시에 가지고 집을 나서, 서울역 KTX 대기석에서 동행자 김기태를 기다리다. 2011년 히말라야 안나푸르나 트레킹을 같이 했던 '화요 등산회' 회원이다. 가볍지만 않은 마음이기에 주변에 앉은 승객들의 표정도 무거워 보인다. 밝은 표정의 기태가 저 멀리서 걸어오는 모습에 반가움에 일어나 맞이한다. 쉽지 않은 결정으로 '해파랑길'을 동행한 그다. 물론 출발지 부산 오륙도 해맞이공원에서 도착지 고성 통일전망대까지는 동행이 아닐 것이나 출발 후 트레킹이 익숙할 때까지는 같이 걸을 것이다.

 3시 30분 서울역을 출발한 KTX 155 열차는 6시 7분에 우리를 부산역에 내려준다. 내일 출발지에 가까운 해운대역으로 전철로 이동하고, 해운대 시장에서 저녁과 인근에서 숙박할 계획이다. 해운대시장에는 정리 정돈이 잘 된, 작은 칸살의 가게들이 줄지어 있다. 왁자지껄하며 번잡한 전통시장의 맛은 없고 한가한 분위기에 가게 주인들의 표정들이 답답한 모습들이다. 손님이 없어서 그럴 게다. 낙지볶음으로 저녁을 먹다. 인근 모텔에 투숙하고 잠을 청하고 있는데 옆방에서 들리는 심한 배관 수리 작업 소리에 잠을 잘 수가 없을 것 같아 수면제를 먹고 자다.

해파랑길 시작점. 이기대 공원 길 입구.

트레킹 1일차. 2014년 3월 28일. 목요일. 흐린 후 맑음. 미세 먼지 나쁨

어제 저녁 해운대시장 안 식당에서 먹은 저녁 식사가 맛이 별로 없어서 아침은 무엇을 먹어야 할지 가벼운 고민에 빠지다. 모텔을 나와 큰길 쪽으로 나가는데 이른 아침이라 문을 연 식당이 보이지 않는다. 오른편 골목길에 아침 식사라는 팻말을 보고 그 식당으로 향하다. 대구탕(러시아산)으로 아침을 먹고 택시로 첫 출발지인 오륙도 해맞이공원에 도착하다. 아침 7시다.

오륙도 해맞이공원은 아름다운 길, 걷고 싶은 부산 트레킹 길 '갈매길' 제3코스 시작점이다. 우리는 이 갈매길 2코스, 1코스의 반대 방향 길로 걸어가면서 해파랑길 트레킹을 시작한다. 오륙도는 파도에 따라 어떤 때는 섬이 5개로 보이기도 하고 6개로 보이기도 하여 붙여진 이름이다. 조용필의 노래 '돌아와요 부산항'으로 잘 알려진 곳이다. 새벽녘 안개로 바다가 희미하게 보이고 하늘에는 짙은 먹구름과 옅은 회색 구름이 겹치고 흩어져 널리 퍼진 사이로 아침 해가 붉은색을 막 토해내고 있다. 구름 속에 감추어진 햇살이 옅어지고 바다 높은 곳에서 해가 그 얼굴을 드러낸다. 한 폭의 유화 그림이다.

아침 해를 바라보며 심호흡으로 몸과 마음을 가다듬는다. 이제 길고 긴 '대한민국 둘레길'의 그 출발, 해파랑길 트레킹이다. 바로 이기대(二妓臺) 공원을 향한 오르막 첫 발걸음으로 770km 해파랑길 트레킹의 시작이다.

한동안 오르막이 계속되고 굽이굽이 도는 깎아지른 해변 길이 오른쪽으로 이어지고 그 반대편은 소나무와 참수리 나무들이 겹치고 작은 관목들과 큰 풀들로 엉켜 있다. 농바위를 지나 높은 마루를 넘으면 바다와 산의 낙차가 큰 기암 절벽과 푸른 녹음이 어우러진 이기대 해안 길이 계속 이어진다. 절벽 낭떠러지를 오른편에 두고 푸른 바다를 보며 걷는 길이 이

이기대공원 길에서 바라본 부산 바다.

기대 공원이다. 임진왜란 때 두 기생이 왜장을 끌어안고 푸른 바다에 뛰어들어 순사한 후 그 시신을 거두어 무덤을 만들었다고 해서 붙여진 이름이다. 산과 바다의 낙차가 이렇게 큰 곳은 이 이기대공원을 제외하면 동해안에 많지 않다. 이기대공원 해안 길은 이탈리아 북부 지역 스페찌아에 있는 친퀘테레(다섯 마을) 트레킹 코스 중 제4마을 베르나차와 제5마을 몬테로소 간 트레킹 트레일을 연상시킨다. 이기대공원 해안 길에서 짙푸른 부산 바다를 보며 걷는 것과 해안 길을 따라 지중해의 쪽빛 바다를 보며 걷는 것은 비슷하다.

이기대 공원 길을 벗어나면 컨벤션이 나오고 영화 '해운대' 촬영 장소라고 알리는 입간판이 눈앞에 나타난다. 그 길을 내려가면 광안리해수욕장이다. 해수욕장 백사장을 가로지르는 바다 위로 타원형의 회색 콘크리트 다리와 상판이 바다 경관을 해치며 눈앞에 펼쳐진다. 혹자는 이를 바다와 조호-

동백공원 끝자락에 위치한 누리마루 APEC 하우스

롭다고 말한다. 부산 야경을 나타낼 때 등장하는 광안대교, 화려하고 웅장하게 그 위용을 자랑하는 이 대교도 한낮에는 이렇게 볼품없는 회색 콘크리트 2층 다리일 뿐이다. 때에 따라 화려한 이면에 어둠을 가지고 있는 것이 사물의 이치이니, 이 이치를 잘 아는 것이 사물을 아는 길이기도 하다. 광안대교는 부산의 명물이자 동시에 부산 바다 경관을 해치는 주범이기도 하다. 낮과 밤에 따라서 일어나는 호불호(好不好)의 기준은 독자의 몫이다.

　이기대공원 길에는 많은 나무 계단이 해안 절벽에 걸쳐 있다. 이 나무 계단과 자연 산길의 조화가 이기대공원의 일주도로와 산책길을 완성시킨다. 광안리해수욕장 해변 길을 지나 민락교를 지나면 부산 요트 경기장이 나오고 동백공원이 저 멀리 모습을 보인다. 동백공원 끝자락 높은 곳에 APEC 정상 회담을 위해 지은 누리마루 APEC 하우스가 초록빛의 유리 외관을 보이며 나타난다. 언제 보아도 한결같은 정돈된 외관이 동백공원 주변과 잘 어울리지 않는다.

울창한 동백과 소나무로 어우러진 동백공원은 정상으로 가는 여러 갈래 산책길이 잘 다듬어져 있다. 바다 바람이 가슴을 적시고 소나무와 동백꽃 향기가 코를 찌르며 다가온다. 시원함을 느끼며 한가하게 걷다 보니 어느덧 공원 정상에 서게 되고, 푸르고 확 트인 파도가 넘실대는 넓은 바다를 가슴으로 맞는다. 바다 바람을 가슴에 가득 담고 웨스틴 조선 호텔을 오른편에 끼고 해운대 백사장을 가로질러 문텐로드 달맞이 공원으로 향한다. 해운대 백사장이 끝나는 지점에서 달맞이 고개로 올라가야 문텐로드 해파랑길 코스인데 우리는 백사장 끝자락에서 해안가로 더 나아가, 횟집 거리 마지막에 이르러 언덕을 올라 기찻길에 도착한다. 동해 남부선 일부 구간이다. 부산역에서 송정리역까지 4.6km이나 지금은 운행이 중단된 구간이다. 부산시는 이 구간을 레일 바이크로 개발하는 사업을 추진 중인데 민간단체에서 반대하는 구호 플래카드가 곳곳에 걸려 있다. 이 철길을 걷는 사람들이 꽤나 된다. 문텐로드 길 못지않는 운치 있는 길이다.

청사포를 바라보고 바로 바다를 가까이 접하며 걷는 운치가 사뭇 다르다. 라임색에서 푸른색으로 다시 검푸른색으로 조합 없이 어우러진 바다 색깔에 바위 돌이 던져진 듯 흐드러진 기찻길 옆 바다다. 시커먼 바위에 파란 바다색이 자연스러움을 느끼게 한다. 철로 위를 걷다가 철도 침목을 걷다가 침목 자갈 위를 걷다 하니, 어느덧 해파랑길과 다시 만나게 되고 송정해수욕장에 이르게 된다. 번잡하고 혼란스런 해운대해수욕장을 피해 송정해수욕장은 젊은이들이 즐겨 찾는 곳이다. 오늘의 숙박 예정지이나 백사장 주변이 부경대, 창원대 학생들의 MT 행사로 번잡하여 하늘에 걸린 해를 가늠해 보고 더 걷기로 하다. 공수리에서 해삼과 멍게를 안주로 소주 1병을 마신다. 지친 발걸음에 갈증이 겹쳐 마시는 소주 맛이 일품이다. 갓 퍼 올린 싱싱한 바다 맛을 자랑하는 기장으로 접어든다. 기장의 첫정 먹거리 중 하나인 기장 짚불 붕장어 구이 요리다. 원조(元祖)와 명인(名人)이란 요란한 간판으로 지나가는 사람들을 불러 모은다.

시원하게 탁 트인 바다가 눈앞에 펼쳐지는 기장 7경이자 시인, 묵객의 시름을 달랬던 최고 명승지인 시랑대(侍郎臺)를 지나오면 해동 용궁사 앞 해변 길이 해파랑길로 이어진다. 파도가 덮칠 만큼 가까운 바닷가에 자리 잡은 용궁사는 일반적인 산중 사찰이 아닌 해안 사찰이라는 특별한 입지 때문에 평일에도 관광객이 많이 오는 사찰이다. 고려 공민왕 왕사(王師) 나옹대사가 창건한 관음성지의 기도처이기도 하다. 기도 효험이 있다고 잘 알려진 절이기에 소원 성취를 위해 기도하는 사람들이 많이 오기도 한다.

기도 효험이 잘 알려진 용궁사 인근 덕분인지 굿과 푸닥거리 행사 집들이 많은 오랑대를 지나고 대변항이 보이는 연화리에서 오늘 숙박하다. 연화리 포구를 중심으로 50여 개의 회집으로 이루어진 연화리 횟촌은 다양한 해산물을 즐길 수 있다. 곤지식당에서 추천받은 모텔 '별장 7월'에 배낭을 남겨 놓고, 봄철의 별미인 담담하고 소박한 도다리 쑥국, 쫄깃하고 아삭한 기장 돌미역, 멍게와 해삼에 다시 소주 1병을 주문하다. 이 맛이 트레킹의 또 다른 맛이구나 하는 느낌을 지울 수 없다. 아마 다시 찾을 수 없는 연화마을에서 지치고 배고파서 먹는 이 음식이 바로 오감 만족의 맛이다.

동해 남부선 철길을 걷다.

행복감이 포만하다. 기쁘다. 기분 좋게 모텔로 돌아오니 아름다운 이름과 외관과 달리 깨끗하지 않은 실내의 비품들이 여느 마을 여관 수준이다. 게다가 찻길 옆이라 오고 가는 차량 소음으로 쉬

기도 효험이 높다는 해동 용궁사.

잠을 청할 수 없다. 어제 저녁에 이어 오늘 밤도 잠복은 없다. 이것 또한 여행의 한 면이니 감수해야지. 잘 수 있는 만큼 자 보자. '기찻길 옆 오막살이 아기 아기 잘도 잔다'가 아니라 우리 우리 잠 못 잔다.

오늘의 여정

부산 구간
1코스: 부산 오륙도 해맞이공원-이기대공원-광안리해수욕장-동백공원-해운대해수욕장-동해 남부 철도길-송정해수욕장
2코스: 기장군 해동 용궁사-시랑대-오랑대-연화리 대변항

출발: 부산 오륙도 해맞이공원 오전 7시
도착: 기장 대변항 오후 4시 10분

걸은 시간: 9시간 10분
걸은 거리: 33.2 km

트레킹 2일차. 3월 29일. 토요일. 흐린 후 가랑비

　배낭을 메고 나오는데 가랑비가 내린다. 오늘 하루도 긴 시간을 걸어야 하니 가랑비에도 추위를 느끼고 체력이 떨어질 수 있어 비옷을 덧입고 나서다. 어제 저녁 식사 때 식당 주인에게 아침 식사를 부탁했더니 보통 때보다 조금 빠르게 준비해 주시고, 우리는 조금 늦은 출발로 시간을 맞춰 멸치 찌개, 기장 돌미역 쌈으로 든든하게 아침 끼니를 해결하다. 멸치 하면 기장, 기장 하면 멸치로 불릴 정도로 멸치는 기장의 얼굴이다. 멸치의 성어기인 4월말에 개최되는 '기장 멸치 축제'가 열리는 대변항이 바로 우리를 맞이한다. 대변항 끝자락을 밟아 해안도로를 따라가면 월전마을로 이어지게 되나, 우리는 해파랑길을 따라 대변 숲길을 넘어 월전마을로 가다

　3월 하순 남녘이라 진달래, 복사꽃, 개나리가 순서 없이 어울려 피어 있고, 소리를 죽이는 조용함이 산티아고 순례길 작은 마을 길 걷기의 감흥을 되느끼게 한다. 걸음마다 나타나는 진달래, 개나리꽃, 여기저기 돋아난 쑥

'기장 멸치 축제'가 열리는 대변항.

무더기가 푸른 새봄을 한껏 부추기고 봄 도다리 쑥국용으로 쑥을 채취하는 아낙네의 손놀림이 부지런하다. 부슬비 속에 산길이 촉촉이 젖어간다.

　대변리와 월전리를 잇는 이 산속 꽃길을 건너면 월전마을이 나온다. 월전마을 작은 어촌계 시장에는 갓 잡아온 홍해삼, 곰장어, 개불, 꼴뚜기 등 싱싱한 생선들이 바구니 안에서 펄떡인다.

　잘 먹은 아침 덕분에 그냥 지나쳐 가는 것이 몹시 아쉽다. 이 싱싱한 홍해삼을 눈앞에 두고. 그라도 트레킹 발걸음은 씩씩하다. 두호리 바닷가 넓은 암석 위에 유럽풍의 이국적인 예쁜 성당이 아담한 자태로 앉아 있다. 죽성성당이다. 드라마 '드림' 촬영지로도 잘 알려진 곳이다. 성당 입구 오른편에 두 손으로 기도하는 모습의 하얀 성모 마리아님께 가족의 평화를 주심에 감사하고 해파랑길 트레킹 성공을 기원하는 기도를 드리다.

　일광면 이천리에서 우럭 매운탕으로 점심을 먹다. 트레킹이란 트레일을 따라 걷는 것이기에 웬만한 명승지나 유적지가 아니면 굳이 찾아가지 않는다. 하물며 음식점은 더구나 찾아갈 수 없다. 그냥 지나가는 길에 식사 시간이 맞춰지면 감사하게 먹는다. 그런데 이때 먹는 음식이 한결같이 맛있는 것은 바로 잡아 조리한 재료의 싱싱함이 그 이유다. 쫄깃쫄깃한 우럭 살이 씹히는 좋은 식감에다 맵지도 짜지도 않은 주인장 조리 솜씨가 시원한 듯한 단맛의 국물 맛을 느끼게 한다. 식도락의 즐거움을 만끽한다. 해안가를 벗어나 기장읍내로 들어오다. 봄비에 촉촉이 젖은 길을 따라 걸어오는데 오른쪽에 현대식 건물 기장군

월촌 어촌계 시장. 싱싱한 해산물을 선택하면 바로 먹을 수 있다.

청사가 눈에 들어온다. 기장군청사에서 왼쪽 길로 걸으면 부산 갈맷길 9-2, 9-1 구간으로 이어지고, 오른쪽 길로 걸으면 갈맷길 1-1 구간이자 해파랑길이다. 3km 정도 걸어가면 해파랑길 3코스 표시가 나오는 일광해수욕장 앞에 이른다. 이렇게 해파랑길은 군데군데 표시가 있다.

부슬부슬 하염없이 내리는 비로 우의는 흠뻑 젖고 우의 안에 입은 옷들이 습기로 축축해진다. 일광해수욕장에는 방파제가 길게 들어서 있고 모래사장이 없다. 어선 같은 작은 배가 방파제와 모래사장 구별 없이 정박해 있는데 고기 잡는 어망 및 어구들이 없는 배다. 반대편 길가 상가와 작은 상점에는 모두 낚시꾼들을 안내하는 문구로 가득하다. 낚시 고기잡이 전용 항구인 듯하다.

젖은 옷으로 몸은 추워온다. 오늘의 목적지 임랑해수욕장에 이르다. 관광객이나 일반인들이 많이 찾는 해수욕장이 아니라, 젊은이들이나 대학생들이 MT 장소로 많이 이용하는 해수욕장이다. 아, 그러니 모텔이나 호텔 등 숙박할 만한 곳이 없다. 젊은이나 대학생 단체 MT를 위한 민박집들이 대부분이다. 마침 대학생 모임 주선을 위해 사전 답사 나온 대행사 팀원 한 사람이 간절곶에는 모텔이나 호텔이 있을 거라고 귀띔해준다. 임랑해수욕장에서 15.5km 거리에 있다. 족히 4시간 걸음 거리다. 순간 기태와 나는 서로 말없이 쳐다본다. 누가 뭐라도 먼저 말하기를 고대하는 눈치다. 잠시 호흡을 가다듬고 다음 행선지를 그려본다.

간절곶 가기 전 울주군 서생면이 중간에 있고 면사무소 소재지인데 모텔이 없으랴?. 그래, 서생면까지 가보자. 다시 걷는다. 부산광역시와 울산광역시가 만나는 해안로를 따라 서생면 사무소로 향하다. 비는 그치지 않는다. 또 다시 실망이 우리를 덮친다. 서생면에도 모텔이 없다. 다리는 발목에 모래주머니를 매어놓은 듯 무겁기가 헤아릴 수가 없다. 스페인 산티아고 순

드라마 '드림' 촬영지인 죽성 성당.

레길 트레킹이나 히말라야 안나푸르나 트레킹은 안내하는 코스별로 숙소와 음식점이 있다. 거리 안내만 해줄 뿐 코스별로 나누어 병기하지 않는다. 트레커 각자에 따라 조정하여 걸을 뿐이다.

그런데 우리나라의 해파랑길은 각 지자체 별로 구간을 나누어 코스별로 시작점과 도착점 거리를 병기하여 안내한다. 그러니 우리와 같이 처음 나선 트레커들은 나누어진 코스별로 숙박 계획을 세우고 출발하기 마련이다. 숙박 시설을 코스별로 확인하지 못하고 나선 것에 몹시 후회가 된다. 이제는 선택 없이 빗속 길로 간절곶까지 가야 한다. 처음 가는 곳이니 그 팀원이 이야기해준 대로 모텔이 있기만을 빌며 걷는다. 간절곶 인근 민박 집들이 즐비한 나사 해변을 지나 간절곶 '아샘블 호텔'에 도착하다. 연속 되는 해물과 생선으로 이루어진 식사로 오늘은 호텔 인근에 있는 치킨 가 게에서 구매한 프라이드 치킨과 소주 몇 잔으로 저녁 식사를 대체하다.

오늘의 여정

부산 구간
3코스: 기장 대변항-죽성리 왜성-기장군청-일광 해변-임랑 해변
4코스: 임랑 해변-나사 해변-울주 간절곶

출발: 기장 대변항 오전 8시 30분
도착: 울주 간절곶 오후 5시 50분

걸은 시간: 9시간 20분.
걸은 거리: 36.5km / 누계 69.7km

10
코스
강동화암 주상절리
정자항
현대중공업 강동축구장
주전몽돌해변
9
코스
주전봉수대
7
코스
십리대숲
내황교
태화강전망대 울산광역시청
염포삼거리
염포산 전망대
6
코스
선암 호수공원
덕하역
울산대공원
울산대교 전망대
일산 해수욕장
8
코스
대왕암 공원
방어진항

울산 구간

5
코스
외고산 옹기마을
온양읍
진하 해수욕장
간절곶
나사해변

5코스: 진하 해변-온양읍 외고산 옹기마을-덕하역
6코스: 덕하역 -선암 호수공원-울산대공원-고래 전망대-태화강 전망대
7코스: 태화강 전망대- 십리 대숲-내황교-염포 삼거리
8코스: 염포 삼거리-염포산 제1전망대-방어진항-대왕암공원-일산 해변
9코스: 일산 해변-주전 봉수대-주전 해변-정자항
10코스: 울산 정자항-강동 화암 주상절리-경주 관성 해변-
양남면 주상절리-읍천 항구-나아 해변

트레킹 3일차. 3월 30일. 일요일. 비 그리고 갬

　어제는 예정보다 먼 거리를 그것도 빗속에서 이루어진 강행군이라 마침 시설 좋은 호텔에서 하루를 묵으니, 오늘 아침 출발은 자연 늦은 시간에 이루어진다. 오늘은 어제 더 걸은 거리만큼 단축하면 되지 않느냐 하는 암묵적인 마음이 앞서니 자연히 늦잠이 따른다. 기태나 나나 서로 서두를 기색이 아니다. 호텔 레스토랑에서 아메리칸 조식으로 배를 불리고 길을 나선다. 비는 부슬비로 바뀌고 간혹 빗방울이 몰려오기도 한다.

　아샘블 관광호텔 앞 해안 길로부터 간절곶은 시작된다. 한반도 아니 조금 더 넓혀서 이야기하면 동북 아시아 대륙에서 가장 먼저 일출을 볼 수 있는 곳이 간절곶이다. 매년 1월 1일이면 해맞이 축제가 많은 젊은이들에게 호응을 받아 지금은 젊은 연인들 여행지로 널리 알려진 곳이다. 이렇게 젊은이들이 몰려오니 자연히 카페 거리가 형성되어 컨테이너, 천막, 간이 건물 등 특색 있는 카페촌으로 이루어져 있으며 가수 부부인 정훈희&김태화가 운영하는 '꽃밭에서'란 카페도 여기에 있다.

아름다운 해안길이 이어지다.

검푸른 파도가 넘실대는 끝없이 펼쳐지는 동해 바다와 아름다운 바닷가 바위들, 그리고 곶 언덕 위의 등대는 우리나라 아름다운 등대 16곳 중 하나이기도 하다. 등대 아래 마침 이른 봄비에 활짝 피어가는 유채꽃과 하얀 등대가 봄을 맞을 준비가 다 되어 있음을 공표하듯 이름답게 펼쳐 있다. 젊음은 아름다운 것이다. 휴일 이른 시간에 빗속을 거니는 많은 젊은 커플들의 밝고 활기

넘치는 모습이 예쁘기 그지없다. 아 부럽다, 나에게도 저런 아름다운 시간들이 있었던가? 과거를 회상하며 여운을 즐기기엔 우리에게 갈 길이 멀다. 너무 늦은 출발이기에. 기태 형, 그만 생각하고 이제 갑시다. 빗방울이 다시 굵어진다. 아름다운 해변을 볼 수 있는 소나무 숲속 벼랑 길로 이어지는 길은 감탄이 저절로 나오는 감동적인 작은 인공 길이다. 숨어 있는 길이기도 하다. 이름만큼이나 넓은 모래 사장과 물빛이 맑기로 유명한 진하 해변은 간절곶에서 약 5km 정도 거리다. 해안을 바라보며 숲속 벼랑 길과 해변가를 따라 같이 걸어가는 돌 블록 길이 걸음걸이를 편하게 해준다.

한동안 해파랑길 안내 표시판도 표시 리본도 없다. 걸어도 마음이 편하지 않다. 올바른 길인지 틀린 길인지 의구심이 앞선 빗속 길이기에 그냥 지도와 느낌으로 찾아간다. 비는 그치고 간헐적인 구름이 나타나기도 하지만 햇볕 속에 봄기운은 완연하다.

온양읍을 비껴가면, 전국 유일의 전통 옹기 집산 마을인 외고산마을이

외고산마을의 전통 옹기 가마.

나온다. 2009년 해파랑길이 조성되어 이곳이 옹기 마을로 잘 알려지기도 했으나 밀집된 옹기 가마와 작업장 그리고 판매 매장 등이 트레커들에게 많이 노출되어 불편함이 고조되자 사유지인 이 마을에서 해파랑길 트레킹 트레일에서 제외시켜 주기를 요청하여 2017년부터 트레킹 트레일에서 제외된다.

'꽃밭에서' 카페.

옹기 마을에서 트레킹 길을 잃어버리고 어쩔 수 없이 일부 구간의 철길을 따라 한적한 곳으로 벗어나 도로를 한동안 따라가면 만나는 우진 주유소가 이 코스의 이정표이다. 여기서 트레일을 잡고 이어 시골 마을 길을 지나 산길로 접어들어 숲속 길을 이리저리 돌아가 다시 대로로 나오면 청양면 덕하리 덕하역이 보인다. 덕하역 앞 전형적 시골 여관인 덕하장 여관에 짐을 내려놓는다. 검푸른 끝없는 바다에서 말면서 펼쳐 내리치는 동해 파도의 기개와 산과 들에 차오르는 대지의 기운을 몸과 가슴에 가득 담아 걸어온 오늘 하루다. 널리 알려지지 않은 우리나라 동해 해안의 숨은 보석 같은 길을 우리 둘이 살며시 걸어온 것이다.

오늘의 여정

울산 구간
5코스: 간절곶-진하 해변-온양읍-외고산 옹기마을-덕하역

출발: 간절곶 오전 9시 20분
도착: 덕하역 오후 4시 50분

걸은 시간: 7시간 30분
걸은 거리: 22.7km / 누계 92.4km

트레킹 4일차. 3월 31일. 월요일. 흐림

어제까지와 마찬가지로 구간 코스 시작과 종점에 다음 코스의 방향 표시가 없다. 출발지에서 방향을 잘못 잡으면 한동안 간 길을 되돌아와야 한다. 도심이나 읍면사무소 소재지에 도착지와 출발지가 있는 코스는 언제나 긴장감을 불러일으킨다. 오늘 아침도 가볍게 출발할 수 없다. 방향을 찾아야 하기에 기태가 이리저리 부산하게 왔다 갔다 한다. 스페인 산티아고 순례길이 떠오르지 않을 수 없다. 가는 방향이 오른쪽이면 오른쪽 건물이나 전신주에, 사거리이면 건너기 전과 건넌 후에 길바닥이나 나무줄기에, 두리번거릴 거리에 어김없이 노란색 화살 표시가 나타나 순례자들에게 자연스럽게 나아갈 길을 알려준다.

우리나라 중공업 산업의 메카, 울산에 접어든다. 대형 물류 운반 트럭들이 굉음을 내며 분주하게 대로를 내 달린다. 이제까지 한적하고 아름다운 해안가 길을 따라 걷다가 내륙 도시 길을 걷는다. 그러나 그것도 잠깐,

선암 호수공원 길.

다시 마을 뒷길 같은 수영산을 가로질러 올라간다. 높지 않지만 이른 아침 산속 길은 상쾌하다. 잠시 매주 일요일에 찾는 수서 대모산에 올라가는 기분이 든다. 트레킹 길이 지나는 선암 호수공원은 잘 다듬어진 트레킹 코스로 울산 시민들이 여유롭게 공원 길을 걷고 있다. 3월 하순이니 공원 안은 물론 길가에는 벚꽃이 만개하다. 이제 벚꽃 길을 따라 우리도 함께 북상하는 모양새다.

선암 호수공원에서 출발하는 '솔마루길'(울산광역시 지정)이 1코스, 2코스, 3코스, 4코스 모두 12.4km로 태화강 전망대까지 해파랑길 6코스와 병행한다. 어디에서나 시가지 트레킹 길 찾기는 쉽지만 않다. 대부분 환경적이나 미관상 문제점을 들어 일정 거리를 정하여 부착하거나 그려 놓지 않을 뿐만 아니라, 크고 작은 방해물에 의하여 눈에 잘 보이지 않는 것이다. 특히 우리나라의 트레킹 길 표시가 기본적으로 부족하다. 지나가는 시민들에게 물어봐도 '그런 길이 있느냐?' "언제 만들었나?"라는 대답이 되돌아올 뿐, 트레킹 길 그 자체를 이해하고 있지 않다. 선암 호수공원에서 울산대공원으로 오는 트레킹 길을 놓친 후 가장 근접한 길로 울산대공원에 들어온다.

이렇게 들어오면 트레킹 길을 찾기가 더욱 어려워진다. 기태와 나는 국내 최대 도심 속 자연 생터공원이자 364만여 m²의 넓고 넓은 울산대공원 안에서 해파랑길을 찾으려고 지도를 놓고 선암 호수공원 방향에서 방위를 추적하여 나름대로 이리저리 왔다 갔다 해보지만, 해파랑길 표시 리본은 눈에 나타나지 않는다. 벤치에 앉아 잠시 호흡을 가다듬어 본다. 오늘 코스 목적지가 해파랑길 6코스 마지막 장소 태화강 전망대를 지나 7코스 도착지인 염포 삼거리까지 36.2km를 가야 하는데 여기서 길을 잃고 시간을 지체하고 있다. 벤치에서 멍하니 앉아 있는데 얼마 거리에 해파랑길 표

정자에서 내려다 본 울산시.

지 리본이 소나무 가지에 펄럭인다. 얼른 일어나 달려 가보니 공원 중앙에 있는 소나무 구릉을 향하는 또 다른 안내 리본이 있다. 울산대공원 동문을 통해 남문 쪽으로 지나가는 솔마루길 2코스가 해파랑길과 같은 코스다. "기태 형, 이쪽이야 이쪽." 이렇게 하여 울산대공원을 동서남 방향으로 가로지르는 트레킹 길을 찾아 걸어가다. 이 공원 안에서 1시간이 지체된 것이다. 공원 안은 물론 길에도 벚꽃이 만개하여 봄날의 찬란함을 보인다.

태화강이 내려다보이는 야산 정상에 육각형 기와지붕과 소나무를 깎아 만든 정자가 우리를 맞이한다. 눈앞에 태화강을 보며 구부러진 산길을 내려간다. 제7코스는 태화강을 'ㄷ'자로 걷는 길이다. 작금 우리나라에서 가장 소득 수준이 높은 도시가 울산이다. 태화강변에서 만난 아주머니의 이야기다. "강물을 만 원짜리 지폐로 덮은 강이 태화강입니다." 이게 무슨 소리냐? 태화강을 정화하기 위해 투입된 돈의 양을 이야기하는 것이다.

강변을 돌며 본 태화강은 푸른 물 색깔에서 얕게 일어나는 파도까지 깨끗하고 아름다운 강이 되어 울산 시민에게 돌아온 것이다. 강변에 울창하게 모여 있는 십리 대나무 숲속 길에서 사각사각하는 대나무 부딪히는 소리에 잠시 자연에 돌아온 느낌을 받는다.

다시 강변으로 ㄴ와 하류 바다를 향하니 낚시꾼 두어 명이 낚시를 하는데 건너편에 뛰어오르는 고기의 모습이 여유로운 태화강의 깨끗한 환경을 말해주는 것 같다. 우명한 순천만 갈대숲을 연상하게 하는 갈대숲이 태화 강변 트레킹 길 끝까지 이어진다. 아쉽게도 갈대숲을 벗어나 대로변 자전거 길로 올라간다. 이 대로가 울산을 오늘날의 경제와 환경이 어우러진 도시로 만든 아산 정주옇의 아호를 따 지은 도로 '아산대로(牙山大路)'다.

대로 옆 강변 쪽에 난 자전거 길로 걸어 오늘의 7코스 목적지 염포 삼 거리에 간다. 사람들이 걸어 다니지 않으니 어쩔 수 없이 자전거 길로 통용되고 있다. 길 건너편이 현대자동차 울산공장이다. 공장 담벼락과 아산 대로를 바라다보며 아득히 끝 지점이 보이지 않는 자전거 길을 걷는다. 걷는 길 앞에는 사람도 자전거도 아무것도 보이지 않는다. 옆으로 눈을 돌리면 현대자동차 공장 건물과 건물 지붕이 이어지고 태화강만큼이나 넓고

태화강변 대나무 숲길.

긴 공장이다. 길 앞 저 멀리 사람 머리 하나가 고물고물 움직이니 자전거를 탄 사람이다. 점점 크게 다가오고 있다. 사람도 자전거도 거의 없는 길이다. 이 길을 걸은 지 벌써 30분이다. 그래도 끝이 보이지 않고 현대자동차 공장 담벼락은 처음과 같이 계속된다. 담벼락 넘어 야적장에는 생산된 에쿠스 자동차로 또 한 번 자동차 벌판을 이루고 있다. 한눈에 이렇게 많은 최고급 자동차 에쿠스를 보기도 처음이다.

지루한 작은 폭의 강변 둑방 길을 걸어 공장 문이 보이고 삼거리로 나누어지는 곳에 도착하기까지 1시간 10분이 걸리다. 저녁 식사를 위한 식당과 한 몸 누일 모텔을 찾기는 엄두도 내지 못한다. 공사가 완공되지 못하고 공사 덤프 트럭들이 부산하게 움직이는 공장 정문에는 차량을 제외한 사람들 보기가 쉽지 않다. 그냥 지도로 대충 짐작하여 공장을 벗어나 사람들이 사는 상점이나 숙박이 가능한 곳으로 물어가니 모텔이 있는 지역이다. 오직 현대자동차 공장에 일이 있어 오는 사람들만이 묵고 가는 곳이다. 마지막 오는 아산대로 옆 둑길이 참으로 지루하다. 자동차 소음, 먼지, 변화가 없는 공장 담벼락과 넓은 아산대로. 게다가 울산대공원에서 허비한 1시간을 만회하려는 바쁜 걸음이 오늘 트레킹을 힘들게 하다.

오늘의 여정

울산 구간
6코스: 덕하역 -선암 호수공원-울산대공원-고래 전망대-태화강 전망대
7코스: 태화강 전망대- 십리 대숲-내황교-염포 삼거리

출발: 덕하역 오전 7시 50분
도착: 염포 삼거리 오후 6시 10분

걸은 시간: 9시간 20분
걸은 거리: 34km / 누계 126.4km

트레킹 5일차. 4월 1일. 화요일. 흐린 후 맑음

　도로 정비 등 공사 일들이 아직 마무리되지 않아 정돈이 덜된 염포 삼거리를 비껴 염포산 203m를 넘는다. 해안가에는 현대미포 조선소가 자리 잡고 있기에 이 해안선을 따라가 방어진항으로는 갈 수 없다. 높지도 낮지도 않은 염포산은 인근 방어진 사람들의 아침 산책 등산길로, 좁은 산길과 소나무 사이사이 임도 길로 이리저리 여러 갈래 길로 나누어져 정상에 오른다. 울산대공원 솔마루 길과 아울러 선정된 울산의 2대 걷고 싶은 길이 바로 염포산 속 길이다. 아침 솔 향이 상쾌한 기분을 만들고 크고 작은 소나무와 잡목 사이사이 작은 길이 아침 산책의 운치를 더해준다. 그래도 산이니 가쁜 숨을 몰아 쉬면서 오르는 산길이기도 하다. 염포산 정상에서 현대미포 조선소를 내려다보며 숲속 길을 내려오면 현대미포 조선소와 방어진항이 눈앞에 점점 다가온다. 방어진 어촌계 수산물 시장에 들러본다. 갓 잡아 온 수산물들이 다양하게 펼쳐져 있다. 아침 10시. 점심을 하기에는 이른 시간이라 회뜨기를 하여 대왕암공원에서 먹기로 하고 생선을 고른다. 싱싱한 해삼의 선택은 당연하다.

　좋은 간식거리를 손에 든 기태의 발걸음이 가볍다. 저 멀리 대왕암공원이 눈에 들어온다. 눈앞에 펼쳐지는 검푸른 바다, 찰랑거리며 바위 돌에 부

대왕암 다리.

딪히는 파도소리, 저 멀리 우람하게 서 있는 대왕 바위가 보이는 해안가 길 한적한 바위에서 싱싱한 해삼과 생선회에 소주를 곁들인 간식이니 "세상에서 지금보다 더

아름답고 가슴 터진 행복감과 입맛의 즐거움을 누리는 사람이 있으면, 나와 보라고 그래." 기태의 외침이다. 소주 한 병이 마파람에 게눈 감추듯이 사라진다. 어, 한 병으로 많이 아쉽다. 아직 해삼과 생선회가 남았는데. 그래 이제 트레킹 5일째인데 그리고 계속되는 해안가 길에 또 다른 기회가 많을 거야. 서로 위로하며 무거운 엉덩이를 일으켜 세운다. 대왕암공원에 이른다.

오랜 세월 풍화에 의해 바랜 듯한 찬연한 황갈색 바위들, 크고 작게 깎이고 패인 기기묘묘한 형상의 바위들, 웅장하고 오묘한 형상의 바위 사이사이에 돌고 돌아 나와 부딪히며 터져 나오는 파도 파편들의 새 하얀색들. 바다와 바위와 파도가 만들어 내는 자연의 협주 창조물이다. 거기에 인간이 빠질 수 없기에 옥에 티 같은 발 빠른 낚시꾼들이 바위 틈새에 발을 올려놓고 낚시질에 여념이 없다. 망망대해를 바라보며 누군가를 기다리는 형상으로 바위들 위에 우뚝 솟은 할미바위 일명 남근암이 바닷가를 지킨다.

대왕암공원을 돌아 나오면 바로 눈 아래 시원한 넓은 백사장이 말발굽 같은 타원형의 일산해수욕장이 펼쳐진다. 철 이른 해수욕장이라 해수욕객은 보이지 않지만 백사장을 걷는 사람들은 많다. 크고 작은 예쁜 까페들이 길가를 장식하고 많은 음식점과 식당들이 그 사이사이를 채운다.

일산해수욕장을 벗어난 일산 해변에는 또 하나의 현대 왕국 현대중공업이 버티고 있고, 육지 방향으로 둘러싸고 있는 긴 담벼락을 지루하리만큼 길게 걸어야 벗어날 수 있다. 어제 태화강 끝자락에서 만난 현대자동차와 쌍둥이 형국이다. 현대 왕국을 이루는 위대한

몽돌 자갈 해변.

심장 두 개가 이렇게 이웃하고 있다. 현대중공업을 벗어나면 작지만 깨끗하고 조용한 장어구이 식당들이 옹기종기 모여 있는 주전항이 나온다. 이 주전 해변은 보석같이 빛나는 까만 몽돌 자갈밭과 하얗게 부서지는 파도가 어우러진 절경으로 잘 알려진 곳이다.

불야성을 이룬 정자 대게 상가들.

주전 해변에서 정자항을 거쳐 강동 해변 길은 검은 몽돌 자갈밭 길이다. 검은 바위에 밀려오는 파도가 부딪혀 흰 포말을 만들어 내는 아름다운 경관이 펼쳐지는 해안가다. 까만 몽돌을 밟으며 해변 길을 걸으며 끝없이 펼쳐지는 동해를 보며 정자항에 이른다. 강동사랑길 6코스에서 1코스로 거슬러 올라가는 길이다. 정자 대게 활어 직판장 때문인지 대게 가게가 불야성을 이룬다. 이 울산 지역에서는 대게가 잡히지 않는다. 잡히더라도 그 수는 미미하다. 그러나 울산광역시라는 소비를 배후에 두니 수요가 있는 곳에 공급이 따르듯, 인근에서나 원거리에서 공급되는 상당수가 이 정자항에 몰려온다. 이렇게 수요를 창출하고 공급을 끌어내어 지역 경제를 활성화시키는 각 어촌 마을들의 생존 전략이 돋보인다.

오늘의 여정

울산 구간
8코스: 염포 삼거리-염포산 제1전망대-방어진항-대왕암공원-일산 해변
9코스: 일산 해변-주전 봉수대-주전 해변-정자항

출발 염포 삼거리 오전 8시
도착 정자항 오후 6시

걸은 시간: 11시간 5분
걸은 거리: 31.6km / 누계 158km

연동마을

오류
고아라해변

12
코스

감포항

나정
고운모래해변

나정항

감은사지

봉길터널

봉길
대왕암해변

11
코스

나아해변

읍천항

양남
주상절리

관성
솔밭해변

경주
구간

1 코스: 나아 해변-봉길터널-봉길 해변(문무대왕릉) -감은사지-
나정 해변-전촌 해변-감포항
12코스: 감포항-오류 해변-연동마을-양포항

트레킹 6일차. 4월 2일. 수요일. 맑음

정자항 인근에 있는 청진동 해장국 집에서 선지 해장국으로 아침 배를 불리고 길을 나서다. 까만 몽돌 자갈밭이 햇빛을 받아 보석처럼 반짝이고 하얀 파도가 부딪히는 아름다운 강동-주전해안이 울산 코스의 마지막을 장식한다. 품고 있던 아름다운 주상절리 해안을 우리에게 활짝 펼쳐 보이면서.

울산 강동과 경주 양남의 관성 해변까지는 주상절리로 유명한 해안가이다. 주상절리(柱狀節理, Columnar Joint)란 마그마에서 분출한 1000℃ 이상의 뜨거운 용암은 상대적으로 차가운 지표면과 접촉하는 하부와 차가운 공기와 접촉하는 상부에서부터 빠르게 냉각한다. 빠르게 냉각하는 용암은 빠르게 수축하게 되어 표면에 가뭄에 논바닥이 갈라지듯이 오각형 또는 육각형 모양의 틈(절리)이 생기게 된다. 이렇게 냉각 수축 작용으로 생긴 틈이 수직 한 방향으로 연장되어 발달하면 기둥 모양의 틈이 생기게 되는데 이것을 주상절리라 한다.

강동-주전해안의 아름다운 까만 화성암 바다.

바다 속의 화성암들이 기묘하면서 조화로운 모습으로 우리에게 다가온다. 검은색 바위와 푸른 바다의 어울림이 그다지 맞지 않다고 느껴지나 그 사이에 일어나는 작은 포말의 하얀색이 어우러져 경관을 갖추게 된다. 해안가 길에서 마을 길로 이어지는 잘 꾸며진 숲길과 데크 길이 발걸음을 가볍게 한다. 이제 경주 구간으로 접어든다. 지경 마을이다. 관성 솔밭해변과 하서 해변을 거치면 해변 곳곳의 몽돌과 주상절리가 절묘하게 어우러져 절경을 이루는 모습들에 찬탄을 금할 수 없다. 아름다운 우리나라 해안 길이다. 해안가를 걷지 않으면 볼 수 없는 절경들이다.

벽화 그림들이 3km 마을 벽을 이어가는 읍천 벽화마을 읍천항을 지나면 나아 해변이다. 울산 구간들에 있는 항구나 포구에는 활력이 느껴지는 모습들을 쉽게 보는데 경주 구간인 지경에서부터 해변이나 항구, 포구에서 활기가 없는 한적하기도 하다는 느낌을 받는다. 왜일까? 비단 항구나 포구 뿐만 아니라 해변 길이나 길가의 가게들도 같은 느낌을 준다. 울산시와 경주시의 재정적인 문제임을 알 수가 있다. 부자 도시와 가난한 도시의 차이다.

나아 해변가에는 몇몇 식당이 있다. 대부분 생선을 주로 조리 판매하는 식당이다. 우리가 들어간 식당은 주꾸미와 소불고기 백반 전문점이어서 점심 시장기를 이곳에서 채운다. 트레킹 중에 점심 식사를 때에 맞춰 맛있는 식당에서 해결하는 경우는 대단히 드물다. 우선 점심시간에 맞춰서 식당을 지나가기가 흔하지 않다. 오늘은 아주 운수 대통한 날이다. 싱싱한 주꾸미에 불고기 볶음 백반이니 언제나 시

경주시 주상절리 안내 표시.

갈매기 굿판 놀이.

장기를 달고 다니는 트레커로서 맛이 없을 수가 없다. 며칠 만에 기분 좋은 포만감을 느끼는 오후다.

기분 좋게 식당을 나와 해변 길을 걸어가는데 복병이 나오다. 나아 해변 끝자락에 나산천으로부터 흘러내리는 민물이 바다로 흘러 들어오고 그 건너편에 월성 원자력 발전소가 있다. 해파랑길이 월성 원자력 발전소에 막혀서 해파랑길 중에서 유일하게 자동차로 이동하는 구간이 바로 나아 해변에서 문무대왕릉 사이다. 봉길터널로 이어지고 자동차편으로 봉길터널을 지나 다시 문무대왕릉으로 이어지는 해파랑길로 가야 한다. 아, 어찌할 것인가? 버스를 타고 가려면 우선 나아 해변에서 읍천마을 버스 승차장까지 1km 정도를 다시 내려와야 하고 또 버스 시간표에 맞추어 한참 기다려야 한다. 잠시 생각하다, 그냥 걷기로 하고 지도에 나타난 31번 지방도를 따라 걷는다.

걸음이 계속될수록 해변과는 멀어지는 경주 내륙방향이기에, 가던 길

바위와 소나무와 바다의 삼위일체.

을 다시 돌아와 봉길터널 안으로 걷기로 한다. 2.34km 거리에 좁은 2차선 터널 안에 오고 가는 차량 소음에 스치고, 지나가는 자동차 바람에 가끔 몸은 휘어진다. 터널 안 먼지는 다음이그 순간순간 불안한 조바심에 안전이 우선이다는 생각이 머리에 가득 찬다. 제럴드 다이야몬드 교수가 말하는 "건전한 편집증-위험한 곳이나 행동을 기피하려는 고집"이 떠오른다.

　45분간에 걸친 터널 안 트레킹을 무사히 마치고 문무대왕릉이 보이는 봉길해변으로 가다. 저 멀리 해변에서 200m 떨어진 곳에 문무대왕릉이 출렁이는 파도와 기룩기룩 울며 날아도는 갈매기들 사이로 확연히 보인다. 이 문무대왕릉은 사적 제158호로 지정되어 있다. 이 문무대왕릉의 전설적 이야기가 울산 대왕암공원에 있는 안내판에 적혀 있다. 그런데 이 안내판에 문무대왕릉은 경주 양북면에 있다고 소재지를 밝히면서, 왜 울산 대왕암공원에　안내판을 세워두었을까? 대왕암이라는 이름을 차용해서 공원을 만들었기에 그 원산지 표시를 해준 걸까? 자칫하면 이곳 울산 대왕암이 문무대왕릉으로 오인하기 십상이다.

　문무대왕릉을 마주보고 있는 봉길 해변에는 해변 푸닥거리 굿판이 벌어지고 그 굿판 막판에 떨어지는 음식을 먹으려는 갈매기들의 활공이 눈부시다. 여느 해변과 달리 굿판들이 여기저기에 벌어지고 어수선한 주변 때문에 문무대왕릉을 정숙히 보려는 사람들의 시선이 정갈하지 않다. 봉길해변을 벗어난 해파랑길은 이곳에서 2.7km 떨어진 감은사지로 우리를 안내한다.

　이 감은사지에서 봉길 해변 문무대왕릉이 직선으로 보인다. 지금은 모든 도로가 정비되어 쉽게 감은사지로 접근할 수 있지만 우리가 갈 당시에는 주변 도로 정비로 바로 접근하지 못하고 이리저리 구불구불 돌고 돌아갔던 길로 되돌아 다시 해변가로 나오다. 가곡항을 거치고 몽돌 해변을 지나면서 동해 바다가 점점 검푸른 색으로 변해가는 것을 볼 수 있다.

　나정 고운 모래 해변을 지나면 전촌항이 눈앞에 보인다. 조그만 포구항이다. 전촌항구를 굽어 돌아가면 감포 해변이 나오고 저 멀리 감포항이 모습을 드러낸다.

오늘의 여정

울산-경주 구간
10코스: 울산 정자·항-강동 화암 주상절리-경주 관성 해변-
양남면 주상절리-읍천 항구-나아 해변
11코스: 나아 해변-봉길터널-봉길 해변(문무대왕릉)-감은사지-
나정 해변-전촌 해변-감포항

출발: 정자항 오전 8시
도착: 감포항 오후 6시

걸은 시간: 10 시간
걸은 거리: 32.8km / 누계 190.8km

트레킹 7일차. 4월 3일. 목요일. 흐린 후 비

　감포항 인근 진미식당에서 참가자미찜으로 아침을 먹고 발길을 옮긴다. 아침식사로 인해 다소 늦은 8시 10분에 출발하다.

　감포항 선착장을 일부러 지나가본다. 쓸쓸한 모습이다. 아침시간임에도 활기가 없다. 감포항 앞 바다는 한류와 난류가 일년 내내 교차하기 때문에 청정해역의 특성으로, 참가자미 등 활어와 특히 참전복은 오염되지 않은 플랑크톤, 영양 염류 그리고 각종 무기질과 미네랄이 풍부한 해초 등을 먹고 자라 맛과 영양이 뛰어난 것으로도 유명하다. 이렇게 천혜의 조건을 갖춘 감포항의 쇠락을 보며 안타까운 마음을 금할 수 없다. 시대에 따른 환경 적응에 잘 대처하지 못함이리라. 감포항을 벗어나 동해 바다를 오른쪽 어깨에 얹고 오류 고아라해변 길로 나아가다. 오류 고아라 해변을 지나 육지의 내천 물이 바다와 만나는 지점에 있는 예쁜 돌다리가 우리를 건네준다.

　모곡항을 지나 연동마을로 가는 해변 길에 갓 잡은 소라를 찌고 있는 부부를 만나다. 찜통에서 뿜어대는 증기에 구수한 냄새가 코를 때린다. 아, 향이 좋다고 느끼며 20여 미터를 지나다 둘이 동시에 발걸음을 멈춘다. 잠시 서로 눈짓이 이루어지고 고개가 소라찜 집으로 돌아간다. 그리고 말없이 발걸음을 되돌린다. "아저씨, 좀 팔 수 없어요? 도저히 그냥 지나칠 수가 없네요." 만 원어치 갓 찐 소라와 이웃가게에서 소주 한 병과 고추장을 준비해 해변가로 나오다. 구수한 향내는 비닐봉지 안에서도 계속 뿜어져 나온다. 이제 우리에게 급한 일이 무엇이 있으랴? 이

기태, 생전 맛있는 라면을 먹다.

싱싱한 갓 찐 소라와 소주, 푸른 바다와 넘실대는 파도, 하얀 해변이 있는데. 세상에 이보다 부러울 일이 없다. '쭉 쭉' 하는 소리에 소주병이 바닥을 보인다. 아 아쉽다. 소라와 고추장이 아직 남아 있는데. 아쉬움을 달래며 연동 마을로 향하다.

동해안 특산물인 오징어잡이 배가 유독 많은 양포항이다. 점심 먹을 시간이다. 포구나 항구의 식단은 뻔하다. 아 그런데 무얼 먹지? 모곡항 인근 해변에서 많이 먹은 소라 때문에 해산물은 아니지. 그런데 갗은편에 편의점이 보인다. "신길 형, 우리 라면 어때요?" "조~오~치." 마침 항구 인근에 잘 다듬어진 공원이 있다. 컵라면에 뜨거운 물을 받아 들고 공원에 가다.

맛있는 라면의 극물을 남김없이 들이키고 나니 약간 느글거리던 속이 훈훈해진다. 그리고 양포항을 벗어나 고개마루를 벗어나자 말자 갓 건져 담아 놓은 멍게와 해삼과 소라가 바구니에서 꿈틀거린다. 미안하다. 우리는 소라를 너무 많이 먹어 오늘은 안 된다.

해파랑길 13코스 포항 구간이 시작된다. 양포항을 벗어나다. 양포항은 서쪽, 남쪽, 북쪽으로 높은 산이 병풍처럼 둘러싸여 있고 양포천이 바다로 흘러 들어온다. 동해 바다를 바라보며 해안 길을 걷다 숲길로 이어지는 마실 길을 걸어 나오면 신창 해변이 다시 바다 풍경을 이어준다.

해파랑길 안내 표시나 리본이 규칙적인 거리에나 장소에 보이지 않는다. 너무 가깝게 또는 너무 먼 거리에 표시가 있기도 하지만 양포항을 벗어나 신창 해변을 지나고부터는 찾기가 쉽지 않다. 한때 수산 양식으로 각광을 받았던 동해안의 양식장은 바닷물을 끌어다 수족관에 넣고 치어를 키웠는데 이제는 남해안과 서해안의 바다 목장 방식의 양식업에 밀려 그 형태가 폐허로 변해버린 양식 어사가 이를 말해준다. 해파랑길 표시가 없기에 가능한 바다 갓길로 가다. 한번 잃어버린 안내 표지나 리본은 가까이에서는 찾지 못한다. 부실한 안내 표지에 불편한 심기를 가득 안고 가능성 있는 길로 지나가다 군 초소병에게 불림을 당한다 "아저씨, 아저씨, 어디로 가세요." "응, 해파랑길을 따라 구룡포항까지 가는데." "아저씨, 여기는 민간이 다니는 길이 아니고 군부대가 주둔해 있는 군사 작전 구역입니다. 얼른 되돌아가세요." "응, 그래 알았다. 그런데 해파랑길이 어느 쪽이냐?" 세상 일이 올바른 방향으로 발전되어 가는 것을 이 트레킹을 통해서 확연히 알 수 있다. 민간인이 군사 지역으로 무단 침입해 왔는데 심문 없이 버젓이 간 길로 되돌아 나오는 세상이다. 무조건 잡아가 추궁하던 시절이 아닌 것이다.

북쪽 방향 해안 길인데 도대체 어느 길로 가야 해파랑길인지 가늠할 수 없다. 사방으로 갈래 길이다. 어렵사리 찾아간 길에 어느 회사 광어 양식장 팻말이 붙어 있고 입구로 들어가니 작은 송아지만한 방범용 개가 묶인 쇠줄을 떨치듯이 뛰어오른다. 뛰쳐나온 직원에게 사죄하고 얼른 회사 길에서 벗어나다. 그동안 계속되는 일관성 없는 부실한 안내 표시에 그 지역을 담당하는 직원들은 한번이라도 그 구간을 걸어봤을까 하는 의문점을 품으며 여기까지 걸어온 것이다. 이 트레킹이 끝나면 필히 이 불편함을 토로해야지, 그리고 뒤에 오는 트레커들을 위해 정비시켜야지. 아, 그런데 이

해안 길과 마실 길이 이어지는 대나무 사잇길.

표시 작업 소관이 지자체냐? 해파랑길을 기획하고 개척한 사단법인 '한국의 길과 문화'인가?

길이 끊어지는 지점, 갈림 길에는 필히 안내가 있어야 한다. 그런데 그런 곳에 길

안내가 없다. 부실하고 무성의하기가 이루 말로 표현하기 어렵다. 그리고 많은 표시가 나무숲에 가려져 있거나 낡아 헤어져 있는 곳이 하나 둘이 아니다. 혹자는 이야기할 것이다. 길을 찾지 못해서 불평한다고. 길 안내는 모름지기 이 길을 처음 접하는, 길을 모르는 사람들이 쉽게 찾을 수 있게 해주어야 한다. 이 간단한 사실만 지켜지면 문제는 없다. 길 찾기에 숨바꼭질을 하며 북쪽 해안 길로 이어 나오니 구평 포구가 나온다. 구평 포구에서 해파랑길 표지를 찾는다. 해안가, 포구 입구 경관 좋은 높은 곳에는 건축하다 중단된 흉물 같은 펜션, 모텔들이 눈살을 찌푸리게 한다.

장길리 낚시공원 표지를 오른쪽으로 바라보며 계속되는 해변 길과 마을 길을 번갈아 바꿔 걸으니 저 멀리 구룡포 방파제에 우뚝 서 있는 등대가 시야에 들어온다. 오늘의 목적지 구룡포항이다. 구룡포항 갈비식당에서 삼겹살에 된장찌개로 그간 해물로 식단을 꾸려왔던 편하지 않은 속을 확 풀다. 역시 된장이 속풀이에 으뜸임을 다시 확인하다. 프항에 살고 있는 고향 동기 이세형과 통화를 한다. 혹시 포항에 있으면 내일 호미곶에서 얼굴 한번 보자.

오늘의 여정

경주 구간
12코스: 감포항-오류 해변-연동마을-양포항

포항 구간
13코스: 양포항-금곡교-구평교-구룡포항

출발: 감포항 오전 8시 10분
도착: 구룡포항 오후 6시

걸은 시간: 9시간 50분
걸은 거리: 31.6 km / 누계 222.4km.

포항
구간

13코스: 양포항-금곡교-구평교-구룡포항
14코스: 구룡포항-하정리-구룡포 해변-삼정 해변-
석병리-대보리-호미곶
15코스: 호미곶-대보 저수지-동호사-흥환 보건소
16코스: 흥환 보건소-동해면 입암리-도구 해변-포항공항-
포스코 역사박물관-송도 해변
17코스: 송도 해변-포항여객선터미널-포항 영일신항만-
칠포 해변
18코스: 칠포 해변-오도교-월포 해변-화진 해변

화진
해수욕장

월포역

월포
해수욕장

오도리
간이해수욕장

칠포해수욕장

18
코스

포항영일신항만

17
코스

포항송도
해수욕장

포항고속
버스터미널

포항지청

포항신항

포스코
역사 박물관

포항공항

도구
해수욕장

16
코스

흥환보건진료소

입암리

약전리

대보항

대보
저수지

15
코스

대보리

동호사

석병리

서병항

14
코스

삼정해변

구룡포
해수욕장

구룡포항

하정리

구평교

지남리
북한낙시공원

13
코스

금곡교

양포항

모포항

트레킹 8일차. 4월 4일. 금요일. 흐린 후 맑음

    이제까지 동행해오던 기태가 호미곶에서 일정을 중단하고 서울로 간다. 처음 시도해 보는 국토 순례 트레킹 그 첫 시작인 해파랑길 트레킹을 제안했을 때 기꺼이 호응해 같이 걸어온 기태는 트레킹이 이제 성공의 가능성을 열고 자신감을 가지는 데 커다란 응원이 되었다. 처음인데다 안내 표지도 부실했던 국내 트레킹에 만일 나 혼자였다면 어찌 되었을까. 오늘 아침, 이제 기태와 헤어져야 한다는 사실에 내내 마음이 허전해진다.

    대게와 과메기의 본 고장인 구룡포항은 1910년대만 해도 아주 한적하고 보잘것없는 작은 포구였으나 일제 강점기 1923년에 방파제가 생긴 뒤 동해 남부 주요한 어업 항구로 발전했다. 구룡포항에 있는 진미식당에서 김치 찌개로 아침을 먹은 후 출발하다. 이제 이렇게 호사스러운 아침을 먹을 수 없다는 생각을 하니 괜히 슬퍼진다. 내일부터 혼자 먹어야 하는데 식당에서 혼자 온 손님을 받아줄지 걱정스러운 생각이 불쑥 일어난다. 그러나 내일 일어날 일은 내일 가서 부딪히자. 기태도 여느 날과 다르게 말없이 조용하게 앞으로 나아가다. 해돋이와 바다낚시를 즐길 수 있는 수려한 경관이 주위를 두리번거리며 걷게 하는 구룡포 해변에 이어지다시피 하는 숫정 해변이 나오다. 짙은 먹그름과 햇살 속에 내비치는 흰 구름이 싸우듯

호미곶의 상징, 상생의 손.

뒤틀리고 대치하고 있는 하늘과 맞닿는 수평선에 검푸른 바다가 어둠 속에서 만들어지는 천지창조 장면을 연상케 하다. 삼정 허변을 돌아 나오면 주상절리가 나오는 해변 길로 연결되고 해파랑길은 해변으로 발길을 이끈다.

호미곶 해변으로 다가갈수록 날씨는 점점 맑아지고 파도도 옅어지다. 부산 오륙도 해맞이 공원에서 출발한 후 3일째부터 발가락 물집 때문에 고생한 기태가 드디어 오늘 걸을 수 없을 만큼의 고통을 호소하며 해변가에 주저앉는다. 계속되는 해안 길이 지루하게 느껴지지 않는 것은 끝없이 몰려와 내리치는 파도와 파도 소리 때문이다. 언제나 바다와 파도는 같은 색과 같은 소리가 없다. 바위에 부딪혀 퍼져 오르며 흩어지는 은빛의 포말이 부채살을 이루는 경관은 모든 고통을 잠재워준다. 대보리 해변을 지나 호미곶에 이르다. 한반도에서 가장 동쪽에 위치한 한반도 지형상 호랑이 꼬리에 해당하는 곳이기도 하다. 울산 간절곶과 서로 한반도에서 가장 먼저 일출을 본다고 다투는 곳이다.

호미곶이 한반도 동쪽 끝이라고 알려졌지만 사실 동쪽 땅끝은 구룡포읍 석병리이다. 땅끝 마을 하면 우리는 해남을 떠올리지만 해남은 남해 땅끝 마을이다. 한반도 동쪽 끝이라는 표시석이 있다. 오늘은 금요일임에도 관광객이 많지 않다. 저쪽에서 호미곶에 도착하면 만나기로 한 친구 세형이가 우리를 먼저 보고 손을 흔들며 다가와 반긴다. 오랜만에 해후다. 이제 기태와 점심을 먹은 후 헤어져야 하고 나는 혼자 오늘 목적지 흥환마을 보건소로 가야 한다. 세형이가 초대한 횟집에서 기태가 좋아하는 문어와 싱싱한 잡어탕으로 맛있는 점심을 함께 하다. 포항 돌미역도 당연히 있어야 한다. 소주 한 병으로 마감하고 이제 각자 갈 곳으로 가야 한다.

세형이에게 감사하고, 기태는 세형이가 포항터미널까지 배웅한다. 세형이와 기태가 주차장으로 걸어가는 뒷모습에 내 눈가에는 촉촉한 물기가 맺힌다. '기태 형, 고마웠어요. 잘가요.' '세형아 고맙다.' 둘이 걸어가는 모습을 잠시 바라보다가 대보 저수지로 향하다. 대보 저수지를 둘러싸고 '호미기맥 감사 나눔 둘레길'이라는 거창한 이름이 붙은 길이 1, 2코스로 남북으로 나뉘어 있다.

호미곶에서 여기까지 길 찾기가 쉽지 않다. 표지나 표지 리본이 중간 중간에 보이지 않다 보이고 한다. 대보 저수지 남쪽 호미기맥 둘레길 2코스를 지나 동호사 갈림길에 해파랑길 표시가 전주에 달려있다. 가만히 보니 표시 방향이 직진이다. 다시 보아도 동호사 절 방향이 아니다. 포장된 임도 길로 1km 정도 직진했으나 길은 연결되지 않고 산자락과 마주친다. 난감하다. 동호사 가는

눈물이 나도록 반가운 해파랑길 리본

갈림길 전주에서 본 것이 마지막 해파랑길 표시다. 그런데 분명히 직진 방향이었다. 동호사 절 방향이 아니다. 그러나 산자락에 마주친 지금은 이 길이 아니라는 느낌이다. 그럼 중간에 어디에서 갈라져야 했단 말인가? 갈라질 길이 없었다. 다시 동호사로 되돌아가기에는 너무 멀리 직진해 왔다. 잠시 대보 저수지 호미기맥 트레킹 길을 생각해 본다. 1, 2크스 만나는 지점에 해파랑길이 연결되어 있을지 모른다.

잠시 막다른 산비탈을 올려다 보니 그렇게 가파르지 않고 산도 그리 높지 않은 야산이다. 얕은 숲을 헤치고 언덕으로 올라가니 인적이 있는 작은 숲길이 나온다. 휴 하며 조심스레 북서 방향으로 발걸음을 계속하다. 곧이어 사람 다닌 흔적이 있는 넓은 길이 나오고 잠시 후 호미기맥 1, 2 코스가 만나는 안내단이 보이며 저 멀리 해파랑길 안내 리본이 나뭇가지 우에서 펄럭인다. 40여 분간을 산속에서 헤매고 애태우며 찾은 길이다. 더구나 일행도 없는 혼자 산속에서. 소리 없는 아우성에 영원한 향수의 노스탤지어다. 이건 유치환의 시 '깃발'이다.

입암리 해변에서.

대보 저수지에서 동호사 전시관 옆길이 해파랑길로 연결되는 코스이다. 절로 가는 갈림길에 달려있는 방향 표시가 틀어져 직진 방향이 되었고 동호사 절 내부 길도 변형되었다는 생각이 든다. 얼마나 많은 나와 같은 트레커가 이 길로 여기까지 왔다가 다시 돌아갔거나 아니면 나같이 숲길로 올라 지나갔을까? 해파랑길이 조성된 후 이용자가 적으니 사후 보완이 소홀했을 것이다. 두려움이 떨쳐지니 발걸음이 가벼워진다.

산속에서 길 찾기로 인해 시간이 많이 지체되었다. 포장된 해안 길을 달리다시피 내려와 목적지인 흥환 보건소 앞에 도착하니 오후 5시. 모텔 숙소는 물론 식당도 없고 주민 가구도 몇십 호 밖에 없다. 더 이상 생각이고 뭐고 할 겨를이 없다. 지체 없이 가장 가까운 동해면사무소까지 가야 모텔이나 숙소가 있을 것이다. 해가 길어지는 4월이라 해도 일몰시간이 되면 마을 길, 산길이 겹쳐지는 트레킹 길이라 불안감이 스멀스멀 뱀이 목을 들어 올리듯 기어 나온다.

가장 안전한 길은 925번 지방도. 925번 지방도인 해안 길을 따라가기만 하면 흥환 해변, 임곡 해변을 거쳐 도구 해변이 나온다. 해파랑길은 공개산 214.6m 자락을 비껴가며 산속 길이 계속되고 다시 금오산 231m을 거쳐 동해면사무소로 가게 된다. 안전을 위해 925번 지방도로 갈 것이냐, 그래도 해파랑길을 고수할 것이냐. 지금 내가 걷는 길이 해파랑길 트레킹이 아니냐? 잠시 주저하다 해파랑길로 들어서다. 대충 짐작하니 약 10km 거리, 빨리 걸으면 2시간 정도가 소요될 것 같다. 산속 길을 돌고 돌아 나오면 해변이 보이고 다시 산길로 들어가는 내리막길이 계속된다. 내리막길이 계속되니 그나마 다행이다. 지친 몸을 가누기 위해 길가 콘크리트 벽에 앉아 비상용 간식 초콜릿을 먹으며 생각해본다. 이것이 무엇이냐? 무엇을 위해 이 고생을 하고 있나? 괜스레 서글픈 마음이 든다. 이제 혼자라는 외로움이 다가온다. 다시 마음을 추스리고 빠른 발걸음을 옮긴다. 마산리를 거쳐 입암리 해변이 다가온다. 해가 검은 먹구름에 싸인 채 뉘엿뉘엿 저녁 바다로 들어갈 준비를 하듯이 넘어가고 있다.

혼자 걸으니 내 마음껏 걸을 수 있다. 빠르고 늦고 생각할 겨를이 없다. 불안감이 있으나 그래도 자신감이 있기에 오히려 무거웠던 몸이 가벼워지는 것 같다. 긴장감이 몸을 추스리고 있다. 어두움이 가까이 다가올 때 동해면 약전리 도구 해변 입구에 도착하다. 오후 7시 10분이다. 많은 사연이 있은 오늘이다. 나아갈 길이 아님을 알면서도 무모하게 산을 얕잡아 보며, 지나친 자신감을 들어내는 흐기를 부리는 일은 삼가해야 한다. 친구를 위해 기꺼이 달려 나와 준 세형이에게도 고맙고, 해파랑길 트레킹을 동행해 준 기태에게도 고맙다. 그 무엇보다도 오늘 이렇게 무사하게 길 안내해준 하느님에게 감사, 감사의 기도를 드린다.

오늘의 여정

포항 구간
14코스: 구룡포항-하정리-구룡포 해변-삼정 해변-석병리-대보리-호미곶
15코스: 호미곶-대보 저수지-동호사-흥환 보건소
16코스: 흥환 보건소-동해면 입암리-도구 해변

출발: 구룡포항 오전 8시 45분
도착: 도구 해변 오후 7시 10분

걸은 시간: 10시간 25분
걸은 거리: 40.7km / 누계 263.1km

트레킹 9일차. 4월 5일. 토요일. 흐린 후 맑음

동해면 도구 해변에는 연오랑 세오녀의 전설이 서린 도구해수욕장이 눈앞에 훤히 펼쳐진다. 백사장 길이만 800m, 폭이 50m에 넓이가 12,000평인 도구해수욕장은 하루 25,000명까지 수용할 수 있다 하니 그 규모를 짐작할 수 있다.

인근 동해면사무소에 이육사 시비가 있다. 시비가 위치한 동해면과 인근 오천면에는 일제강점기 당시 동양 최대 규모의 포도밭이 있었다고 한다. 이육사 '청포도' 시비는 호미곶 끝자락 925번 지방도 까꾸리독수리 바위 인근인 호미곶면 대보리에도 있다. 포항공항으로 이어지는 해파랑길 남구 청림동에 청포도 문학공원이 있다. 도구해변에서 1시간 걸음거리다.

이육사(1904-1944)는 경상북도 안동 터생이다. 그런데 어찌하여 포항 호미곶 일원 곳곳에 이육사에 대한 시비와 문학공원 등의 흔적이 있을까? 폐결핵으로 고생하던 이육사는 1937년 피폐해진 몸을 추스르기 위해 한동안 포항 송도에서 머물렀다고 한다. 또한 포항은 이육사의 대표작인 '청포도' 집필 배경지로 추정되기도 한다. 포항지역 문학인과 정관계 인사들이 이육사와 포항의 인연을 알고 그 뜻을 기리기 위해 추모작업을 벌인 결과이기도 하다.

저 멀리 포스코의 우람한 용광로가 시야에 들어오다. 포스코 역사박물관이 길 왼쪽에 현대식 유리 건물로 이루어져 있다. 민족 중흥의 역사의 한 페이지를 장식한 포스코의 역사가 펼쳐져 있는 곳이기도 하다. 형산강을 가운데 두고 건너편이 포스코 공장이고 강변

포스코 역사박물관.

에는 게이트볼 경기장이 지역 노인들의 체력 증진과 여가 시간 활용을 돕고 있다.

포항공항을 벗어나 청림동에서 보이기 시작한 포스코 공장을 보고 계속 걷다. 포스코 공장이 시야를 벗어난 시간이 12시이다. 2시간 30분 거리를 공장 정경과 함께 걸은 것이다. 형산강 큰 다리 아래 포항 운하에는 관람객들을 태운 유람선이 오간다. 선착장 가까이에 있는 포항 은하관에 올라서면 포항 운하와 포스코의 장중한 경관이 한눈에 들어온다.

옛 송도해수욕장 입구에 선 조각상.

형산강변 둑길을 따라 송도 해변으로 가다. 솔밭으로 울창했던 옛 정취의 송도해수욕장은 흔적도 없어지그 개발된 현대식 건물들이 에워싸고 있다. 그래도 옛 송도해수욕장을 알리는 조각상이 우뚝 서 있다.

송도 해변 길을 따라 북진하면 점포 수 1,200개로 동해안 최대 규모 재래시장인 죽도시장과 회시장의 자웅을 겨루는 영포 회타운이 길가에 현대식 건물로 단장되어 지나가는 고객을 부른다. 재래시장의 시끌시끌한 정감을 맛보려면 죽도시장으로, 현대적 깔끔한 분위기를 즐기려면 영포 회타운으로 가시라. 포항 여객터미널을 거치면 포항 북부해변인 영일만해수욕장이 나온다. 송도해수욕장이 없어진 대신 이웃인 이곳에 해수욕장이 새롭게 개장된 것이다. 영일만해수욕장은 해수욕 놀이뿐만 아니라 현대 조각전 같은 창작 작품들이 백사장과 어우러져 자연과 예술이 조화롭게 공존하는 새로운 모습의 해수욕장이다.

영일만해수욕장을 벗어나 방파제로 이어지는 해파랑길은 영일만항(신항)으로 연결된다. 해파랑길 안내대로 따라가다 없어진 길이 되어, 다시 30여 분 지도를 보고 따라 영일만 신항으로 찾아가야 한다. 지방도로에 차량이 오가는 길을 지루하게 걷고, 차량 통행도 한적한, 잘 정비된 영일만 신항에 이르는 산업단지 도로 사이사이 길을 돌고 돌아 칠포리로 향하다. 건조하고 삭막한 콘크리트 포장 길을 벗어나니 다시 용한1리 해변이 나를 반긴다. 예쁜 카페와 식당들이 경관 좋은 곳에 자리잡고 있고, 수평선에 맞닿은 짙은 구름과 햇살 구름이 어우러져 한폭의 유채화를 그려 놓고 있다.

포항 해변에서도 또다시 나를 슬프게 하는 것은 많은 카페와 모텔, 식당이 문을 닫고 점차 폐허로 변해가고 있다는 사실이다. 해변 길은 칠포 해변의 칠포해수욕장을 보여주다. 이곳까지 오는 길에 생긴 간헐적인 발가락 물집과 통증이 이제는 임계점에 이르렀는지 오른발 새끼발가락이 걸을 수 없을 만큼 아파온다. 하루만 견디면 고향인 영덕에 도착하는데. 신발을 벗고 테이프를 떼어내고 손으로 물집을 이리저리 눌러본다. 이때 대구에 사는 고향 친구 성태에게서 전화가 오다. "니 지금 어디고?" "아니 와, 지금 칠포리인데." "내가 오늘 영덕에 와서 세형이 하고 같이 있는데 세형이가 니

구름과 바다와 파도

가 걸어서 영덕에 오고 있다 하기에 진짠가 싶어 전화 했다." "지금 세형, 상덕, 해식, 대성이 하고 서울서 온 홍태하고 같이 있다. 니 몇 시쯤 영덕에 올 수 있는데." "오늘은 영덕에는 못 가고 내일 도착 예정이고, 오늘은 청하 오도리 오도교까지 갈 계획이데." "그게 몇 시쯤 되는데." "아마 6시 30분쯤에는 오도교에 도착할기다." "니가 지난번 스페인 산티아고 순례길 920km 걸은 책도 봤는데, 니 한번 보고 싶어 가지고, 어떤 몰골로 어떤 복장으로 걷는지. 우쨌던 오늘 니 보고 늦게 대구 갈 거니까, 칠포 오도교에 6시 30분 상덕이가 니 태우러 갈 거다. 부지런히 걸어라." "그래 알았다. 이따 보자." 이제 발가락 물집 고통은 잊어야 한다. 그런데 아픈 느낌이 어떻게 잊어지나. 잊어지려면 벌써 잊어졌겠지. 아픈 건 아픈 것이다.

오도교에 도착하니 6시 3분이다. 다시금 양말을 벗고 두 다리 쭉 뻗고 널브러지듯 다리 난간에 기대어 앉아 있다. 시학이가 데리러 왔다. 영덕에 오니 대성이는 먼저 대구로 가고 세형, 상덕, 해식, 성태 그리고 홍태가 있다. 돼지갈비에 소주로 친구들과 지난 9일간의 해파랑길 트레킹 소회를 풀다. 자주 권하는 소주잔을 사양하며 내일 영덕까지 1차 10일간의 트레킹을 잘 마무리해야 한다.

오늘의 여정

포항 구간
16코스: 동하면 도구 해변-포항공항-포스코 역사박물관-송도 해변
17코스: 송도 해변-칠포 해변-오도리 해변 / 오도교

출발: 송도 해변 오전 8시 40분
도착: 오도교 오후 6시 03분

걸은 시간: 9시간 20분
걸은 거리: 32.9km / 누계 296km

트레킹 10일차. 4월 6일. 토요일. 맑음

어제 고향 친구들과 어우러져 마신 소주 몇 잔에도 아침에 일어나기가 쉽지 않다. 아니, 소주가 아니라 이제까지 모텔을 전전한 잠자리가 오랜만에 고향집에서 옛 정취가 묻어나는 이불을 덮고 잔 이유이리라. 고향 동기 시학이가 어제 데려온 오도리 오도교로 다시 데려다 준다. 오늘의 출발점이다.

어제부터 통증이 시작된 발가락, 발뒤꿈치의 물집을 아침에 처치하고 트레킹을 나섰건만, 걸은 지 얼마 되지 않아 통증은 다시 시작되다. 오늘은 파도가 심하다. 깨알같이 많고, 길고도 긴 세월에 크고 작은 파도에 부딪히며 버티어 온 힘을 자랑이라도 하듯이, 검푸른 파도 줄기를 오늘도 꿋꿋이 맞아내고 있는 크고 작은 암갈색 바위가 "파도야 어쩌란 말이냐, 파도야 어쩌란 말이냐, 내가 맞아 주지 않으면 누가 맞아 줄까" 하는 듯이 우뚝하게 솟아 있다.

아픈 발을 이끌고 월포리 해안가를 걷는다. 월포리는 내가 아주 어릴 때 왔던 곳이다. 그때 나는 이곳의 이름도, 내가 왔다는 사실도 몰랐다. 내 나이 3살 때다. 아버지, 어머니의 등에 업혀서 그리고 가끔 몇 미터 정

파도를 맞고 있는 바위의 비경.

도는 걷기도 하며 영덕에서 이 곳 월포리까지 22km를 걸어온 것이다. 6.25전쟁 피난길이다. 이 월포리에서 더 이상 남하하지 못하고 지내다가 다시 영덕으로 되돌아왔다고 한다. 전쟁

월포리 바닷가.

은 왜 일어나는가? 전쟁은 누가 일으키는가? 파도가 잔잔하게 밀려오는 해변가에 앉아 저 넓고 푸른 바다를 한없이 바라보며 생각해 본다. 아침보다 한결 잔잔해진 파도를 보니 전쟁이란 생각이 저절로 사라진다. 하늘과 맞닿은 수평선 끝만큼이나 넓게 비어진 마음의 여유가 눈과 귀와 그리고 마음이 함께 동해안 해안가 트레킹을 만들고 있다. 자연스럽고 편안한 마음이 행복감을 불러오고 있다. 참 좋다.

화진 해변을 벗어나면 우리나라 걷고 싶은 길로 널리 알려진 '영덕 블루로드길'의 출발점 부경리 대게누리공원이다. 해파랑길 19코스이자 영덕 블루로드길 D코스-쪽빛 파도의 길이다. 코스 순서상 A코스로 명칭이 붙어야 하나 이 D코스는 A, B, C 코스가 조성된 후에 만들어졌다. 포항시와 경계 지점이기도 한 이곳에는 굴곡포라는 옛 지명에 거북처럼 생긴 커다란 바위가 기어가는 모습으로 있었다. 이 바위가 신라 향가 수로부인의 전설 '헌화가'가 탄생된 배경이다. 신라 성덕왕 때 순정공이 강릉태수(지금의 영주) 부임 차 그의 아내 수로부인을 대동하고 경주 서라벌을 출발하여 형산강을 따라 경주, 안강, 포항을 거쳐 이곳 굴곡포에서 쉬고 있었다. 이때 수로부인이 거북 바위 위 벼랑에 핀 탐스러운 철쭉꽃을 탐하자 암소를 잡고 지나가던 농부가 어렵사리 그 꽃을 꺾어 바친 노래 "진 붉은빛 바위 위에, 잡고 있는 암소 놓게 하시어, 나를 아니 부끄러워 하시면, 꽃을 꺾어 바

치오리다"가 삼국유사에 실린 '헌화가'이다. 향가 중에서 지어진 장소가 알려진 유일한 노래이다.

영덕 블루로드가 시작되는 대게누리공원을 지나면 전국에서 일출이 가장 아름답다고 알려진 장사해수욕장이 나온다. 이곳에는 찜질하기 좋은 굵은 모래를 볼 수 있는 900여 m의 긴 백사장이 펼쳐진다. 장사해수욕장을 거치면 원척리 원척항이 나온다. 이 원척리 원척 항구에서 2.5km에 이르는 구계리 구계항 사이 해안에 있는, 태초의 비밀을 간직한 바위들은 지질공원을 방불케 한다. 층층이 주름진 암반과 그 위 한줌 흙에 의지한 채 뒤틀려 자란 소나무의 끈끈한 생명력과 신비로움에 감탄사가 절로 나온다. 이 해안 절벽 길의 절경은 해파랑길의 숨어 있는 보배이기도 하다. 파도가 암갈색의 바위를 들어 올려 벌어진 바위 사이로 다음 파도가 밀려와 하얀 포말을 만들고 뒤이어 밀려오는 연두의 파도 뒤에는 코발트 짙은 동해 바다가 절벽 해안을 여유롭게 안고 있다.

남호리 남호해수욕장을 지나면 출렁이는 파도를 디딤돌로 여기듯 바다 가운데 넘실대는 파도를 벗으로 삼고 연신 철썩철썩 파도에 부딪혀 혼미해

삼사 해상 산책로.

진 해안가 바위들과, 저 멀리 검푸른 띠
로 그어진 수평선을 마음껏 둘러보는
삼사 해상 산책로가 예쁜 모습으로 나
그네를 반긴다. "이것 또한 지나가리라
(Soon it shall also come to pass)." 솔로몬 왕
의 글이 적힌 팻말이 눈길을 끈다.

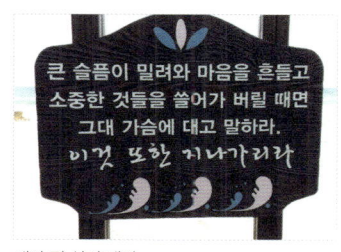
해안 길 쉼터 팻말.

강구항이다. 동해 중남부를 대표하는 항구이자 영덕의 증심 항구인 강
구항은 영덕의 대표적 특산 해산물인 영덕 대게의 집산지이다. 이곳 일대
에는 백여 곳이 넘는 대게 요리집이 있어 다양한 대게 요리를 맛볼 수 있다.
드라마 '그대 그리고 나' 촬영지이기도 하다. 항구항 대교를 들어서자마자
대게 표상 조각들이 종으로 횡으로 부산하게 눈길을 잡는다. 대교를 건너
면 우측으로 찜통과 수족관에 가득 담긴 대게들을 파는 가게들이 어깨를
맞대듯 각자의 이름을 가지고 나란히 길게 늘어져 있다. 어느 가게가 맛있
는 대게를 쪄줄까? 이 가게 저 가게 앞에서 지나가는 손님을 부른다.

이렇게 해서 부산 오륙도 해맞이공원에서 시작된 해파랑길 트레킹은
10일간 걷기로 내 고향 영덕에서 1차 마무리된다.

오늘의 여정

포항-영덕 구간
18코스: 오도교-월포리 해변-화진 해변
19코스: 화진 해변-부경리-원척리-구계리-삼화리-삼사 해상공원-강구항

출발 오도리 해변 오전 8시 40분
도착 강구항 오후 4시 30분

걸은 시간: 7시간 50분
걸은 거리: 31.8km / 누계 327.8km

백석항
백석해변
병곡휴게소
고래불 해수욕장

22코스

고래불대교

대진해수욕장
대진항

괴시리
전통마을

대소산봉수대
축산항

축산리
차유마을
경정리
경정해변

21코스

창포
해맞이공원
오보해변

영덕신재생
에너지관

20코스

강구 버스터미널
삼사
늘빛공원
강구항

삼사리

구계리

원덕리
구계항

19코스

부경항

영덕
구간

19코스: 화진 해변-부경리-원척리-구계리-삼화리-삼사 해상공원-강구항
20코스: 영덕 블루로드 A코스-빛과 바람의 길
강구항-고불봉-신재생에너지전시관-창포 해맞이공원
21코스: 영덕 블루로드 B코스-푸른 대게의 길
창포 해맞이공원-오보 해변-경정리/차유마을-죽도산 전망대-축산항
22토스: 블루로드 C 코스-목은 사색의 길
축산항- 대소산 봉수대-괴시리 전통마을-대진항-고래불 해변

트레킹 11일차. 2013년 10월 17일. 목요일. 맑음

오늘 트레킹은 시간을 6개월 전으로 되돌려, 2013년 10월 17일, 18일에 걸은 길을 해파랑길 전 구간 트레킹 연결을 위해 11일차, 12일차로 옮겨 적는다.

영덕 블루로드길은 걷고 싶은 길로 전국적인 명성을 얻고 있다. 나는 이 블루로드길을 서울서 내려온 친구들을 위해 두 차례나 걸었지만 A, B, C, D코스를 완주하지는 않았다. 어제(2014년 4월 6일) 걸은 D코스는 A, B, C코스 조성 후 나중에 만들어진 코스이기에 명칭 순서로 D가 나중에 붙은 것이다. 이제 세 번째 혼자 길 걷기로 블루로드 영덕 구간 트레킹에 나선다. 영덕 옛집에서 편하게 자고 아침에 가벼운 몸으로 오늘의 출발지점인 A코스, 강구항이 있는 강구터미널과 강구교를 거쳐 강구생활체육공원 입구로 간다.

배낭에는 집에서 준비한 토스트 두 쪽, 삶은 계란 1개, 오렌지 주스, 사과 1개 그리고 생수 1통이다. 주중이라 앞도 뒤도 걷는 사람 없는 좁은 풀

영덕 대게의 집산지 강구항.

길 사잇길을 홀로 걷는다. 이제까지 많이 걸어온 산길이지만 이 길이 고향 산길이라 생각하니 정겨운 마음이 흠뻑 든다. 아직 완전히 가시지 않은 따스함이 산길에 피어 있는 가을 야생화의 생기를 붙잡고 있다. 군데군데 무리 지어 있는 야생화가 아직은 탐스럽다. 올 봄 지리산 둘레길 트레킹 때 보았던 작은 야생화 군락들이 생각나 꽃을 감상하며 잠시 걸음을 지체한다. 하저리 하저해수욕장이 어깨너머로 보이고 다시 바다와 나무가 어긋나게 시야를 가리면 금진 구름다리를 건넌다. 관목들과 소나무가 어우러진 사잇길이 나타나고, 다시 풀 길과 나무 길이 이어지는, 잘 정돈된 숲길 앞으로 펼쳐진 오르막길로 나아가면 시야가 확 트이는 곳, 영덕의 진산 고불봉 235m 정상에 서게 된다. 검푸른 동해 바다와 내 고장 영덕읍 시가지 그리고 부모님 산소를 두루 볼 수 있는 곳이다.

출발한 지 1시간 50분이다. 초중등학교 시절 정월 대보름 그리고 팔월 한가위에 올라왔던 그 봉우리에 50여 년 만에 다시 오른 봉우리다. 고불봉에서 오른쪽으로는 망망 동해 바다가 펼쳐지고, 왼쪽으로는 아담한 영덕읍 시가지가 내려다 보인다. 읍 시가지를 감회 깊게 내려본다.

잠시 휴식과 아울러 지난 어린 시절의 즐거웠던 아련한 향수에 젖다 일어난 발걸음은 창포 해맞이 길로 이어지는 내리막길이다. 풍력 발전기의 큰 날개가 돌아가는 모습들이 겹치는 풍력발전 단지를 오른쪽으로 두고 점차 해안가로 내려

금진 구름다리.

창포 해맞이공원.

간다. 해안가에 있는 해맞이공원 주변은 가파른 절벽으로 이루어져 있어 바다를 접한 아름다운 해안은 유감스럽게도 걸을 수가 없다. 영덕 대게 표상을 한 누비마루 빛의 길이 블루로드 A코스 '빛과 바람의 길' 종점인 창포 해맞이공원은 17.5km 거리다.

우리나라 최고의 드라이브 코스이기도 한 창포 해맞이공원. 야생화가 흐드러진 산책로와 전망대, 쉼터와 갈대숲이 잘 어우러진 음악과 조각이 있는 아름다운 휴식 공간인 이곳은 가슴에 와닿는 창창한 동해 바다를 품고 있다. 전국에서 가장 선명하고 멋진 일출을 볼 수 있다는 매력 때문에 일출 장관을 보려는 사람들이 몰려오는 곳이기도 하다. 인근의 창포항은 유일하게 과메기의 원조인 청어 과메기를 생산하는 곳이기도 하다. 지금 대부분의 과메기는 꽁치 과메기다. 이 해맞이공원을 지나면 대탄리, 오보리, 노물리 해안 마을이 바다와 접한 해안 길로 차례로 이어진다. 바닷가 언덕배기에 집들이 옹기종기 모여 마을을 이루고 있는 노물리는 아름다운 작은 어촌 마을이다. 이 해안 길은 파도와 대화를 나누며 걷는 길이다. 해안 길을 굽이굽이 따라 크게 작게 서 있는 해송(海松)을 우산으로 삼고 처얼썩 처얼썩 싸-하며 해안 벽을 때리는 파도 소리를 음악으로 느끼며 한가로이 걷는다. 때때로 바위 길 위로 때리는 파도에 옷을 적기도 하고, 너울 파도가 밀려올 때는 건너기를 기다려야 한다.

　　오늘은 나 혼자 걷기에 파도의 밀물 썰물을 가름하여 바위와 바위 사잇길을 조심스레 건너뛴다. 조금의 위험성도 감안하여 행동하는 건설적 편집증이다. 저 멀리 넓고 검푸른 바다에서 밀려온 가장자리 파도는 마침내 흰 포말을 만들고 다시 바위에 부딪히고 부딪혀 파도의 생명을 이어가고 있다. 우리의 삶도 이와 같으리라. 세태(世態)와 부딪히고 부딪히며 살아가고 있다. 저 멀리 축산항의 죽도산 전망대가 아련히 보인다. 아직은 두어시간은 족히 걸어야 할 거리다. 지난 6월 미국 위스콘신 매디슨에서 공부하던 둘째 딸아이 박사 학위 취득 마지막 과정인 디펜스(Defence)에 참관했다가 그곳에서 구매한 트레킹 운동화를 처음 신고 걷고 있는데, 발과 아직 조화를 이루진 못한 채 벌써 오른발 뒤꿈치와 발바닥에 통증이 오기 시작한다. 물집이 자리 잡기 시작하는 모양이다. 대게 원조 마을 차유(車踰)마을 경정2리다.

누비마루 빛의 길.

　　고려 말 영해부사 정방필이 대게 산지인 이곳을 순시하기 위해 마차를 타고 넘어왔다 하여 차유(수레 車, 넘을 踰)마을이라 이름을 붙이고, 죽도 산이 보이는 이곳게의 다리가 대나무를 닮았다 하여 대게/죽게라 불러 영덕 대게의 원조마을이 되었다. 이제부터 트레킹은 백사장 위를 걷기도 한다. 아름다운 백사장 위로 실엿 같은 가녀린 파도가 잔잔하게 흰 모래 사장으로 밀려왔다 끌려가기를 반복한다.

백사장의 파도와 뜀뛰기를 하는 동안 발은 어느덧 신정등진(新正東津)이라 불리는 축산항에 와 있다. 서울에서 정동 방향이 정동진이라면 신행정수도 세종시에서 정동 방향이 축산항이기에 이렇게 부른다. 대게 원조 마을을 알리는 대게 형상들이 어우러진 블루로드 다리를 건너 죽도 산 87m 정상으로 오르는 길은 글자 그대로 대나무로 덮여져 있다. 대나무 사잇길로 정상에 올라 전망대에 이르면 좌우 정면으로 확 트인 검푸른 동해바다를 가슴에 품을 수 있다. 축산항이다. 영덕의 해산물은 대게라고 잘 알려져 있지만 이에 못지않게 많은 관광객에게 호응을 받는 것이 물가자미다. 참가자미가 아닌 물가자미(미주구리)다. 이 축산항에서 매년 4월에는 물가자미 축제가 열리고 있다. 우리는 종종 '참'이란 말에 혼돈을 겪는다. 물가자미가 가장 맛있는 가자미다.

오늘의 여정

영덕구간
20코스: 영덕 블루로드 A코스-빛과 바람의 길
강구항-고불봉-신재생에너지전시관-창포 해맞이공원
21코스: 영덕 블루로드 B코스-푸른 대게의 길
창포 해맞이공원-오보 해변-경정리/차유마을-죽도산 전망대-축산항

출발: 강구항 아침 7시 40분
도착: 축산항 오후 4시 50분

걸은 시간: 9시간 10분
걸은 거리: 31.8km / 누계 359.6km

트레킹 12일차. 2013년 10월 18일. 금요일. 맑음

축산항에서 영덕 블루로드 마지막 코스인 C 코스 '목은 사색의 길'을 시작한다. 해안가를 벗어나 산속 길을 걷다 다시 해안 길로 이어지는 코스다. 어제의 긴 거리 트레킹으로 출발 때부터 왼쪽 허벅지 안쪽에 가벼운 통증이 느껴진다. 그러나 얼마간에 없어지리라는 사실을 알기에 부담 없이 대소산 봉수대 입구 산길을 오른다. 양 발바닥과 뒤꿈치 물집에 3M 면테이프를 붙여 둔 덕분에 트레킹화와 발의 부조화가 어느 정도 해소되어 이 통증도 곧 사라질 것이다. 이 인근 동해안에서 가장 중심적인 봉수대였던 대소산 278m 봉수대를 돌아 나오면 완만한 내리막 산길이 이어진다.

우측으로 동해의 광활한 바다를 끼고 도는 산길이 계속된다. 망월봉 226m을 지나 사진 구름다리를 건너 망일봉 152m를 지나서 괴시리 전통마을로 내려가야 하는데, 망월봉 가기 전 갈림길에서 이정표를 보는 게으름을 피우는 바람에 잘못된 길로 접어든다. 영해 초등학교에 다다라서야 잘못된 길임을 알게 된다. 하는 수 없이 거슬러 올라 지나온 길로 다시 올라가는데, 중간에 만난 등산객이 가르쳐 준 '이색 등산로'라는 표시 길에서

대소산 봉수대 잔형.

파도가 밀려 오는 백사장. 조용하다.

계속 직진하지 않고 옆길로 되돌아온 탓에 두 번에 걸친 트레킹길이 아닌, 등산길로 돌아 괴시리 마을에 이른다. 한옥 가옥 여럿이 눈앞에 나타난다.

그 끝자락에 목은 이색 선생 기념관이 있다. 고려 말 삼은(三隱, 포은 정몽주, 목은 이색, 야은 길재), 중에 한 분이신 목은 이색(李穡) 선생의 출생지로 고려 말엽 중국 사신으로 다녀와서 이 호지촌의 지형이 중국의 괴시와 흡사하다 하여 괴시라 하였다고 전해지는 곳이다. 200여 년 된 전통 가옥이 고스란히 보존되어 있는 마을이다. 마을 앞 길 도로를 따라 20여 분 걸어 겨우 '사진 구름 다리'를 만나 목은 이색 산책로로 이루어진 블루로드 길을 만날 수 있었다. '지리산 둘레길'의 트레킹 길을 비교하는 자만에 빠진 댓가로 1시간 30분이나 더 걸어야 하는 고초를 겪게 된 것이다. 겸손, 겸손이 산길 걷기에 가장 앞세워야 할 덕목이다.

소나무로 덮인 산길은 길바닥이 솔잎으로 첩첩이 쌓여 미끄럽긴 하지만 밟는 감이 좋다. 오가는 등산객이 없어 나 혼자 아무런 생각 없이 호젓하게 가볍게 영해 대진리 대진해수욕장으로 향해 산길을 내려간다. 이제 대진리까지는 보도블록으로 이루어진 마을 길로 깨끗하게 개축되고 신축된 마을 집들이 개선된 생활 환경을 말해준다. 특히 마을 중간중간에 표시되어 있는 해일 시 대피장소 안내 표시들이 지친 발걸음을 가볍게 해준다. 대진마을 바닷가에 벽산도해단이 우뚝 서 있다. 인근 영양 출신의 의병장 벽산 김도현 선생이 망국의 울분을 토하며, 부친의 고종명(考終命, 돌아가심)을 기다려 효도를 다하고 절명시를 남기고 차가운 동해 바다로 걸어가서 순국한 것을 기념한 것이다.

대진해수욕장은 이문열의 소설 '젊은 날의 초상' 배경지로 백사장을 가로지르는 송천이 바다와 만나고 수심이 얕은 해변이 길어 가족 휴양지로 좋은 곳이다. 해안 길로 길게 이어져 바다와 파도와 이름 모를 작은 야생초들과 이야기를 나누며 걸어가다 보면 나도 모르게 어느덧 병곡 고래불 해수욕장에 다다른다. 해안을 따라 병풍처럼 둘러쳐진 송림을 끼고 펼쳐지는 대진해수욕장에서 고래불해수욕장에 이르는 이 백사장을 아름다운

고래불 음악 분수대.

'명사 20리'라 부른다. 목은 이색 선생이 하얀 분수를 뿜으며 노는 고래들을 보고 '고래들이 노니는 뻘'이라는 뜻으로 붙인 이름이 고래불이다. 고래불 다리를 지나 송림 사이로 걸어, 다시 자전거 트레킹 길을 걸어 나오면 영덕 블루로드 C코스가 끝나는 고래불 음악 분수대에 도착한다.

영덕 블루로드는 부산에서 강원도 고성에 이르는 770km의 해파랑길의 일부로 부경리 대게 누리공원을 출발하여 강구항과 축산항

괴시리 전통 한옥 마을.

을 거쳐 고래불해수욕장에 이르는 도보여행을 위해 A, B, C, D의 4개 코
스 64km로 조성된 해안길이다. 푸른 동해의 풍광과 영덕 대게 집산지 강
구항, 풍력 발전단지, 대게 원조마을, 축산항, 괴시리 전통마을, 대진해수욕
장, 고래불해수욕장 등 풍부한 볼거리와 먹거리 그리고 얕은 수심과 고운
백사장의 해수욕장이 있는 해안 길 트레킹과 여행의 맛을 더해 주는 곳이
기도 하다.

오늘의 여정

영덕 구간
22 코스: 블루로드 C 코스-목은 사색의 길
축산항- 대소산 봉수대-괴시리 전통마을-대진항-고래불 해변

출발: 축산항 오전 8시 30분
도착: 고래불 해변 오후 2시 30분

걸은 시간: 6시간
걸은 거리: 17.5km / 누계 377.1km

도화동산

부구터미널
부구삼거리

옥계서원유허비각

죽변등대

27
코스

죽변항

울진군청
연호공원 연호

울진항

망양정
해수욕장

울진엑스포공원

26
코스

수산교

망양정

울진
구간

덕신리

25
코스

망양휴게소

기성망양
해수욕장

24
코스

기성항

기성공용정류장

구산항

월송정

울진대게
유래비

23
코스

후포항

백암온천소

23코스: 고래불 해변-병곡 칠보산 휴게소-백암 휴게소-후포항
24코스: 후포항-월송정-기성버스터미널
25코스: 기성터미널-기성 망양 해변-덕신 해변-망양정-수산교
26코스: 수산교-울진엑스포공원-연호공원-봉평 해변-죽변항
27코스: 죽변항-죽변 등대-옥계서원 유허비-부구 삼거리

트레킹 13일차. 10월 14일. 화요일. 맑음

　2014년 3월 28일에 시작된 해파랑길 트레킹은 10일간에 걸쳐 부산 오류도 해맞이공원에서 출발해 영덕 블루로드 D구간이 끝나는 강구항에서 마무리되었다. 이어 11, 12일차- 트레킹은 영덕 블루로드 A, B, C구간으로, 작년 2013년에 다녀온 트레킹으로 연결되고, 나머지 구간은 2014년 10월 14일, 오늘부터 다시 계속된다.

　봄에 시작된 해파랑길 트레킹을 마치기 위해 10월 12일 일요일에 출발지인 병곡 고래불을 향해 떠나다. 서울을 떠나 영덕에 도착하니 가느다란 빗방울이 보였는데 저녁부터 비가 내리기 시작해 새벽에는 잠을 깨울 만큼 무서운 장마비로 변했다. 비는 다음날 아침까지 계속되었고 내일 출발이나 할 수 있을까 하는 걱정이 앞섰다. 다행히 출발일인 오늘 아침에는 비가 그치고 옅은 구름 속으로 덮인 해를 배경으로 출발지인 병곡 고래불 노래 분수대 앞에 설치된 고래 조형물을 보다.

　병곡면 고래불 해변을 벗어나면 다시 작은 마을 백석리 백석 해변을 맞는다. 백석(白石) 해변에 흰 자갈돌이 많아서 백석리인지 모른다. 그렇게 바

백석 해변.

라보니 해변 모래가 다른 해변의 모래 보다 굵고 희다. 검푸른 파도가 넘쳐 흘러 백사장 가장자리를 때리며 일어난 흰 포말의 파도가 흰 돌을 굴러 바다로 끌어가려고 안간힘을 쓴다. 발 밑에 펼쳐진 굵고 흰 모래 사이의 흰 돌을 밟으며 해안가를 걸어간다.

영덕에서 고래불 음악분수대까지 태워준 친구 시학이 상기시켜준 말이 기억난다. 해변가에는 항상 너울 파도를 조심하라고. 자칫하면 파도에 휩쓸려 끌려갈 수 있다고. 동해안의 너울 파도는 우렁차며 힘이 있다. 그러나 나는 이 힘이 있는 너울 파도를 좋아한다. 너울 파도를 친구 삼아 덧없이 걷다 보면 칠보산 휴게소가 나오고 해안 길로 계속하면 강원도 남단 울진군 후포면 후포항이 눈앞에 나타난다. 군데군데 작은 어촌들이 듬성듬성 이어지나 너무나 한가하여 적막이 흐른다. 마을에 사람들이 보이지 않는다. 동양의 나폴리라 불리는 후포항은 많은 어선들이 활발하게 입항하고 출항한다. 영덕 대게에 비견하여 울진 대게의 최대 집산지이기도 하다

바다와 어깨를 나란히 하며 이어지는 해안 길은 울진 대게 원산지 마을 거진2리를 거쳐 월송정에 이른다. 관동팔경 중 일경인 월송정은 정자

관동팔경 중 하나인 월송정.

울진 홍게.

주변의 빼어난 경광의 송림 군락이 정자와 동해 바다와 어우러져 제일경이 된 것이다. 고려시대 이래 수많은 시인, 묵객(墨客)들이 찾았던 정자는 중도에 퇴락하다가 조선 연산군 때 강원도 관찰사 박원종이 중건하였고, 일제 말기 일본군에 의해 철거되자 그 후 1969년 재일고포로 구성된 금강회의 후원으로 2층 콘크리트 건물로 세워졌으나 원래 모습과 너무나 상이하여 해체하고 1980년 지금의 모습으로 세워졌다.

송림 사이로 이어지는 길은 다시 해변가로 연결되어 구산항을 거친다. 걷는 것에 대한 단순함, 단순함이 찾아온다. 생각이 없다. 교차되며 움직이는 두 발 아래 보이는 모래와 관현악 오케스트라 같은 굽이치는 파도 소리도 마치 은은하게 멀리서 울려오는 풍경 소리를 떠올리게 하는 고요함으로 지금 나와 함께 있다. 고요하고 안온한 마음의 평화로움이 뒤따라온다. 단순하고 고요함에 오래 머물지 못하고 기성버스터미널어 다다른다.

오늘의 여정

울진 구간
23코스: 고래불 하변-병곡 칠보산 휴게소-백암 휴게소-후포항
24코스: 후포항-월송정-기성버스터미널

출발: 병곡 고래불 해변 오전 8시 15분
도착: 기성버스터미널 오후 4시 40분

걸은 시간: 8시간 25분
걸은 거리: 29.9km / 누계 407km

트레킹 14일차. 10월 15일. 수요일. 맑음

　기성 터미널에서 출발된 길은 사동항까지 잘 포장되어 있는 산간 길이다. 다니는 자동차도 드물다. 포장된 산간 길을 아침에 혼자 걷는다. 작은 항구인 사동항은 어느 항구와 같이 아침이 가장 활발하다. 잡아온 생선 경매가 끝나면 그 활달했던 항구도 언제 분주했나 싶게 이내 조용해진다. 농촌뿐만 아니라 항구에도 많은 외국인 근로자가 고기잡이 배를 타고 있다.

　사동항을 벗어나면 기성 망양 해변이 이어지고 관동팔경의 한 곳인 망양정 옛터가 길 건너 언덕에 있다. 지금은 근남면 왕피천에 있는 망양정이 옮겨지기 전에는 이곳에 있었다. 오징어 해변마을을 거치면 7번 국도를 따라 망양휴게소가 나온다. 해맞이 명소이기도 한 망양 해변은 덕신 해변으로 이어지고, 백사장 길이 300m, 폭 50m 규모의 덕신 해변에서는 스쿠버 다이빙과 수상 스키를 즐길 수 있다. 북쪽 망양해수욕장까지 이어지는 18km에 이르는 해안도로는 드라이브 코스로도 인기가 높은 곳이다.

　관동팔경 중 하나인 망양정은 기성 망양해수욕장 건너편 기슭에 있던

해안 도로.

것을 조선 철종 11년(1860년)에 지금의 위치로 이전하고, 그 후 허물어져 절멸된 것을 1958년에 중건하였으나 다시 심하게 훼손되어 2005년 완전 해체하여 지금의 정자로 새로 지어진 것이다.

망양정을 지나 양피천을 돌아 나오면 울진 엑스포공원이 길게 늘어 서 있다. 2005년 울진 세계친환경농업엑스포의 주행사장이었던 곳을 공원으로 조성해 놓았다. 길게 흘러내리는 왕피천 상류에 있는 다리를 건너 엑스포공원 해변에 돌아오는 길이 장장 1시간 30분이 소요된다. 망양정을 내려와 바로 엑스포공원으로 건널 수 있는 다리 설치 공사로 인해 주변이 산만 해지고 자연히 해파랑길 표시는 흔적 없이 사

망양정.

라지니 올바른 트레킹 길을 찾을 수 없다. 다리 공사의 복잡한 주변을 피해 어쩔 수 없이 울진 시내로 들어가다. 해파랑길을 놓치게 되고 울진 시내 길을 걸으면서 해파랑길이 연결되는 연호공원을 찾는다. 연호공원에서 다시 해파랑길로 접어들어 봉평 해변에 이르고 숙소를 찾지 못해 죽변항으로 계속 걷게 된다.

오늘의 여정

울진 구간
25코스: 기성 터미널-기성 망양 해변-덕신 해변-망양정-수산교
26코스: 수산교-을진 엑스포공원-연호공원-봉평 해변-죽변항

출발: 기성터미널 오전 7시 45분
도착: 죽변항 오후 6시

걸은 시간: 9시간 15분
걸은 거리: 39.2km / 누계 446.2km

    항구의 아침은 분주하다. 나도 오늘 아침은 분주하다. 죽변등대에서 출발했지만 이내 길 방향을 잃고 만다. 해파랑길 표시를 찾기 어렵다. 아니 표시가 없다고 해야 할까? 분명 어디에 있을 것이다. 그러나 트레커가 찾을 수 없다면 없다고 해야 하지 않을까? 해파랑길을 따라가는 것을 포기하고 지도상에 해파랑길 표시점이 있는 고목리 '옥계서원 유허비'를 찾아가기로 한다. 중간 중간에 길가는 사람에게 고목리 '옥계서원 유허비'를 물어보아도 한결같이 모른다고 하고 고목리 가는 방향만 가리켜준다. 그런데 그 방향이 일치하지 않는다. 불안감이 증폭되어 가고 도로에는 자동차만 지나갈 뿐 사람이 없다. 그래, 지리산 둘레길에서도 3일간 만나는 사람 없이 혼자 걸었는데 이 백주 대낮에 고목리를 못 찾아가랴. 한결 마음이 가라앉는다. 갈림길에서 다시 길을 확인하고 얕은 숲길로 접어든다.

    이때 내 가슴을 확 때리는 갈대숲 봉우리가 눈앞에 펼쳐져 있다. 이 갈

죽변항.

갈대숲 봉우리.

대 봉우리를 보자 갑자기 가슴이 뛰기 시작한다. 이것이 무엇인가? 바로 산티아고 순례길에서 일어난 '그 무엇이 가슴에 들어와 박히고 자라는' 신비한 현상임을 느끼고, 눈앞에 그 형상으로 나타난 갈대 봉우리다. 2011년 스페인 산티아고 순례길 출발 후 16일째 되는 날 10월 8일 저녁, 416km째 걸은 거리로. 몸과 마음이 지칠대로 지쳐 있던 그날, 떼라디요스 데 템플라리오스(Terradillos De Templarios) 마을에서 저녁 하늘을 쳐다보니 둥그런 보름달이 동쪽 하늘에 떠 있었다. 스페인 농촌 조그마한 마을, 맑은 공기가 밝은 달을 더 밝게 만들어 이날 유난히도 밝은 달은 붉은 황금색의 만월이었다. 물끄러미 달을 쳐다보니 한달음에 집에 가고 싶은 마음이 울컥 일어나고, 나도 모르게 눈물이 스르르 흘러내리며 가슴이 저미어 온다. "달아 달아 차가운 달아, 내 마음을 흔드는 달아." 젖은 목소리로 노래를 부르던 중, 이때 그 무엇이 왼쪽 심장에 꽂힐 듯이 들어와 박힌다. 이것이 무엇인가? 이날 이후 하루하루 왼쪽 가슴에 들어와 박힌 그 무엇이 계속 자라나고 있음을 느끼며 순례길은 계속되었다. 아울러 '이것이 무엇이지?'라는 의문도 같이 자라고 있었다.

다시 2일 지난 10월 10일, 이것이 아내에 대한 나의 사랑이라고 생각했다. 그때 기록을 한번 보자. "지난 10월 8일 아내 생일날 통화한 후 보고 싶고 그리워지는 감정이 왼쪽 가슴에 짠하고 작은 형태로 들어온 후 가슴 안에 자리 잡는다. 이것이 무엇인가 하고 오늘 보니, 그때 들어와 자리 잡은 그리움과 보고 싶은 사랑의 씨앗임에 틀림없다. 그리고 그때보다 자라나 더 커져 있는 것이 아닌가? 참으로 이상하다. 사랑이 내 가슴 안에서 자라고 있지 않은가. 이렇게 지금 내 가슴속에서 사랑이 자란다는 사실을 감정이 아닌 실제 몸으로 느낀다는 사실이 신기하지 않은가? 사랑이 자라고 커진다는 것을 말로나, 글이나 혹은 시나 소설로는 듣거나 읽어 봤지만 이렇게 가슴속에서 자라는 체감을 어떻게 설명하고 이해해야 할까. 내 가슴 안에서 조금씩 커가고 있는 것이다. 오, 하느님 감사합니다. 이건 분명히 하느님의 은총으로 내게 주신 느낌이다. 아니면 달리 설명할 길이 없다."(졸저: 별을 이고 길을 걷는 까미노 데 산티아고. 152쪽)

이제 다시 12일이 지난 10월 20일 기록을 다시 한번 보자. "희한하게 아내에 대한 사랑의 형상(形象)이 계속 커져 이제는 왼쪽 가슴을 거의 채워가고 있다. 이상하고 이해하기가 쉽지 않다. 어떻게 가슴 속에서 형상이 커지는 것일까? 오른손을 왼쪽 가슴에 대니 무언가 잡히는 것만 같다."(별을 이고 길을 걷는 까미노 데 산티아고. 216쪽)

가슴속에서 자란 형상은 그 후 어떻게 변했을까? 가슴속에서 16일째 자란 형상은 더 이상 가슴에 머물러 있기에는 너무 커진 것이다. 가슴이 답답해지고 걸음은 계속되니 정신은 온전히 왼쪽 가슴에 가 있다. 그때 고개 마루를 돌아오는데 부풀디 부풀어 있던 가슴속 그 형상이 빠져 나옴으로 인해 시원하며 허전해지는 느낌과 동시에 눈앞에 하트(Heart) 모양 갈대가 숲을 이룬 형상이 눈앞에 있지 않은가? 이 신기한 현상을 무어라, 그리고 어떻게 설명해야 할까? 그날이 10월 23일이었다. 가슴에서 빠져 나온 그 무엇의 형상이 내 눈앞에 모습을 보이다. 2011년 10월 23일 아침 9시 21분이다. 오늘 본 갈대숲 봉우리와 너무나 닮지 않았는가. 아, 다시 그 무엇(성령)이 오려는가? 흥분된 감정을 가슴에 가득 담고 한동안 이 갈대숲 봉

산티아고 순례길 갈대숲. 가슴에서 빠져 나온 형상.

우리를 쳐다본다.

다시 오늘 길로 돌아오자. 내가 찾고자 했던 '옥계서원 유허비각'은 고목리 마을을 지나 트레킹 길 옆 작은 비각으로 인근 마을 사람들에게도 잘 알려진 곳이 아니다. 이 옥계서원은 우암 송시열, 석당 김상정, 만은 전선을 모시는 서원이었으나 여러 곳을 옮겨다니다 이곳에 비각만으로 그 유래를 남기고 있을 뿐이다. 다시 트레킹 길로 접어들어 산간 길로 걷는다. 아침 한동안 트레킹 길을 찾기 위해 우왕좌왕하며 뛰던 가슴도 진정되고 호젓한 산속 숲길을 걸으니 이내 생각이 정리되며 단순해진다. 발바닥에 밟히는 풀이며 작은 길 옆 돌에도 생명이 느껴지고 예쁘게 피어 있는 이름 모를 야생화에도 말을 걸어본다. "모두들 안녕, 밤새 안녕." 트레킹의 참다운 맛, 단순한 생각과 고요한 마음을 발에서, 손 끝에서, 머리 끝에서, 가슴속에서 느끼며 걷는다. 아니, 저절로 걸어간다. 이 걷는 행위에 편안한 감정이 실린다.

부구면 부구 삼거리를 거쳐 산길과 들길이 이어지고 가을의 정취가 느껴지는 트레킹 길이다. 29코스가 시작되는 원덕읍 버스터미널에서 안내 표시를 찾지 못하고 지방도를 따라 이정 목표 장소인 옥원 소공원을 찾아 이리저리 지나는 사람에게 물어본다. 그러나 하나같이 이런 공원이 있는지 모른다. 공원 팻말이나 길 방향 표지판에도 나타나지 않는다. 가까스로 찾은 해파랑길 표지판을 따라 걷다 다시 길을 잃게 되어 옥원/이천 길로 무심히 걷다 보니 잘못된 방향이다. 1시간 30분을 허비한 것이다. 다시 되돌아온 곳이 원덕읍 노곡리다. 마침 지나오는 승용차에 몸을 부탁하고 원덕읍으로 오다.

길 안내 표시는 꼭 필요한 지점에 있어야 한다. 특히 갈림길 그리고 길 건너 바로 연결점에는 더욱 그러하다. 잃어버린 길을 찾을 때와 어려움에 처할 때는 편의를 제공해 주는 귀인(貴人)이 나타난다. 그리고 어려움 속에서도 목적지에는 도착한다. 이 모든 것에 감사한다. 트레킹에서 가장 먼저 그리고 많이 배우는 것이 감사, 감사다.

오늘은 아침 출발부터 저녁 도착까지 길을 잃어 고생한 날이다. 체력전이 펼쳐지는 장기간 트레킹에서 혼자 걷기에 가장 큰 애로가 저녁 식사이다. 혼자서 먹을 만한 식단은 한정되어 있다. 백반이나 찌개 종류가 전부다. 해안가 숙박에서 혼자 식단은 회 비빔밥이 최상이다. 오늘은 영양 보충 차원에서 한우 갈비살 276g을 먹었다. 1인 식단이 꾸려지지 않으니 2인 식단 주문이다.

오늘의 여정

울진 구간
27코스: 죽변항-죽변 등대-옥계서원 유허비-부구 삼거리

삼척-동해 구간
28코스: 부구 삼거리-고포마을-갈령재 수로부인 길-호산 터미널
29코스: 호산 터미널-원덕읍 노곡리

출발: 죽변항 오전 7시 45분
도착: 원덕읍 노곡리 오후 4시 40분

걸은 시간: 8시간 5분
걸은 거리: 26.5km / 누계 472.7 km

트레킹 16일차. 10월 17일. 금요일. 맑음.

원덕읍에서 택시를 타고 어제의 종점 노곡리로 가다. 지방도로로 잠시 걷다 산길로 접어든 지 1시간여 만에 삼척소공대비각에 이른다. 트레킹 길에서 약간 떨어진 산마루 정상에 있다. 강원도 관찰사로 부임하여 선정을 베푼 방촌 황희(黃喜)의 공적을 기리기 위해 세운 공적비로 '삼척소공대비(三陟召公臺碑)'라 불린다. 해파랑길 트레킹 지도에는 삼척소공대비를 거쳐 지나가는 표시인데 이 소공대비 전후 좌우에는 길이 보이지 않는다. 잠시 벗어나 들어간 길로 다시 나와 능선 길 임도로 따라 걷는데 나무 가지에 해파랑길 표시가 이어진다.

스스럼없이 길을 따라 걷는다. 이윽고 좌우로 갈리는 막다른 곳이 나오고 오른편에 임도 표시석이 서 있다. 그리고 오른쪽 길 철제봉으로 만들어진 통행 차단물이 설치되어 있고 그 오른쪽 가장자리에 해파랑길 안내 리본이 걸려 있다. '아 해파랑길인데 차량은 다닐 수 없구나'라고 생각하며 차단 철물을 넘어 걷는다. 완만한 내리막길이다. 20여 분 걸어도 다음 표시 리본이 보이지 않는다. 그리고 소공대비에서 너무 떨어져 있는 임도 길이다. 순간 잘못된 길이 아닌가 라는 의구심이 솟는다. GPS를 켜보니 표시점은 해파랑길 표시에서 한창 떨어진 곳에서 깜빡이고 있다. 그럼 이 길이 아니다. 다시 마음의 갈등이 일어난다. 소공대비에서 꽤나 떨어진 곳이다. 지도상의 표시 길과 철제 차단물이 설치되어 있는 곳이 서로 거리가 많이 떨어져 있다. 꽤나 걸어 내려온 이 길로 계속 가 보느냐, 아니면 해파랑길 표시 리본이 있는 지점까지 다시 올라가느

소나무에 걸려있는 해파랑길 표시 리본.

망상
해수욕장

망운산

34
코스

망상역

대진항

묵호역

33
코스

묵호항

추암
해수욕장

삼척역

이사부사자
공원

삼척시청

삼척 해수욕장

삼척고속
버스터미널

삼척항

32
코스

상맹방
해수욕장

재동
소공원

31
코스

궁촌항

궁촌레일
바이크역

궁촌리

황영조
기념공원

용화레일
바이크역

초곡리

아칠목재

30
코스

임원리

정터골

29
코스

검봉산
자연휴양림

소공대비

노곡리

임원 종합
버스터미널

임원해수욕장

근덕면

28
코스

호산시외
버스터미널

고포마을

고포
해수욕장

삼척-동해
구간

28코스: 부구 삼거리-고포마을-갈령재 수로부인 길-호산 터미널
29코스: 호산 터미널-원덕읍 노곡리-삼척소공대비-
검봉산 자연휴양림-절터골
30코스: 검봉산 자연휴양림 / 절터골-용화역 레일바이크-
황영조 기념공원-궁촌 해변 / 궁촌항
31코스: 궁촌 해변 - 공양왕릉 입구-재동소공원-덕산 해변 입구
32코스: 덕산 해변 입구-맹방 해변-삼척역-광진마을-삼척 해변-
이사부사자공원-추암 해변
33코스: 추암 해변-묵호역
34코스: 묵호역-감추 해변-묵호항-어달 해변-대진항-망상 해변-
망운산 둘레길-옥계시장

냐? 하는 갈등이 한동안 나를 갈팡질팡하게 만든다.

이 임도 길을 계속 내려가면 절터골로 갈 수도 있지 않을까? 그러나 산길을 알 수 없기에 해파랑 표시 길과 멀어진 길을 고집할 수 없다. 어쩔 수 없이 여기까지 오게 한 중간중간에 걸린 해파랑길 표시 리본에 대한 의구심을 가득 안고 다시 철제 차단물까지 거슬러 오르막길로 되돌아온다. GPS가 지도 표시 길과는 아직도 떨어진 거리를 알려준다. 다시 소공대비로 왔던 길을 되돌아가니 GPS 표시가 가까워진다. 검봉산 안내도 아래에 있는 야외 의자에 잠시 앉아 가쁜 숨과 당혹스러움을 달래본다.

혼란스럽고 뛰는 가슴을 진정시키며 이 상황을 정리하기 위해 의자에 앉아 물을 마시고 간식을 먹는다. 깊은 호흡을 하고 GPS와 지도를 대조해본다. 지도 길 위에 GPS가 깜박이가 깜박인다. 검봉산 안내 표지판 옆으로 잡초와 긴 풀로 덮인 인적이 엷어 보이는, 희미한 길이 보인다. 숲길과 산길로 이어지는 내리막길이다. 잠시 내려가다 다시 GPS로 대조하니 일치한다. 이 길이 최초에 조성된 해파랑길이다. 그럼 철제 차단 시설물에 달려진 표시 리본은 어떻게 해석해야 하나? 소공대비에서 이곳 검봉산 안내 표지판까지의 산길은 오랫동안 사람이 다니지 않아 훼손된 길이고 이후 노곡 민유임도가 만들어져 이 임도로 해파랑길이 대체되었을 것이다. 삼척소공대비각에서 철제봉 차단시설까지는 넓고 잘 다듬어진 임도이고 중간중간에 표시 리본이 소나무 가지에 달려 있다. 아쉽다. 만일 철제 차단물에 달린 표시 리본과 20~30m 지난 거리에 표시 리본이 달려 있었다면 이런 해프닝은 없었을 것이다. 처음 차량 차단 철제물 넘어 내려갈 때도, 그리고 다시 올라올 때도 표시 리본을 더 이상 볼 수 없었다.

2013년 지리산 둘레길 트레킹할 때도 가장 아쉬웠던 점이 안내 표시의 부실이었다. 아마 부실이 아니라 오랜 기간에 훼손된 것을 재정비하지 않

수로부인 길.

은 것이리라. 또한 처음 조성된 해파랑길이 후에 새로 생긴 길로 대체되어 이용되었을 것이다. 아마 이 구간이 이 둘에 해당할 것이다. 길인 듯 아닌 듯한 작은 산길과 숲길을 따라 내려가다 검봉산 등산로를 만나고 이를 따라 내려가니 해발 681m 검봉산 자연휴양림 시설이 나타난다. 아마 29구간 종착지점인 절터골은 등산로와 만나는 지점에서 오른쪽 갈라진 길일 것이다. 처음 걸었던, 철제 차단봉이 있던 임도 길이 새로운 해파랑길로 대체되어 검봉산 자연휴양림 단지로 연결되어 있다.

검봉산 휴양림 관리사무소에서 절터골 지점을 물어보았으나 아는 사람이 없다. 어쩔 수 없이 용화해변 방향을 찾아야 한다. 중간중간 공사로 어수선한데다 안내 표시는 띄엄띄엄 보이지만 해파랑길 표시는 없다. 걷는 길 중간에 수로부인 길로 연결된 해파랑길이 이제 산간과 마을 길로 이어진다. 수로부인은 헌화가에 나오는 순정공 강릉(지금의 영주)태수 부인을 이른다. 경주에서 출발하여 안강, 포항을 거쳐 영덕 해파랑길 블루로드 D코스 출발 지역인 남정면 부경리에서 소를 몰고 가던 농부에게서 꽃을 받았다는 수로부인 길이 여기에 조성되어 있다. 이곳은 수로부인과 연관이 없어 보이는 곳이다. 어쩌면 지금의 영주를 말하는 강릉이란 이름에서, 가까운 이곳에 '수로부인 길'이라는 이름을 붙인 것이 아닐까? 어쨌든 해파랑길을 만나다.

빨간 화살 표시가 해파랑길 상행(부산에서 고성) 표시이고 파란 색은 하행(고성에서 부산) 표시다. 이 구간은 울진 수로부인 길과 해파랑길이 겹친다. 수로부인 길은 고갯길로 이어지고, 한적하며 통행이 거의 없는 고개 마루에 국시댕이라는 서낭당 같은 신령한 장소가 자리 잡고 있다. 이곳에는 고개를 넘는 사람들의 행로와 무사안전을 기원하기 위해 지나가던 나그네가 주위에 있는 돌을 주워 모아둔 돌무덤이 있다.

황영조 기념공원을 지나면 오늘 도착 목적지 궁촌해변 궁촌 레일바이크 정거장이 4km 거리가 남는다. 궁촌 해변에 도착하다. 트라우마(Trauma)가 무엇인가? 다친 곳 즉 신체적 외상을 말하며 정신적 상처를 말할 때 정신적 트라우마라고 한다. 이번 울진 구간 트레킹에서 나에게 '절터골'이라는 정신적 트라우마가 트레킹에 앞서 내재되어 있었던 것 같다. 구간을 나누어 걸을 때 우선 고려 사항이 숙박할 곳을 먼저 정해본다. 대략 30km 전후에 숙박 장소를 정하고 구간 일정을 나누어 보는데, '절터골'이라면 절이 있었고 지금은 없는 것으로 이해되어 이곳은 숙박할 만한 곳이 아니라고 생각했다. 구간 거리를 조정하여 원덕읍에서 먼저 숙박하고 오늘은 궁촌항에서 숙박하기로 계획하고 출발했다. 그런데 어제 오늘 이틀에 걸쳐 길을 잘못 들어서고, 지나치고, 되돌아오고 하는 실수를 되풀이한 데는 출발 전 서울서 구간 거리를 조율할 때 이 '절터골'이 계속 머릿속에 남아 있었던 것이 틀림없다는 생각이 계속 떠나지 않는다.

이틀에 걸친 사단의 원인을 생각해보면, 첫째 소공대비에서 검봉산 갈림길 차량 차단 철제물까지 이어진 표시 리본이 달려 있는 이유를 간과했다. 이 길은 원래 해파랑길이 아니었지만 해파랑길 표시 리본이 있었다. 그럼 해파랑길이다. 둘째 차량

아름다운 백사장이 있는 마을기다.

차단 시설물을 넘어 임도로 1.5km 가까이 내려가다 다시 되돌아 올라오게 된 심경 변화다. 어쩌면 이 길이 새로 대체된 해파랑길일지 모른다고 깊이 생각하지 않은 점이다. 셋째 잘 보지 않던 GPS를 꺼내 소공대비각으로 바로 되돌아가지 못한 것이다. 여러 가지의 사유가 있었지만, 다시 생각해도 아쉬움과 울분이 함께 터져 나온다. 해파랑길 트레킹의 가치를 홍보하여 많은 국내 트레커들을 걷게 하고 길 표시물을 정비하였다면, 이런 참사는 없었을 것이다. 해파랑길을 만들어 놓고 관리 부실에 따른 하나의 사건이다. 이는 나만의 문제가 아니고, 또 다른 트레커들도 부딪칠 수 있는 문제일 것이다.

조용하고 인적이 드문 산 들길을 벗어나 큰 길로 나오니 바닷가 용화역이 보이고 레일 바이크에는 젊은 커플들이 바이크를 타고 있다. 부러운 눈으로 한참 바라보다가 큰 길을 따라 북상한다. 오른편에 황영조 기념공원에 들른다. 황영조 집 찾기 조망 원에 눈을 대면 직선 방향으로 황영조 생가가 보이고, 전시관 안에서는 마라톤 경기 장면을 본다. 바르셀로나 올림픽 경기의 꽃 마라톤 우승자 경기 모습이다. 가슴이 뿌듯해 온다. 궁촌해변 궁촌항에 오다.

오늘의 여정

삼척-동해 구간
29코스: 원덕읍 노곡리-삼척소공대비-검봉산 자연휴양림-절터골
30코스: 검봉산 자연휴양림-절터골-용화역 레일바이크-황영조 기념공원-궁촌 해변-궁촌항

출발: 원덕읍 노곡리 오전 7시 50분
도착: 궁촌 해변 오후 4시 50분

걸은 시간: 8시간
걸은 거리: 21km(9km 허비) / 누계 493.7km

트레킹 17일차. 10월 18일. 토요일. 맑음

그제, 어제 이틀 동안 길을 잃고 헤맨 시간이 꽤나 되었기에 오늘은 다소 늦은 걸음걸이라도 천천히 갈림길, 마을 길, 산길에서 지도와 GPS를 서로 확인하며 걷기로 결심한다. 출발지인 고려 마지막 왕 공양왕릉이 보이는 궁촌항 입구에서 출발하다.

어제 저녁을 먹은 식당에서 아침 식사도 가능하기에 좀 늦은 시간이지만 아침을 먹고 출발하다. 해변을 벗어나 마을 길과 산속 길로 이어진다. 갈림길에서 안내 표시나 리본이 있어야 할 자리에 없기는 마찬가지다. 그래도 띄엄띄엄 떨어져 보이는 것만 해도 감사할 따름이다. 마을들이 산간에 이어지고 가을의 정취를 물씬 풍기는 길 옆 노란 들국화가 무거웠던 마음을 가볍게 만들어 준다. 고개를 들고 주위를 둘러보니 저 멀리 있던 가을이 성큼성큼 다가오고 있다. 이렇게 잘 다듬어진 멋진 길에 다니는 사람이 없다. 나 혼자 주위에 널브러진 한가함과 고요함을 맘껏 누린다. 머릿속에 채워진 미움, 다툼, 공상, 잡념을 털어내고 그곳에 이 한적함을 채운다.

31코스 종착지점 덕산해변에 이어 맹방해변 길이 나를 기다린다. 상맹방, 하맹방으로 나누어질 만큼 긴 백사장이 이어지는 해수욕장 뒤편으로 소나무 삼림욕 걷기 길이 또한 길게 이어진다. 계속되는 해변 길에서 한치터널로 교차되는 지점에서 길을 놓치고 작은 마을 길로 접어들어 한동안 생각 없이 걷다 보니 바다 바위로 막힌 길이다. 주변을 돌

아치터널 길.

아봐도 사람이 보이지 않는다. 다시 한치터널 교차점까지 돌아와야 한다. 안내 표시를 확인하지 못한 데 대한 후회와 자괴감이 엄습한다.

힘없이 터덜터덜 걸어 나오니 길 옆 모래 밭에서 한 사람이 무언가를 열심히 찾다가 나를 보고 묻는다. "어디로 가느냐, 왜 다시 돌아 나오냐?" 길 놓친 이야기 끝에 조금 있다 강릉으로 돌아갈 생각이었는데 지금 가기로 했다고 하니, 원하는 곳까지 태워주겠단다. 감사하게 타고 한치터널 교차로에 내리다. 1947년생 월남참전 용사의 호의로 시간과 체력을 비축할 수 있었다. 트레킹 중에 이렇듯 여러 곳에서 도움을 주는 귀인(貴人)을 만난다.

삼척 고속버스터미널을 거쳐 삼척시청 인근 길로 향하고 비치 조각공원이 있는 광진마을 해변 가로 오다. 관동팔경의 하나인 죽서루를 그냥 지나쳐 안타까움이 크다. 이 죽서루는 유일하게 바닷가가 아닌 오십천 가에 있다. 이어지는 크고 작은 해변 마을 길을 거쳐 오면 기묘하고 오묘한 해안 절벽과 크고 작은 바위섬들이 이리 저리 뒤섞여 바닷속에 솟아 있는 풍경이 장관을 이루는 추암 해변에 다다른다. 바다와 어우러진 촛대바위와 형제바위, 해암정의 아름다운 모습을 감상할 수 있다. 자연의 신비함과

추암 해변 촛대바위.

웅장함이 느껴지는 해안 절벽과 바위섬이 있는 추암 해변은 동해안에 몇 안 되는 꼭 가보아야 할 곳으로 추천받고 있다.

　작은 백사장이 포근함을 안겨주다. 추암 해변을 벗어나면 동해시다. 동해 송정 일반 산업단지 사잇길로 이어지는 해파랑길은 동해항을 오른쪽에 두고 산업단지 길을 통해 동해역으로 나아가게 되어 있는데 동해항 끝자락에 길 넓은 산업도로가 정면에 남북으로 새로 만들어진 것이다. 해파랑길 지도에 나오는 길은 이 거대한 산업도로를 정면으로 건너가도록 표시되어 있다. '오, 하느님.' 오후 4시 30분이다. 추암 해변으로 되돌아가 자동차를 이용하기에도 늦은 시간이다. 산업도로로 뛰어오른다. 동해항을 오른쪽 어깨에 얹고 북쪽으로, 달리는 대형 화물 차량을 등 뒤에 두고 가장자리 길로 붙어 가슴 졸이는 트레킹이 시작된다. 해변 길도, 산속 길도, 마을 길도 아닌 왕복 4차선 콘크리트 시멘트 바닥 길로 트레킹은 계속되다. 유별나게 크게 들리는 대형 차량 소리가 뒷머리를 잡아당긴다. 몸이 오그라든다. 쿵쾅 쿵쾅 뛰는 심장을 두 손으로 감싸 달래며 이 길을 벗어나다. '휴, 하느님 감사합니다.' 묵호역에 도착하다.

오늘의 여정

삼척-동해 구간
31코스: 궁촌 해변 / 공양왕릉 입구-재동소공원-덕산 해변 입구
32코스: 덕산 해변 입구-맹방 해변-삼척역-광진마을-삼척 해변-
이사부사자공원-추암 해변
33코스: 추암 해변-묵호역

출발: 궁촌 해변 오전 8시
도착: 묵호역 오후 5시

걸은 시간: 9시간
걸은 거리: 39km / 누계 532.7km

트레킹 18일차. 10월 19일. 일요일. 맑음

묵호역 앞이라 이른 시간 아침 식사가 가능하다. 아! 이 얼마 만인가? 아침 식사로 밥을 먹다니! 입맛을 되살려줄 된장찌개 백반이다. 크지 않은 백사장을 가진 아름다운 추암 해변을 그리며 육지의 마을 사이를 빠져나오면 한섬 해변을 만나게 되고, 동해를 어깨에 끼고 바다 갓길을 따르면 고불개 해변 그리고 하평 해변의 해수욕장들을 차례로 지나가게 된다. 해파랑길 34번 코스 시작점인 묵호항을 지나면 서울 남대문의 '정동방'이라는 까막바위가 국토지리원의 공인을 받아 해안가 방파벽 위에서 눈길을 끌고 있다

수도 서울의 정동방인 '정동진'. 정동진은 우리에게 익숙한 이름이다. 어달항구를 지나고 어달 해변에 도착하니 마침 바다 돼지가 새끼 두 마리를 앞세우고 아침 기동을 하고 있다. 햇살이 잔잔한 아침 바다 속 바위를 비춰 만들어낸 기막힌 모습이다. 마치 돼지가 바다 위를 걸어가는 듯하다.

대진항을 지나면 잘 알려진 망상 해변의 망상해수욕장이 나를 맞는다. 해수욕장 해변을 따라가면 가슴속까지 뻥 뚫어주는 긴 백사장이 이어진다. 해안가 바위 위에 앉은 갈매기 떼가 아침 사냥의 포식을 즐기는 듯 여유로워 보인다.

망상 해변을 지나 가곡 해변 초입에서 망운산을 둘러 도는 마을과 산간 길이 이어진다. 해파랑 표시 말을 놓치지 않기 위해 여간 조심스럽지 않

까막 바위 표시석.

다. 가을 정취가 제법 묻어나는 산길이기에 낙엽 따라 걷다가, 동해 약천온천 실버타운 길로 들어가고 2km가량 허비한 채 되돌아나오는 일이 오늘 또 벌어지다. 전남리를 지나 둔채공원을 끼고 돌

마치 그림을 그린 듯한 바위와 갈매기.

아들어가는 망운산 자락 해파랑길은 띄엄띄엄 흩어져 있는 마을 집들을
벗어나자 곧 산길로 접어드는데 최근에 사람이 다닌 흔적이 보이지 않는
다. 길에는 낙엽과 키 큰 잡초, 관목가지 잎이 쌓여 있고, 위로는 나무숲을
이루고 있다. 인적은 없고 길은 깊어지니 순간 서늘한 기운이 몸을 감싸며
머리에서 발끝으로 내려온다. 혹시 멧돼지가 내려오면 어떻게 방어를 해
야지? 순간 좌우를 둘러보아도 마땅한 나무토막도 보이지 않는다. 몸이 점
점 더 굳어진다. 꽤나 긴 30여 분을 긴장 속에서 걷는다.

　작년에 지리산 둘레길을 걸을 때도 3일간 사람을 본 적이 없었지만, 이
렇게 긴장하지 않았던 이유는 트레킹 길에 사람들이 다닌 흔적이 가득했
기 때문이다. 지리산이 망운산보다 더 훨씬 깊고 높은 산임에도 불구하고.
긴장 속에서 망운산 자락 길을 벗어나 옥계시장으로 가는 마지막 자락 길
은 마을 집 마당을 거쳐 가게 되어 있다. 마침 앞마당에서 일하던 집 주인

과 만나 이야기를 나누었는데, 이제
까지 망운산을 거쳐 자기 집 앞으
로 지나가는 사람이 없었다고 한다.
35코스 강릉구간 시작점인 옥계시
장을 지나 옥계 해변을 따라가면
금진항으로 가는 금진 1, 2리를 거

바다 속 바위가 만들어 낸 돼지.

치게 된다. 좀 더 걷기 위해 금진 3리까지 갔으나, 숙박할 모텔이나 민박집
이 없어 다시 금진 2리로 1.5km를 되돌아왔다. 자연이부쟁(自然而不爭). 자
연은 서로 다투지 않는다. 자연 식물세계는 서로 조화롭게 주어진 환경에
서 서식한다. 키가 큰 나무는 자기 밑에 있는 키 나무까지 잎을 가지지 않
고 그 밑에 있는 나무는 자기 밑에 있는 나무 키까지 잎을 가지지 않는다.
길가 야생초도 마찬가지다. 혼자 뛰어남이 없이 조화롭게 어우러져 균형
을 가지고 뒤섞여 같이 지내고 있다. 그런데 인간은 왜 함께 조화를 이루
며 다툼 없이 평화롭게 살지 못할까? 오늘 길 걷기에서 느끼다.

오늘의 여정

삼척-동해 구간
34코스: 묵호역-감추 해변-묵호항-어달 해변-대진항-망상 해변-
망운산 둘레길-옥계시장

강릉 구간
35코스: 옥계시장-금진항

출발: 묵호역 오전 7시 30분
도착: 금진항 오후 5시

걸은 시간: 9시간 30분
걸은 거리: 32.3km / 누계 565km

트레킹 19일차. 10월 20일. 월요일. 맑음

어제 늦게 도착했던 금진 3리에서 다시 돌아와 숙박이 가능한 금진 2리 사이는 약 2km이다. 이 거리를 다시 걷는다. 동해의 아침 바다를 보며 이어지는 해변가 길이다. 바다 위에 모습을 보이는 바위들도 길 건너 산의 단풍을 따라가듯 예쁜 갈색으로 단층을 이루고 있다.

옥계시장에서 시작되는 허파랑길 35코스는 강릉 바우길 9코스 헌화로 산책길과 겹친다. 심곡항을 지나게 되면 다시 내륙으로 이어진 길을 따르게 된다. 정동진 팻말이 발걸음을 재촉한다.

정동진 입구에서 산길로 이어지는 길을 잃어 그냥 앞에 보이는 썬 크루즈 리조트로 직진하다. 어쩌면 훼손된 길 안내 표시를 아무리 찾아봐야 없을지도 모르기에. 이제는 잃어버린 작은 길을 찾으려고 이리저리 왔다 갔다 하는 것을 하지 않으려고 한다.

가슴을 활짝 열어주는, 시야를 가리는 것 하나 없이 펼쳐지는 망망대해 (茫茫大海) 정동진 동해바다다. 정동진-수도 서울에서 정동향의 동해 끝 마을이다. 젊은이들의 낭만의 여행지, 방금 많은 젊은이들이 열차에서 내려 정동진역을 나서고 있다. 밀레니엄 모래시계 공원이 이웃한 정동진역에서 쏟아져 나온 젊은이들을 맞는다.

해파랑길 36코스이자 강릉 바우길 8코스인 '산우에 바닷길'이 겹치는 괘방산 길이 정동진역 앞 파출소 옆길로 시작된다. 산 입구로 진입하자 가파른 등산길이 앞에 나타난다. 정동진역과 안진역 사이에 위치한 괘방산은 399m 높이로 옛날 과거에 급제하면 이 산 어디엔가에 두루마기에다 급제자의 이름을 쓴 방을 붙여 고을 사람들에게 알렸다는 데서 이름이 유래했다. 1999년 북한 무장 공비들이 잠수함으로 침투하여 숨은 곳이기도 하다. 괘방산 정상으로 올라가는 길에 당집이 나온다. 이 당집이 해파랑길

강릉
구간

35코스: 옥계시장-옥계 해변-금진항-심곡항-정동진역
36코스: 강릉 바우길 8코스-산우에 바닷길
정동진-괘방산 당집-안인 해변
37코스: 강릉 바우길 7코스-풍호연가길 안인 해변-
정감이 수변공원-금강초교-학산 오독떼기 전수관
38코스: 강릉 바우길 6코스-굴산사 가는 길
학산 오독떼기 전수관-구정면사무소-모산봉-강릉 중앙시장-
남항진 해변
39코스: 강릉 바우길 5코스-바다 호수 길
남항진 해변-경포대-사천진 해변
40코스: 강릉 바우길 12코스-주문진 가는 길
사천진 해변-영진교-주문진항-소돌항-주문진 해변

과 강릉 '울트라 바우길'이 만나는 지점이기도 하다. 해파랑길의 표시지점이기도 하다.

정동진해수욕장, 등명해수욕장, 옥계해수욕장이 발아래 펼쳐지는 아름다운 장관을 이 괘방산 꼭대기에서 볼 수 있다. 어제 오후에 잠깐 내린 비로 날씨는 쌀쌀해진 듯하지만 절정의 가을 등산길이 앞에 열려 있다. 399m의 높지 않은 산이지만 전체 면적이 좁기에 제법 가파른 길이 소나무 사이로 이어진다.

괘방산을 올라갈수록 안개가 호젓하게 감겨오고 소나무길 옆 작은 관목들은 잎을 하나둘씩 털어내어 등산길을 덮고 있다. 아무도 없는 호젓한 가을 산길을 혼자 빠른 걸음으로 지나간다. 너무나 조용한 이 산길을 좀 더 천천히 완만하게 지나가면 좋으련만, 발걸음은 나도 모르게 부지런해진다. 오늘 목적지 강릉 오독데기 전수관까지 가야 하기 때문이다.

체력이 서서히 고갈되어 가고 있다. 오른쪽으로 하슬라 아트월드 활공

단풍이 든 바다 바위.

전망대를 보며 산자락을 벗어나면 안인 해변, 안인항이 보인다. 안인 해변에서 강릉 바우길 7코스 '풍호 연가길'이 시작된다. 염전 해변을 오른쪽 어깨에 올려놓고 내륙으로 돌아들면 풍호연꽃단지를 지나간다. 가까이에 메이플 비치 CC가 있다. 짙은 구름으로 하늘은 어두워지고 목표지점까지 거리는 아직은 멀다. 어두움에 대한 불안감이 스멀스멀 기어 나온다. 정감이마을 수변공원에 이르니 3시 40분. 이 수변공원 등산로를 거쳐야 오늘 목적지인 강릉시 오독떼기 전수관에 도착한다. 잠시 갈등에 휩싸이다. 등산로를 넘어가야 하나, 여기서 그만 두어야 하나. 등산 거리는 약 5.5km, 2시간 거리다. 5시 40~50분경이면 도착할 수 있다. 그때면 어둑어둑해진다. 어쩌면 더 어두울지 모른다. 짙은 구름이 하늘을 덮고 있다. 지금 그만두면 강릉시로 가야 하는데, 부근에 마을도 집도 보이지 않아 택시를 부른다고 해도 내가 이 장소를 택시 기사에게 설명할 수가 없다. 아, 이런 경우를 두고 진퇴양난(進退兩難)이라 말할 수 있겠구나. 만일 등산 길만 분명하다면 빠른 걸음으로 넘으면 어둡기 전에 도착할 수 있다. 그런데 이 시골 마을 등산 길은 비록 해파랑길이라지만 이제까지 걸어온 바에 견주어 보면 많은 사람이 다니지 않음은 확실하다. 여기까지 생각이 미치자 더더욱 겁이 나기 시작한다. 시간은 지나가고 마음은 우왕좌왕하니 초조해지기 시작한다. 금쪽같은 10여 분이 훌쩍 가버린다. 등에 맨 팩을 다시 조여매고 뛰다시피 하며 정감이마을 수변공원 등산로로 진입한다. 아무 생각 없이 등산길만 놓치지 않도록 집중하며 빠른 걸음으로 걷는다. 다행히 길은 구별할 수 있을 만큼 보인다. 등산로 정상에 올라가니 5시 7분이다. 1시간 17분이 소요된다. 정상에는 주위를 둘러볼 수 있는 전망대 데크가 조성되어 있다.

흐리고 어두운 날씨다. 데크 둘레를 한 바퀴 돌아보아도 내려가는 길이 보이지 않는다. 사방이 트인 곳에 있기에 더구나 풀과 관목도 없는 밭 같은 맨땅 위에서 내려가는 길을 가늠하기가 쉽지 않다. 마음이 초조해지고 숨이 가빠지기 시작한다. 심호흡을 계속하며 가쁜 마음을 달래다. 내려가야 할 방향을 가늠하고 20여 미터 걸어가 보아도 확실한 길은 아니다. 다시 되돌아와 발자국 길을 땅 위에서 찾아보니 왼쪽에 희미한 발길의 흔적이 보인다. 잡초와 관목이 시작되는 지점에 작은 등산 길이 나타나다. 조심스레 걸어가며 등산 길을 다시 확인한다. 등산 길이다. 이제는 가볍게 달려 내려가다. 정감이마을 수변공원 등산로를 벗어난 시간이 5시 38분이다. 1시간 48분 만에 횡단하다. 뛰다시피한 걸음걸이다. 마을이 보이다.

　마을 길로 걸어가니 어두워지다. 금광초교를 지나 마을 가게에서 강릉 택시를 부르다. 오늘 목표지점 오독떼기 전수관에 이르지 못하지만, 자칫하면 산속을 헤맬 수 있는 상황을 만든 과욕과 만용으로 인한 무모한 도전이었다는 자책감과, 늦은 시간 산속 트레킹을 무사히 마친 강한 정신력과 성취감, 체력에 대한 자부심에 잠시 빠져들기도 하다.

오늘의 여정

강릉 구간
35코스: 금진항-심곡항-정동진
36코스: 정동진-괘방산 당집-안인항
37코스: 안인항-정감이 수변공원-금광초교

출발: 금진항 오전 7시 30분
도착: 금광초교 오후 6시

걸은 시간: 10시간 30분
걸은 거리: 34.3km / 누계 599.3km

트레킹 20일차. 10월 21일. 화요일. 비와 바람

오늘로 걷기 8일째. 어제부터 느끼기 시작한 체력 저하가 앞으로 남은 트레킹을 어떻게 좌우할지에 생각이 미치기 시작하다. 체력을 유지하기 위해 잘 먹고 잘 자는 것이 제일인데, 잠은 충분히 자고 있으나 먹는 것이 문제다. 아침, 점심으로 먹는 한결 같은 메뉴-빵, 우유, 계란으로 충분한 칼로리를 보충할 수 없다. 그렇다면 몸에 있는 지방이나 체지방을 사용해야 한다. 1km 걷기에 100kcal가 소요되니 체중이 줄어드는 것이 당연하지만 건강을 해치지 않을 정도면 좋겠다. 걸을 수 있을 만큼 걸어보자.

어제 가지 못한 학동 오독떼기 전수관에서 출발하기 위해 방을 나설 준비는 했으나, 새벽부터 내리는 세찬 비와 바람에 선뜻 나가지 못하다. 지금 같은 비와 바람이라면 오늘은 걷기가 불가능하다. 연신 창밖을 내다보며 방안을 서성이다. 1시간가량 비의 상태를 지켜보다 빗줄기가 다소 가늘어지기에 모텔을 나서다. 비의 양을 알 수 없기에 오늘은 어제와 다르게 갈 수 있는 거리만큼 가기로 마음먹고 나서니 홀가분한 기분에 몸도 가벼운 듯하다. 어제와 같은 무모한 걷기는 하지 말자. 되돌아 생각해도 어제의 걷기는 정상적인 상태에서 판단하고 결정된 것이 아니다. 오늘은 그 지점에서 중단하고 택시를 찾는다. 출발점 학동 오독떼기 전수관이다.

오독떼기 전수회관.

건물은 신축되어 현대식으로 지어졌으나 관리 부실로 지금은 사용되지 않는 듯 각종 오물 투기물이 여기저기 버려져 있다. 안타까운 일이다. 오독떼기는 우리 선

조들이 들에 나가 농사일을 하며 힘겨움을 잊기 위해 불렀던 농요(農謠)로 모 심는 소리부터 마댕이(타작)소리까지 노래로 들려준다. 이 농요가 강릉 학산마을에 오

남진강 해변의 솔바람다리.

랜 기간 동안 이어져 현재까지 전승되고 있다.

빗속 길이라 길 찾기가 쉽지 않다. 특히 도심이나 읍내 길은 더구나 어렵다. 아침 출발 때 마음먹은 대로 천천히 걸으니 이제 빗속 길 걷기도 나름대로 운치가 있다. 해파랑길 이정표가 필요한 시점에, 필요한 곳에 눈에 띄지 않음이 어제 오늘 일은 아니지만 그래도 여간 불만스럽지 않다. 언제나 갈림길에는 어김없이 표시가 없다. 한창이나 걸어 지나온 후에 표시 리본이 나부낀다. 그래 이것도 어디냐? 해파랑길을 만들어 놓은 것만도 감사하지. 스스로 자위해 본다.

모산봉을 향하는 트레킹 길은 모산 초등학교 앞 버스 정류장까지는 어렵지 않게 가다. 이 버스 정류장에서 모산봉으로 가는 길을 찾을 수 없다. 안내 표시판도, 안내 리본도 보이지 않는다. 해파랑길 안내 GPS 표시도 정확히 버스 정류장에 찍힌다. 좁은 마을 길에 3~4가구의 마을 집들이 있다. 들락날락하는데도 인기척이 없다. 다시 버스 정류장 박스 앞에 우두커니 서 있다가 지나가던 모산 초등학교 선생님에게 길을 묻다. 모산봉이라 하니 초등학교 옆 담을 따라 가다 우회전하여 산으로 가면 된다고 알려주다. 모

산봉에 등산을 몇 번 다녀본 말씨다. 초등학교로 가는 길로 진행하다 아무래도 아닌 것 같아 다시 돌아와 GPS를 따라가니 다시 마을 집들로 안내하다. 이 마을 집 부근은 틀림없는데 길 안내 팻말이 없다. 마을 집 주변을 돌고 돌다가 보니 마을 끝 집 화단 끝자락에 화초와 잡초들로 거의 가려진 토끼길 같은 작은 길이 산으로 향해 나 있다. 그냥 올라가보다. 그리고 길 따라 진행하니 점차 등산로 길이 이어지다. 그래도 안내 팻말도 리본도 없다. GPS는 올바르게 안내하고 있다.

모산봉 중턱에 다다르니 해파랑길 리본이 소나무 가지에 매달려 보인다. 왜 좀 더 필요한 곳에 표시는 없는가? 짜증이 솟구쳐 오른다. 모산봉으로 향해 갈수록 간헐적으로 안내 리본이 나타나고, 분노가 다소 가라앉고 리본에 대한 감사한 마음이 일어난다. 비는 그치지 않고 계속되고 산길은 이제 뚜렷이 앞을 보이기에 그냥 고개를 숙이고 생각 없이 걷다. 모산봉 정상을 넘는다. 모산봉(母山峰, 105m)은 월대산, 땅재봉, 시루봉과 함께 강릉을 떠받치고 있는 4주산 중 하나다. 밥그릇을 엎어 놓은 것처럼 생겼다 하여 '밥봉'이라고도 하며, 볏집을 쌓아 놓은 것 같다 하여 '노적봉'이라고도 한다. 모산봉은 인재를 많이 배출한다 하여 '문필봉'이라 부른다. 조선 중종 때 강릉 부사 한급이 강릉 지역에 큰 인재가 많이 배출되는 것을 막기 위해 모

아, 얼마 만에 먹어보는 하얀 쌀밥 점심이야.

산봉 정상을 깎기도 했다 한다. 모산봉 정상을 내려와 노암초교를 지나고 단오 문화관을 거치면 강릉 중앙시장이 나온다. 마침 점심 때에 도착하니 시장 상인의 추천이 소머리 국밥이다.

길은 강릉 내륙을 벗어나 해변가로 발길을 안내하다. 공항대로를 따라 남항진교로 진행하는 길 맞은편에 작은 카페가 보인다. 춥고 배도 고파 길 건너 카페로 들어가다. 젖은 비옷 상하의를 벗으니 빗물이 주루루 떨어져 가게 입구를 적신다. 젊은 주인 여자가 보다 못해 문을 열면서 어서 들어오시라 반긴다. 따뜻한 곳으로 안내하고 따뜻한 물을 내주는 참으로 고맙고 고마운 카페 주인이다. 커피에 빵으로 허기진 배와 추위를 다스리고 나오다. 서울로 돌아와서 산티아고 순례기 '별을 이고 길을 걷는 까미노 데 산티아고(졸제)'를 보내주며 후의에 감사하다. 남항진 해변에 접어들면 솔바람다리가 반기고 그 다리를 건너면 강릉항(죽도항)이라고도 불리는 안목항이다.

이제 강릉 경포다 이다. 강릉 바우길 걷기는 해안가 보다 숲속이나 산길 그것도 높은 고도이기에 길 걷기에 능숙한(잘 걷기와 오래 걷는) 두 사람이 같이 걸어야 할 길이다. 혼자 걷기에는 길 찾기 등 어려움이 너무 많은 트레킹 길이다. 트레킹이 아니라 등산 수준이다.

강릉 구간
38코스 강릉 바우길 6코스-굴산사 가는 길
학산 오독떼기 전수관-구정면사무소-모산봉-강릉 중앙시장-남항진 해변
39코스: 남항진 허변-안목항

오늘의 여정

출발: 학산 오독떠기 전수관 오전 9시
도착: 안목항 오후 4시

걸은 시간: 7시간
걸은 거리: 20.6kㄱ / 누계 619.9km

트레킹 21일차. 10월 22일. 수요일. 흐림

어제 빗속 길을 한동안 걸은 탓인지 아침에 몸이 무겁다. 오늘로 걷기 9일째이니 체력도 서서히 떨어지기 시작하다. 아침 메뉴가 거의 카스텔라, 두유, 커피, 사과 등이다. 모텔 방에 혼자 쪼그리고 먹는 이 메뉴들이 이제는 맛으로 먹기에는 한계를 넘어섰고, 영양 부족에 체중도 줄고 체력도 저하되는 시점에 온 것이다. 한동안 아파오던 대퇴부 근육 통증은 어느 정도 가라앉은 것 같아 그나마 다행이다. 무엇이 나를 이 곤경에 몰아넣고 있는가? 몹시 흐린 아침 날씨에 비가 올까 걱정했으나 다행히 비는 오지 않고, 모래사장이 붙은 해안 길로 아침 걷기가 시작되다. 너울성 아침 파도가 해안을 덮치고 있다. 파도는 역시 동해안 너울성 파도라야 그 맛이 있다. 남성다움이 묻어난다. 파도의 백미다.

어제 빗속 산행 트레킹에 지친 몸이라 이 해안가 길은 앞길이 훤히 보이기에 심적 부담이 적다. 경포대에 몇 번이나 다녀왔지만 인근의 송정, 안목 등 이런 한가한 지역을 찾기는 처음이다. 송정 해변 길을 파도와 같이 걷다보니 해송 숲길로 어느덧 접어든다.

해송 길 소나무.

해송 밑에는 작은 해송이 파릇하게 자라고 있다. 이들이 크면서 이 해송 길을 이어갈 것이다. 무럭무럭 자라라, 어린 소나무야. 길은 이어져 강문 해변으로 연결되고 강문 솟대다리를 건너면 이제 경포호와 경포 해변을 맞는다.

송정 해변에서 시작되어 사천 해변 길까지 이어지는 약 42km의 해변가 솔숲 길인 경포 해변은 솔향(Pine City) 강릉을 상징하는 대표물이 된다. 굵은 소나무들의 진중한 무게감에 은은한 솔향기를 내뿜는 촘촘한 솔잎이 바닷바람에 이리저리 흩날리니 이 길을 걷는 것만 해도 힐링은 충만하다. 굵고 촘촘한 소나무 길 양쪽 아래로는 내일을 기약하는 새 삶의 어린 소나무가 파릇파릇하게 자라고 있다.

무엇에 취했는지도 모르면서, 허난설헌 생가, 참소리 박물관이 있는 경포호를 끼고 도는 왼쪽 길로 접어들어야 하는데 그만 경포 해변으로 직진하다. 계속되는 백사장을 밟으며 너울 파도를 즐기기도 하며 경포 해변을 지나 다시 해송 숲길에 접어든 순간 경포호 주변 일주 길을 지나쳤음을 알게 된다. 왜 이렇게 가끔 길 안내 표시 보기를 놓치는 것일까? 경포호수 주변 트레킹을 놓친 것에 대한 진한 아쉬움과 자책감에 스스로 채찍해보다. 그래, 경포호는 다음에 다시 걷자. 스스로 위로하며 사천 진리해변공원으로 발길을 움직인다.

너울 파도를 친구로 삼아 나란히 해변가를 걷는다. 단조로운 트레킹이 한동안 계속된다. 흐린 날씨에 심한 파도라 마음도 가라앉는다. 몰아치는 파도, 파도와 파도의 부딪침이 하얀 큰 기포를 만들고 그 포말은 백사장 가장자리까지 밀려오다. 저 멀리 검푸른 바다색이 내 발밑으로 흰색으로 변해 오다. 동해안의 매력인 울렁이는 너울파도도 가라앉은 내 마음을 일으켜 세우지 못하다.

마음이 가라앉으면서 서서히 몸이 반응한다. 양쪽 허리가 저리기 시작하다. 체력이 조금씩 떨어지고 있는 징후다. 오늘로 걷기 9일째다. 파도의 강한 힘의 느낌이나 더 넓은 짙푸른 파도의 깊이도 모두 생각에서 멀어져 있다. 몸이 무겁다, 힘이

너울 파도가 백사장을 덮친다.

든다는 느낌 밖에는 들지 않고 생각도 귀찮아지다. 허리 통증을 잠시 달래보기 위해 두 손으로 배낭을 지고 허리를 굽혀 걸어보다. 동해안의 대표적 관광 먹거리 주문진 수산시장이 영진 해변 지나 이어지는 해변에 연결되는 그 끝자락에 나온다.

주문진 항구는 동해안의 대표적 항구다. 주문진 항구를 벗어나 해변을 보며 북상하면 작은 포구 소돌항이 아들바위공원 가까이에 있다. 주문진 해변을 벗어나면 갈대숲으로 둘러싸인 향호호수가 나온다. 향호를 끼고 돌아 북상하면 지경 해변을 거치고 원포 해변을 지나면 이름도 아름다운 남애항에 도착한다. 산 좋고 물 맑은 양양에 오다. 아, 양양이다. .

몸이 피곤할 때 가장 힘이 드는 것이 그날 빨래하기다. 매일 갈아 입는 속옷 내의, 셔츠 그리고 양말 빨기다. 그날 빤 내의와 셔츠, 양말은 그 다음 날 입을 수도, 신을 수 있을 만큼 마르지 않는다. 그래서 세 벌을 가지고 매일 돌려가며 빨아 입는다. 빨리 마르게 하기 위하여 온기가 있는 방바닥에 늘어놓으니 마치 피난 온 것 같은 난장판이 방안에 벌어진다.

오늘의 여정

강릉 구간
39코스: 강릉 바우길 5코스 바다 호수 길
안목항-경포 해변-사천진 해변
40코스: 강릉 바우길 12코스-주문진 가는 길
사천진 해변-영진교-주문진항-소돌항-주문진 해변
41코스: 주문진 해변-지경 해변-남애항

출발: 안목항 오전 7시 30분
도착: 남애항 오후 4시 10분

걸은 시간: 8시간 40분.
걸은 거리: 34.6km / 누계 654.5km

트레킹 22일차. 10월 23일. 목요일. 맑음

　강원도 3대 미항으로 알려진 남애항은 작은 항구다. 이웃에는 남애해수욕장이 작은 면적의 백사장으로 꾸려져 일반인에게는 잘 알려져 있지 않지만, 동해안을 자주 찾고 주변을 잘 아는 사람들은 이 남애항과 남애 해수욕장을 즐겨 찾는다. 며칠간 흐렸던 동해 바다 위로 오랜만에 아침 해를 맞이하니 무거웠던 몸과 마음이 가벼워진다. 항구에서는 아침 이른 시간에 하루의 영업이 이루어진다. 갓 잡아들인 생선들을 아침에 경매로 내놓으면 그날 영업이 끝나기 때문이다. 오늘 경매로 주인이 바뀐 활어들이 바구니에서 힘찬 몸놀림을 하고 있다.

　남애항을 나와 해변 길로 북상하면 남애 해변과 광진 허변을 지나간다. 이 광진 해변에 우리에게 잘 알려지지 않은 휴휴암(休休庵)이 바닷가 바위 위에 겹쳐 있다. 이름대로 암자(庵子)가 아닌 규모가 있는 절이다. 작은 낙산사라 부를만한 절이다. 부처님이 누워 쉬고 있는 형상의 바위가 있어 휴휴암이라 한다. 바위 사이어서 몰려오는 향어 떼가 눈길을 사로잡기도 하다.　암자 사이에 있는 많은 향어 떼만큼이나 갈매기 떼도 이에 못지않게 많다. 끼룩 끼룩 연신 소리 내다 다시 조용해진 갈매기를 벗삼아 하조대로 북상하면 죽도(竹島)가 저만치 모습을 드러낸다. 옛날에는 섬이었

하조대에서 바라본 동해 바다.

고 하나 지금은 육지와 인접하고 있는 둘레 1km, 높이 53m의 송죽이 사시사철 울창하여 죽도라 불린다. 정상에는 동해를 훤히 내려다 보는 정자가 아담하게 자리 잡고 있다. 죽도 해변은 사시

장사항

아바이마을

속초해수욕장

속초서점
청소호

45
코스

설악
해맞이공원

대포항

물치항

설악해수욕장

양양-속초
구간

41코스: 주문진 해변-지경 해변-남애항-광진 해변-죽도정 입구
42코스: 죽도정 입구-기사문 해변-하조대-하조대 해변
43코스: 하조대 해변-동호 해변-수산항
44코스: 수산항-낙산 해변-낙산사-설악 해변-물치항-속초 해맞이공원
45코스: 속초 해맞이공원-대포항-외옹치 해변-속초 해변-
아바이마을-영랑호-장사항

낙산사

낙산해수욕장

낙산 종합
버스터미널

낙산
도립공원

양양군청

44
코스

수산항

양양국제공항

동호해변

43
코스

하조대
해수욕장

기사문해변

42
코스

죽도정

남애항

41
코스

주문진

사철 젊은이들이 서핑을 즐기는 해변으로 유명하다.

 기자문 해변을 지나 하조대 해변으로 바로 가기 전에 하조대가 있는 굽은 길로 올라가다. 조선 개국 공신 하륜과 조준이 잠시 쉬어간 곳으로, 해안 기암절벽에 오래된 소나무와 함께 세워진 정자이며, 동해 일출과 넓고 넓은 바다가 한눈에 들어온다. 기암절벽 위에 서 있는 외톨이 소나무가 강원도를 상징하는 표상이다. 하조대에서 일출 장면은 장관이다.

 하조대를 돌아 나오면 유난히 바다 빛이 파란 하조대 해변을 만난다. 바다와 산간 계곡이 연결되는 해변이기도 하다. 발걸음은 거침없이 북으로 내쳐 달린다. 동호 해변이 양양 국제공항 뒤다. 남대천 연어 잡이 그물을 비껴보며 수산항에 이르다. 쏠비치 호텔리조트를 저만치 오른편에 두고 길을 따라 걸으면 남대천을 가로지르는 낙산대교를 건너 낙산 해변에 이른다. 관광지답게 모텔. 식당 거리에 사람들이 많다. 다시 트레킹 길 찾기가 숨바꼭질처럼 앞에 나타나다. 표시 팻말이나 리본을 찾기가 쉽지 않다. 길은 낙산사 경내를 지나가게 되어 있다. 모텔 촌에서 낙산사로 들어가

강원도 3대 미항 중 하나인 남애항. .

는 트레킹 길이 얼른 보이지 않는다. GPS에 의존해서 이리저리 오가던 끝에 대형 버스 주차장에서 길을 찾다. 호구회 회원 이태우 부부와 낙산사를 지나 설악 해변에서 만나기로 했기에 마음이 바빠진다.

낙산사 경내에도 해파랑길 팻말이 있을까? 처음에는 표시했을지 모르지만 지금은 아마 없을 것이다. GPS에 의존해도 쉽지 않다. 어쩔 수 없이 낙산사 정문으로 나와 설악 해변으로 향해 찻길 대로(大路) 가장자리로 걷는다. 자동차로 약속 장소로 가던 태우 부부가 찻길을 따라 힘겹게 걸어가고 있는 나를 보았다며 약속 장소에서 나를 기다리고 있다.

설악 해변에서 아주 오랜만에 한정식 정식으로 만찬을 즐기다. 통일 전망대에서 끝이 날 예정인 이 트레킹이 지금과 같은 속도면 26일 일요일에 끝이 날 것이다. 그날 속초로 와서 회포를 풀고 싶다고 꼭 속초에서 만나자고 신신 당부하다. 고맙고 고맙다. 이렇게 격려와 융숭한 대접에 다시 기운이 생기다. 발바닥과 뒤꿈치도 통증이 계속 이어지고 있다. 몹시 피곤한 하루다. 이제 남은 거리 약 90km. 마지막 3일을 굳건히 잘 버텨내자. 마음으로 다짐해본다.

오늘의 여정

양양-속초 구간
41코스: 남애항-광진 해변-죽도정 입구
42코스: 죽도정 입구-기사문항-하조대-하조대 해변
43코스: 하조대 해변-동호 해변-수산항
44코스: 수산항-낙산 해변-낙산사-설악 해변

출발: 남애항 오전 7시 30분
도착: 설악 해변 오후 5시 50분

걸은 시간: 10시간 20분
걸은 거리: 32.7km / 누계 687.2km

트레킹 23일차. 10월 24일. 금요일. 맑음

　낙산모텔에서 어제 도착지인 설악 해변으로 가다. 이른 아침 출발이다. 신라 의상대사가 창건하고 수많은 시인과 묵객들이 거쳐간, 단양팔경의 하나인 낙산사를 지난다. 맑은 아침 날씨에 동해 아침 해도 밝게 떠오른다. "해야 솟아라, 해야 솟아라. 말갛게 씻은 얼굴 고운 해야 솟아라. 산 넘어 산 넘어서 어둠을 살라 먹고, 산 넘어서 밤새도록 어둠을 살라 먹고, 이글이글 앳된 얼굴 고운 해야 솟아라"(박두진 '해')

　내 마음도 말갛게 달아오르고 있다. 어제까지의 힘듦이 아직도 계속되지만 그래도 마음은 가벼운 듯하다. 어제 저녁 잠자리에서 이제 3일만 참고 참고 참자라고 즈문한 것이 효험이 있었는가? 찬란한 아침 햇살, 춥지 않은 아침 날씨, 잔잔한 아침 바다 파도 이 모두 걷기 좋은 오늘이다. 아침 바다 해를 동행자로 하여 가볍게 아침 해변가를 걸어가다.

　설악 해변을 지나 정암 해변을 거쳐 물치 해변 물치항에 이른다. 항구

정암 해변에서 고운 해가 말갛게 솟고 있다.

명호리

통일전망대
제진역
제진
검문소
명파
해수욕장
명파초교

50
코스

통일
안보공원

마차진
해수욕장

대진항

대진시외
버스 터미널

김일성별장

화진포
응봉

49
코스

거진종합
버스 터미널

거진항

남천길

48
코스

가진항

왕곡마을

송지호
관망타워

송지호
해수욕장

삼포
해수욕장

47
코스

능파대

백도항

천학정

청간해변

청간정

46
코스

장사항

고성
구간

46코스: 장사항-청간정-천학정-능파대-백도항-삼포 해변
47코스: 삼포 해변-송지호 철새 관망타워-고성 왕곡마을-가진항
48코스: 가진항-남천-반암 해변-거진항
49코스: 거진항-응봉-김일성 별장-대진항-마차진 해변-
명파 해변
50코스: 통일 안보공원-명파초교-제진 검문소-통일전망대

이름으로 좋은 물치, 물치항이다. 이어 속초 해맞이공원이 나를 맞는다. 속초에서 가장 잘 알려진 대포항은 설악산 관광과 함께 대표적 항구로 떠올랐다. 대포항을 거쳐 외옹치 해변, 속초 해변을 지나 속초시로 진입하기 전에 아바이마을을 지난다. 설악교와 금강교 사이, 실향민의 터전 아바이마을이 분단 상황을 상징하고 있다. 실향민의 애환을 담은 속초 아바이 갯배 승선은 속초 시내와 청호동 아바이마을을 무동력선으로 이어주는 속초 체험 코스로도 인기를 더하고 있다.

속초는 강원도를 대표하는 도시이다. 게다가 산의 절경과 단풍을 으뜸인 설악산을 그 배경으로 동해안 바다와 설악산의 절경을 지녔기에 관광의 대표주자이다. 속초 국제여객선터미널이 있는 동명항 인근에는 속초 대표 음식인 곰치국으로 유명하다. 지방에 따라 물곰, 물텀벙, 물게기로 불리는 어류과로 시원하고 담백한 겨울철의 대표음식이다. 애주가들은 해장하러 속초에 간다는 말이 있기도 하다. 속초항 속초등대 전망대를 지나면 영랑호로 이어진다. 영랑호는 둘레길이 8km이고 1.21km²의 거대한 자연 호수이다. 늦가을 낙엽이 트레킹 길을 덮고 있고, 붐비지 않은 길이기에 호젓이 트레킹 둘레길을 걷는 것이 바다 해안을 걷는 것과는 또 다른 느낌이다. 1시간 30분에 일주를 하다. 너무나 편한 트레킹 길이다. 호수가의 갈대풀이 휘어진 위로 단풍으로 물든 낙엽송이 한 잎 두 잎 떨어져 휘어진 갈대를 더 휘게 만들고 있다.

이제 장사항을 거쳐 청간정에 이른다. 오늘의 도착 목표지

한때 인기 드라마였던 '겨울 동화'의 촬영지 은서네 집이 아바이 마을 귀퉁이에 있다.

점이다. 고성군 토성면에 있는 이 청간정은 강원도 8경 중 하나이고 설악 일출 8경의 하나이기도 하다. 설악산 골짜기에서 흘러내리는 청간정과 만경창파가 넘실거리는 기암절벽 위에 팔작지붕과 중층 누정으로 아담하게 세워져 있다. 고 이승만 대통령의 친필 현판이 걸려있다. 청간정을 지나면 이름도 아름다운 아야진항이 조용하게 나를 맞는다.

아야진항에서 3km 지점에 천학정(天鶴亭)이 있다. 산간 길 정상에는 천학정 표시가 있고 잠시 내려가는 길옆에 정자가 바다를 향해 있다. 고성 2경의 하나인 이 천학정은 상하천광(上下天光) 거울 속에 정자가 있다 하여 천학정이라 부르게 되다. 북으로는 능파대가 가까이 있어 한층 아름다움을 더해 주다. 능파대를 지나 다시 길을 재촉하여 문암 해변을 거쳐 백도 해변 백도항에 이르다. 오늘 몸 상태가 좋아 삼포 해변까지 오다. 이제 이틀을 더 버티면 해파랑길 트레킹을 완주한다. 정신력으로 버텨야 한다. 다행히 오늘은 컨디션이 좋았다. 그래도 칼로리 보충이 우선이다. 삼겹살은 1인분을 판매하지 않아 어쩔 수 없이 2인분을 주문하고 마지막 힘을 길러본다.

오늘의 여정

양양-속초 구간
44코스: 설악 해변-정암 해변-물치항-속초 해맞이공원
45코스: 속초 해맞이공원-대포항-외옹치 해변-속초 해변-아바이마을-영랑호-장사항

고성 구간
46코스: 장사항-청간정-천학정-능파대-백도항-삼포 해변

출발: 설악 해변 오전 7시 15분
도착: 삼포 해변 오후 5시 30분

걸은 시간: 10시간 15분
걸은 거리: 36.8km / 누계 723.7km

트레킹 24일차. 10월 25일. 토요일. 맑음

　오늘은 비교적 날씨가 덥다. 통일 전망대까지 거리를 오늘 좀 단축해 놓으면 내일 오후에 서울행 버스를 탈 수 있을 것 같다. 그래 부지런히 걸어 내일 오후 집으로 돌아가자. 내일이면 집으로 갈 수 있다는 생각에 처진 어깨가 다시 치켜 세워진다. 오호항을 거치니 죽왕 철새관당타워가 저 멀리 시야에 들어온다. 송지호가 가까이 있다. 송지호에서 떼지어 날아다니는 철새 군무(群舞)를 4층 높이에서 한눈에 볼 수 있다. 겨울 철새 고니의 도래지로 물빛이 청명하고 일정해, 도미와 전어 등 바다 고기와 잉어 등 민물고기가 함께 살고 있다는 송지호다.

　맞은편 해안가는 송지호해수욕장이다. 송지호를 왼쪽 어깨에 두고 왕곡 마을로 들어가는 마을 길이 보인다. 경주 양동마을과 함께 대표적인 전통 기와집 집촌 마을이다. 이 마을은 14세기경 고려 말엽에서 조선 초기에 고려에 충성하는 강릉 함씨, 강릉 최씨가 용궁 김씨와 함께 집성촌을 이루어 살아온 곳으로 옛 부유층 가옥인 북방식 ㄱ자 형 겹집 구조가 그대로 보존된 전통 한옥 가옥이 많다. 집집마다 굴뚝 위에 항아리를 얹어 놓는 독특

고성 왕곡마을.

한 전통이 있으며 마을엔 우물이 없다. 마을의 생긴 모양이 배 모양이라 우물을 파면 마을이 망한다는 전설 때문이다. 기와집과 초가집 그리고 집집마다 마당에 버젓이 자리를 잡고 있는 자동차가 고옥의 마을 분위기와 어울리지 않는다.

왕곡마을을 돌아 나오니 공진 해변이 시야에 들어온다. 공진항을 지나 만나는 반암해변가 식당에서 물회로 점심을 하다. 2시다. 통 입맛이 없다. 이제는 정신력으로 먹고 걷는다. 이어지는 해안 길에 가진항이 다가오다. 오늘은 비교적 가을 날씨에 비해 덥고 지루하다. 내일이면 집으로 갈 수 있다는 희망으로 지친 몸을 추슬러 걷는다. 군사 시설물과 군부대 주둔 지역이 해안가에 많이 보인다. DMZ가 가까이 있음이 느껴진다. 오늘 트레킹의 마지막 역시 등산으로 마무리되는 길이다. 거진항에서 김일성 별장까지 3.7km의 산간 길이다 지난 10월 20일 36코스 강릉 구간 '정감이 마을 수변공원 등산로' 진입 시간이 오후 3시 40분이었는데 3시 30분에 산을 오르기 시작하다. 관광지로도 알려진 김일성 별장 가는 길은 많은 사람이 다닌 길이고 중간중간 사람을 만나기도 하니 다행스러운 생각

응봉에서 본 화진포

이 든다. 그러나 마음이 가볍지만
은 않다. 다시 바쁜 걸음걸이가 이
루어지고, 산 정상 응봉에서 서서
뉘엿뉘엿 저무는 석양이 화진포
호수 위에 비추고, 그 빛이 소나
무 사이로 갈래 빛을 만들어 비
추는 풍광을 한동안 즐긴다. 관광

김일성 별장.

도 트레킹의 한 부분이다. 화진포가 저 아래 보인다. 강 하그와 바다가 닿
은 곳에 생긴 석호다. 화진포는 호수가 주위에 해당화가 많아서 붙여진 이
름으로 호수 둘레가 16km의 동해안 최대의 자연호수다. 넓은 갈대 밭 위
에 수천 마리의 철새가 날아들고, 울창한 송림으로 둘러싸여 경관이 뛰어
난 곳이다.

　지는 석양이 소나무 사이에 걸린 듯하다. 응봉을 내려오면 '화진포 성
(成)'이라 불리는 김일성 별장이 있다. 조약돌 같은 몽실돌로 외관을 싸고
있는 이 별장은 한국 전쟁 이전 38선 경계 북쪽이기에 주변 경관이 수려
하여 공산당 간부들의 휴양지로 사용되었다. 택시로 거진항에 오다.

오늘의 여정

고성 구간
47코스: 삼포 해변-송지호 철새 관망타워-고성 왕곡마을-가진항
48코스: 가진항-남천-반암 해변-거진항
49 코스: 거진항-응봉-김일성 별장

출발: 삼포 해변 오전 7시 30분
도착: 김일성 별장 오후 5시

걸은 시간: 9시간 30분
걸은 거리: 29.2km / 누계 752.9km

트레킹 25일차. 10월 26일. 일요일. 맑음.

걷기 13일. 오늘이 마지막 날이고 일요일이다. 절정을 이루던 단풍은 밝고 화려한 색채에서 바래가지만 그래도 아직은 철 지난 단풍객들이 많다. 아침마다 준비하는 발가락, 발바닥, 발 뒤꿈치에 대한 테이핑도 오늘이 마지막이다. 혹사당하는 발을 내려 볼 때마다 미안한 마음이 가득하다. 오늘만 탈없이 버티면 서울 집으로 간다.

어제 도착 지점인 김일성 별장에서 다시 시작이다. 화진포 해변이 생소하지 않다. 2년 전 한 번 왔던 곳이다. 동해의 아침 해를 가슴에 가득 담고 부지런히 걷는다.

주변 경관과 어울리지 않는 현대식 유리 외벽 건물인 화진포 해양 박물관이 해변가에 생뚱한 느낌을 주며 아침 햇살을 받고 있다. 잘 드러나지 않는 해파랑길을 찾기 위해 다시 GPS를 번갈아 보며 길 찾기는 계속되고, 다시 해안 길로 이어지지만 군사 접경지역이라 철조망으로 대부분의 해안선은 봉쇄되어 있다. 철조망 사이로 해안을 보며 걷는다. 아, 언제쯤이면 이 가슴 옥죄는 철망이 걷히고 편안한 마음으로 저리도 깨끗한 하얀 해안 모래사장을 걸을 수 있을까. 초도항을 지나면 우리나라 최북단에 위치한 대진항에 다다르게 된다.

우리나라 최북단에 있는 명파초등학교.

막 아침 경매가 끝나고 소매상들이 일반 고객을 기다린다. 도치, 가자미 등 갓 잡아온 활어들이 바구니 안에서 펄떡인다. 금강산 콘도가 저 멀리 보이고 계속 이어지는 길은 마차진 해변으로 나를 이끈다. 마차진 해변을 지나 통일 안보공원에서 통일전망대 진입 절차를 확인하다. 제진 검문소에서 통일전망대까지는 걸어갈 수 없고 반드시 차량을 이용해야 한다. 또한 통일 안보공원에 출입 신고 후 허가를 받은 후에 진입이 가능하기에 미리 약속한 택시 기사에게 내 인적 사항을 기록하게 하고, 뒤에 제진 검문소 앞에서 만나기로 약속한 후

우리나라 최북단에 위치한 명파 초등학교로 향해 가다. 통일 안보 공원에서 나와 제진 검문소로 향해 걷다가 다시 길을 지나치고 20여 분 지난 거리를 되돌아오다. 명파초등학교 진입 팻말을 보지 못한 것이다. 그냥 제진 검문소만 생각하고 지나쳤다.

통일전망대에서 본 해금강.

팻말이 지시하는 방향으로 나아가니 인적 없는 군 경계 철망이 앞을 가리고 좌우를 두리번거려도 해파랑길은 보이지 않는다. 방향과 거리는 팻말로 미루어 이 부근이 틀림없는데. 물어볼 사람이 없다. GPS 표시는 철망 옆으로 반짝이는데 아무래도 길이 없다. 잡초가 무성하게 뒤덮여 있다. 이때 군 경계 철조망이 열리고 그 사이로 50대 초로 남자가 나오다. 배낭를 메고 손에는 지도를 들고 난감한 표정으로 자기를 쳐다보는 나에게 다가와서 어디로 가시느냐고 묻는다. "명파초등학교요." "이 길이 아니고 저기 차도를 따라 가야 합니다." 지도를 보이며 이 부근 길이라고 하니, 지금은 이 해파랑길이 사람이 다니지 않아 오래 전에 없어진 바나 다름이 없고, 숲과 잡초로 우거져 길 찾기가 불가능하다고 한다. 순간 망연해지다. 제 길로 가기 위해 어려움을 겪고 20여 분이나 되돌아왔는데… 주저하는

나에게 아무리 다시 확인해도 길 찾기는 불가능하다고 단언한다. 아무도 없는 최북단 산길에서 또 헤매다가 어떤 어려움이 다가올지 모른다는 불안감으로 선뜻 나아가지 못하다. 아쉽지만 조금 전 지나갔던 차도로 명파 초등학교로 가다.

해파랑길 걷기 마지막 지점인 제진 검문소에 도착하다. 10시 55분이다. 미리 약속한 택시를 타고 통일 전망대로 들어가다. 아, 너무나 홀가분한 내 등허리. 지난 13일간이나 메고 400여 km를 걸어온 배낭을 등에서 내려놓은 것이다. 해파랑길 제49코스와 50코스 김일성 별장-대진항-마차진 해변-명파초등학교-제진 검문소를 거친 3시간 30분간, 13.5km를 걷고 6.8km 택시로 온 통일전망대. 왼쪽으로 해금강, 금강산 가는 길이 훤히 내려다보인다. 저 멀리 동해로 접한 해금강이 눈앞에 아른거리며 에메랄드 바다 빛에 그 속까지 보인다. 그 뒤로 금강산이 보인다. 해파랑길 770km 를 지금 이 순간에 마무리하고 있다. 뿌듯함이 가득 채워지는 가슴으로 크게 외쳐본다.

거진 터미널에서 12시 5분발 서울행 우등버스에 몸을 싣는다. 이태우 부부에게 연락을 못하고.

오늘의 여정

고성 구간
49코스: 김일성 별장-대진항-마차진 해변-명파 해변
50코스: 통일 안보공원-명파초교-제진 검문소-통일전망대

출발: 김일성 별장 오전 7시 30분
도착: 통일전망대 오후 11시

걸은 시간: 3시간 30분
걸은 거리: 13.5km / 누계 766.4km

02

동서횡단 DMZ

평화누리길

고성-양구-화천-연천 신탄리-김포 대명항, 12일, 428km

동해안 해파랑길 770km를 걷고 난 후 1년여가 지나가다. 그 사이 3월에는 이탈리아 일주 배낭여행을 21일간에 걸쳐 다녔고, 9월에는 호도협/옥룡설산 트레킹을 다녀왔는데 9월 중순경이 되자 마음 한쪽에서 지난해 해파랑길 트레킹에 대한 아련한 애상과 그리움이 스멀스멀 기어 나오기 시작하다. 해파랑길이 부산 해맞이공원에서 강원도 고성 통일 전망대까지 구간별로 나뉜 50개 코스가 완성되어 있기에 이것으로 국내 트레킹은 마칠 계획이었다. 만일 전라도 해남에서 서울까지 연결되는 옛날 한양 과거시험 응시 길이 다시 발굴되어 하나둘씩 연결되는 '삼남길'이 완성되면 그때 다시 국내 트레킹에 도전해볼 수 있겠다라고 생각을 한 적은 있었다. '동서횡단 휴전선 DMZ 평화누리길 트레킹'은 애초부터 내 머릿속 트레킹 리스트에는 없었다. 다만 DMZ 트레킹 길에서 '평화누리길'이라는 트레킹 코스가 개발되어 있긴 하나 이것이 동서횡단 트레킹 길은 아니기에 이 또한 트레킹 리스트에 없긴 마찬가지이다. 차마고도(茶馬高道) 마방길의 일부 구간을 걷는 1박 2일 코스의 호도협, 그리고 하루 만에 이루어지는 옥룡설산(4600m) 트레킹에 대한 진한 아쉬움이 결국 동서횡단 DMZ 평화누리길 트레킹으로 나를 몰아낸 것 같다.

강원도 고성에서 경기도 김포를 잇는 동서횡단에 대한 트레킹 계획이 서자 몸과 마음이 조급해진다. 연천군 신탄리에서 김포 대명항까지는 '평화누리길'로 온전히 개발되어 있어 트레킹 지도만 획득하면 해결될 것 같다. 그럼, 출발지 고성-인제-양구-화천까지와 화천에서 연천 신탄리 가는 길은 어떻게 가지? 이건 어쩔 수 없이 내가 만들고 정해서 찾아가야 한다. 이제 고성군, 인제군, 양구군, 화천군 그리고 연천군청 감사실 및 기획과로 전화를 돌린다. 다행히 각 지자체 홈페이지의 행정조직도에 담당자의 성함이 나오고 직무가 표시되어 있다. '관할 행정지도'는 대체로 기획과나 기획 감사실 등에서 취급한다. 트레킹용으로 사용하고자 송부 요청을 하면 대개는 관광과에서 관광지도를 보내는 것으로 이해하여 담당자를 바꾸곤 한다. '관할 행정지도'나 관광지도를 집까지 우송해줄 정도로 행정기관의 대 민간 공공 서비스 업무는 발전되어 있다. 그것도 아주 친절하게.

우여곡절 끝에 받은 '관할 행정지도'를 가지고 민간인 통행이 허용되는 DMZ에 가장 가까운 길을 찾는다. 가능한 길이면 첫째 DMZ에 가깝고, 둘째 지방도이거나 군도(郡道), 국도(國道)는 차량 통행이 많아서 위험하다. 셋째 직선거리일 것, 이 3가지 원칙을 두고 길 찾기(만들기)가 시작된다. 그다음은 숙박 시설-호텔, 모텔, 민박이 가능한 지역 발굴이다. 대체로 시청, 군청, 면사무소 소재지에는 숙박 시설이 있으나 면사무소 소재지라도 없는 곳도 많다. 그리고 마지막 날은 각 지역에 있는 택시 회사, 개인 콜택시 전화번호 획득이다. 그 나머지는 현지에서 그때그때 부딪치며 해결해야 한다. 일요 등산회 이욱환 동기가 이번 트레킹의 동반자다.

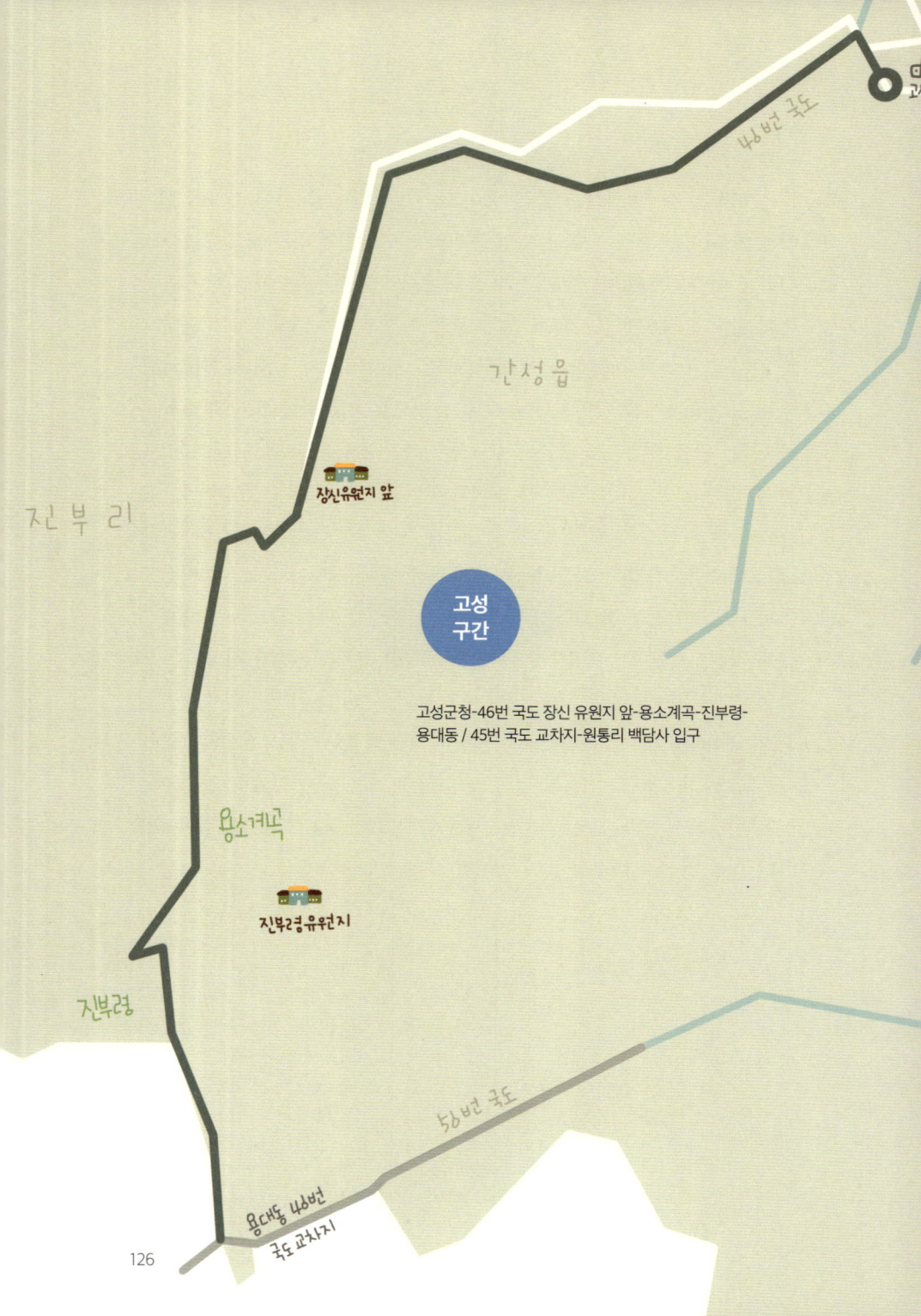

진부리

간성읍

장신유원지 앞

고성
구간

고성군청-46번 국도 장신 유원지 앞-용소계곡-진부령-
용대동 / 45번 국도 교차지-원통리 백담사 입구

용소계곡

진부2경유유원지

진부령

45번 국도

용대동 46번
국도 교차지

46번 국도

126

2015년 10월 9일. 월요일. 맑음

오늘을 서울에서 출발일로 잡은 것은 어제가 아내의 61번째 생일이다. 그리고 동행자 이욱환의 일정을 감안했기 때문이기도 하다. 오후 1시 50분 동서울 터미널에서 고속버스로 출발해 6시 10분 간성읍에 도착하다. 가을 휴가가 시작되는 연휴 첫날이라 나들이 차량으로 정체가 심하다. 진부령 고갯길은 한적하다. 내일 이 길을 다시 걸어 넘어올 텐데. 길 옆 산자락에는 단풍잎이 벌써 붉고 노란색으로 물들어 있다. 간성읍의 밤거리는 한적하고 조용하다. 저녁 식사 때 찾은 간성 전통시장도 한가하기는 마찬가지다. 시장 인근에 있는 식당에서 왕갈비탕을 먹다. 진한 국물 맛과 밑반찬이 맛갈스럽게 차려진 저녁 식사다.

트래킹 1일차. 2015년 10월 10일. 토요일. 흐리고 비 그리고 흐림

어젯밤 잠든 시간이 늦었기에 새벽에 욱환이 움직임 소리에 잠을 깨다. 여느 트레킹 출발과 마찬가지로 가벼운 긴장감과 두려움과 흥분감이 교

장도를 축하하는 무지개.

차하는 아침 길을 나서다. 출발지점인 고성군청 앞을 나와 46번 국도 진부령을 향해 막 출발하는데, 바로 눈앞으로 색깔도 선명한 무지개가 우리의 장도(壯途)를 축복하듯이 홀연히 나타나다.

춥지도 덥지도 않은 가을날 좋은 날씨에 차량 소통이 번잡하지 않은 46번 국도를 걷는 길이기에 가벼운 흥분감은 이내 가라앉고 발걸음도 가볍게 앞으로 나아가다. 고성군청 앞을 나서는데 눈앞에 나타난 무지개의 큰 환형(環形)이 발걸음을 가볍게 만들고 이 트레킹의 상서(祥瑞)로운 조짐을 미리 알려준 듯하여 상큼한 기분으로 내딛는 첫걸음이다. 바람 소리, 물소리, 새소리가 화음을 이루는 진부령 고갯길은 완만한 오르막 경사길로 시작된다. 저 멀리 설악산의 단풍이 은은하게 보이고 담벼락을 벗어나 익은 산머루 몇 알이 달콤함을 일깨워주고, 주렁주렁 탐스럽게 익어가는 감나무 밑에 농익어 떨어진 홍시를 주워 먹으니, 세상에 이보다 감흥적인 느낌을 어디에서 얻으랴. 이것이 내륙 트레킹의 또 하나의 매력이다. 소똥

간성읍 전통시장.

령 등산로 입구를 지나 용소 계곡의
가을도 점점 깊어만 간다.

진부령 미술관.

　진부령은 강원도 인제군과 고성
군을 잇는 태백산맥의 대표적인 고
개이다. 진부령 정상에는 진부령 미
술관이 우리를 부르고 있다. 이 미술
관은 천재화가 이중섭의 작품을 상설 전시하고 있어 동해안 관광을 마치
고 이곳을 찾는 미술 애호가들이 많다. 정상에서 다시 내리막길이 이어진
다. 이 길은 미시령 터널을 지나는 45번 국도와 용대동에서 만난다. 용대
동은 설악산 국립공원이 있는 인제군 북면이다. 이곳 강원도 북방은 가을
이 서서히 깊어가고 있다. 길가 인근 숲에는 크고 작은 나두들이 다툼 없
이 조화롭게 어울려 자라고 있다. 자연이부쟁(自然而不爭), 자연은 서로 다
투지 않는다. 큰 상수리나무 밑에 키가 작은 물푸레나무, 그 밑에 싸리나
무, 그 아래에는 억새와 관솔나무가 있고, 그 옆에는 야생화가 관솔나무
에 기대어 피고 낮은 땅에는 예쁘게 핀 들꽃이 바람결에 따라 하나같이
한 곳으로 휘어지다가 일어나고 다시 휘어지기를 반복하다. 물푸레나무는
상수리를 시기하지 않고, 들꽃은 갈대를 시기하지 않고, 갈대는 싸리나무
를 시기하지 않고, 싸리나무는 물푸레나무를 시기하지 않고 주어진 자기
본분을 지키며 어우러져 지낸다. 서로 시기하지 않고 같이 지내는 자연의
조화가 나에게 오늘 교훈을 즈다.

　너는 어떠냐?

　자연이 나에게 묻는다.

　…

　나는 대답을 못한다.

이웃 고개 마루인 한계령, 미시령에 비해 낮은 키의 진부령은 해발 520m이니 이곳의 단풍은 미시령이나 한계령에 비해 색상이 진하고 맑지 못하다. 그래도 두 고개 마루 언저리이니 단풍은 단풍이다.

진부령 고갯길의 욱환.

진부령 고갯길을 내려오면 인제군 북면이다. 45번 국도 길을 따라 백담사 입구로 향해 온다. 오늘 숙박 예정지 백담사 입구 마을로 숙박할 모텔이나 호텔이 없다. 버스로 원통으로 간다. 그러나 원통에도 모든 숙박업소가 주말 예약으로 빈 방이 없다. 토요일 오늘은 군인들이 외출 외박을 하는 날이다. 다시 버스를 타고 인제읍으로 나온다. 가을을 느끼며 걷는 유쾌하고 푸근한 감정이 배어 나온 오늘이다. 트레킹 첫날에 벌써 고관절과 발목, 허리와 어깨에 가벼운 통증이 오다. 트레킹 준비가 덜 된 몸 상태다. 며칠을 지켜봐야 한다.

진부령 정상을 지나가다.

오늘의 여정

고성군청-46번 국도 장신 유원지 앞-용소계곡-진부령-용대동 / 45번 국도 교차지-원통리 백담사 입구

출발: 고성군청 오전 7시 20분
도착: 용대리 백담사 입구 오후 4시

걸은 시간: 8시간 40분
걸은 거리: 33.5km

트레킹 2일차. 10월 11일. 일요일. 가고 흐리고 비 그리고 흐리다

인제에서 아침 버스를 타고 도착한 어제 도착지 용대리 백담사 입구에서 걷기 시작하다. 용대터널 입구에서 3번 군도(郡道)를 찾아 서화면사무소로 가는 길이다. 지도에서 표시된 길은 용대터널 우측으르 돌아가는 것으로 이해되는데, 사실 군도는 도로이지만 지역에 따라 자동차가 다닐 수도, 다니지 않을 수도 있는 길이기도 하다. 용대초등학교를 지나면서부터 온 신경이 이 3번 군도 찾기에 꽃혀있다.

대로에는 주말이라 설악산으로 향하는 자동차들이 이른 아침에도 많이 오간다. 지도에 명확한 기준점이 없기에 용대터널로 가까이 다가갈수록 어쩔 수 없이 대로 옆 가게에 들러 길을 묻는다. 3번 군도를 거쳐 서화면으로 가는 길을. 몇몇 가게에는 이 길 자체를 모른다. 이 마을 사람 같은 나이 든 아저씨와 아주머니가 하는 옥수수찜 가게에서 묻는다. "말마미 마을에서 우회전하면 크지 않는 길이 보인다."라고만 하다. "말마미, 말마미" 마을을 되뇌며 용대터널 앞까지 오다. 터널 앞에서 우측으로 벗어나니 포장도로가 나오고, 좌측은 터널을 돌아가는 길이다. 우측은 두서너 채의 집이 보이는 오르막길이다. 그 끝은 비포장에 두 집 사이 길이다. 이때도 3번 군도를 찾는다는 사실을 까맣게 잊고 '말마미'마을에만 온 정신을 팔고 있었다. 두 집 사이 길을 접어드니 가파른 오르막 산길이 나오다.

이때 동행자 욱환이가 아무래도 이 길이 아닌 것 같다고 이야기할 때 '순간 군도는 아니다'라는 생각에, 다시 내려오며 먼저 집 문을 두드리다. 문을 열고 나온 40대 주부가 알려준다. 오던 길을 되

용대 초등학교 요즈음 시골학교 교사다.

인제
구간

인제군 용대리 백담사 입구-용대초교-용대터널 입구-설피골 입구-
서화면 논장리-서화면사무소-서화초교-서성초교 입구-양구군
해안면사무소

서성초

453번
지방도

서화면

서화초

서화면사무소

서화면
논장리

3번 군도

용대초

백담사 입구

46번 국도

453번
지방도

용대터널

돌아가면 터널 위쪽을 돌아가는 백두대간 트레킹 길이 나온다. "감사합니다." 다시 확인하기 위해 마지막 집 문을 또 두드리다. 먼저 집 나이 또래 여자다. 다시 같은 방향을 이야기하다. 이에 확신을 가지고 백두대간 트레킹 길을 찾다. 두 귀인(貴人)을 만나는 행운이 오늘 아침 우리 앞에 있다. 지도상에 나타난 터널 우측 진행이 아닌, 터널 입구 위쪽 산 능선 길의 우측 진행 길이었다.

오늘 아침 두 귀인을 만나지 못했다면 꽤나 많은 시간을 이 주변에서 술래놀이를 했을 것이다. 나는 이쪽으로 더듬어 가고, 욱환이는 저쪽으로 더듬어 오고. 길을 만들어 찾아가는 트레킹의 노고(勞苦)이자 묘미라고 하기에는 부담감이 많은 오늘 아침 길 찾기. "부드러움은 삶의 무리이고 딱딱함은 죽음의 무리이다."(노자) 생각을 부드럽게 가지자. 조급하게 굴지 말자. 지도상에 나타난 터널 입구 전 우측 방향에만 집중되어 그 나머지 경우는 전혀 생각하지 못한 것이다.

바른 길을 가름하는 것은 초기 진입 길을 찾아 드는 것인데, 강원도 지역 군도는 산간 도로가 많을 것이다. 백두대간 길은 좌로 굽어 가면 홍천(광원리) 경유이고 직진하면 양구(후리) 경유로 서화면으로 가는 방향이다. 사람들이 다니지 않는 인적이 없는 3번 군도의 호젓한 비포장 산길을 굽이굽이 돌아 올라가니 흙 길 사이도 지나온 길이 아련히 보이다. 고요함이 겹쳐 소리가 단절된 곳, 비포장 도로가 이어지고 산 구비를 돌고 돌아 오르면 나무질이 우량한 금강 소나무림으로, 문화재의 복원

서화면으로 가는 3번 군도

서흥리(설피골)를 지나가다.

및 보수에 활용할 목적으로 심어지고, 조림되는 '특수용도 목재 생산 구역' 임을 알려주는 안내판이 우리를 맞는다. 주위 산에도 단풍이 물든 나무들이 길 아래까지 내려와 있다.

휴전선 북방 길로 향하니 오르막 고갯길이 많아지고 걸음 속도도 자연히 늦어진다. 3번 군도는 논장리에서 453번 지방도와 만나 서화면사무소로 가다. 서화면 소재지 대로변에는 문을 닫은 가게가 많고, 열고 있는 가게들도 주인도 손님들도 잘 보이지 않는다. 인구 2200여 명의 서화면은 조용하다 못해 낮 시간대임에도 불구하고 한적하다. 길거리에 사람을 보기가 쉽지 않다.

허기진 배에 수타 자장면을 맛있게 먹다. 2시 40분이다. 오늘 목적지 양구군 해안면까지 17km, 4시간 10여 분간 걸어야 할 거리다. 부지런히 걸어야 할 시간대다. 서화면사무소를 지나고 서화초교를 지나 계속 453번

구절초가 만발하게 피어있다.

지방도를 따라 북으로 전진하고 서성초교를 좌측에 두고 발걸음을 재촉한다. 길 양옆에는 마을도 집들도 보이지 않는 들판과 군부대 주둔 막사가 이곳 저곳 숲속에 드문드문 보일 뿐이다. 이렇게 마을도 집도 없는 어둑한 길이 10km 계속되다. 아, 양구군 해안면이다. 7시다. 어두운 길에 사람이 보이지 않는다. 대로변이 너무 조용하다.

인제 구간
인제군 용대리 백담사 입구-용대초교-용대터널 입구-설피골 입구-서화면 논장리-서화면사무소-서화초교-서성초교 입구-양구군 해안면사무소.

출발: 인제군 용대리 백담사 입구 오전 8시 20분
도착: 양구군 해안면사무소 오후 7시

걸은 시간: 10시간 40분
걸은 거리: 38km / 누계 71.5km

오늘의 여정

해안면

해안면사무소

방산면

동 면

팔랑
보건진묘소

453 지방도 돌산령군립

고방산교

방산
면사무소

학령

동면사무소

장가고개

460 지방도

오미리

양구
구간

해안면사무소-돌산령터널-팔랑 보건진료소
-동면사무소-장가고개-학령-고방산교-방산면사무소

양구군청

트레킹 3일차. 10월 12일. 월요일. 맑고 구름

양구(楊口)는 '버드나무가 있는 금강산 입구'라는 뜻의 이름이다. 조선조 25년(1592)에 이곳에 부임한 감사가 금강산에 이르는 첫 고을에 있는 아름드리 수양수림(垂楊樹林)을 보고 지은 이름이다. 국토 정중앙에 위치한 양구는 한반도의 배꼽이다. 이 양구에서 가장 북방에 위치한 해안면 주변은 해발 1100m 넘는 산등성이로 둘러싸여 있고, 가운데 움푹한 마을이 해안이다. 6.25전쟁 당시 미군 종군기자가 해안 분지의 독특한 지형을 보고 '화채 그릇' 같다고 해서 펀치 볼(Punch Bowl)로 불리게 되었다. 이곳은 전쟁 동안 여덟 번이나 주인이 바뀔 만큼 치열한 전투가 벌어졌던 곳이기도 하다.

야생화 공원에는 들꽃들이 탐스럽게 무리 지어 피어 있다. 지친 가슴에 꽃 기운을 듬뿍 뿜어주다. 해안면을 나서 동면으로 향하다. 동면으로 가는 길은 지방도 453번 일경 던치 볼로가 유일하다. 돌산령 고개마루 길과 돌산령 터널이 마주치는 지점이 갈림길이다. 오늘은 다니는 차량이 적기에 돌산령 터널 2985m 안으로 들어서다.

터널을 벗어나면 완만한 내리막길이 지루하게 한동안 이어진다. 팔랑보건진료소를 지나면 31번 국도 금강산 길과 만난다. 좌측으로 진행하면 동면사무소가 나온다. 여기 동면에서 동행자 욱환이 서울로 돌아간다. 오늘까지 2일간 트레킹 동행이다. 동면사무소 앞 버스 정류장 의자에 앉아 버스를 기다린다. 서로 말이 없다. 나는 일찍 돌아가는 욱환이가 안타깝고, 욱환이는 고생스런 트레킹을 혼자 하게 함이 안

돌산령에서 바라본 해안 펀치 볼.

쓰러울 것이기에 말이 없어도 서로의 뜻은 전달되고 있다. 잠시 화장실 다녀오는 사이에 버스에 몸을 실은 육환이 보이지 않는다. 저만치 버스가 가고 있다. 버스 뒤꽁무니를 멀거니 보고 있노라니 갑자기 가슴이 허전하고 콧등이 찡해온다. 3일간 서로 서로 위안이 되고 힘이 되었는데.

　고요하고 한적한 시골길을 이제 나 혼자 걷는다. 나에게 중요한 것이 무엇인가?라는 생각이 머리에서 나온다. 첫째 나 자신이다. 그리고 건강이다. 둘째 나의 아내다. 셋째 자식들이다.(딸, 사위, 손자) 넷째 재물이다. 다섯째 친구들. 아, 지금은 다섯 번째 친구가 세 번째쯤 되는 것 같다. 육환의 빈자리가 허전하다. 다시 계속되는 31번 국도를 따라 장가고개를 넘어 460번 지방도 평화로와 만나다. 우측으로 방향을 잡아 방산면으로 향하다. 고개가 험하여 도고터널이 뚫려 있다. 학령 고갯길로 내려가는 질박한 지방도를 혼자 걷는다. 다니는 차량도 구경하기 힘이 든다. 이따금 군용 차량이 다닐 뿐이다. 민가나 마을들은 보이지 않고 군부대 막사가 도로변에 떨어진 양 지역에 드문드문 보인다. 신병훈련 사격장에서 터져 나오는 짧은 쇠소리가 휴전선 가까운 지역임을 일깨워주다.

가을의 전령 억새풀.

양구군과 인제군의 경계지점.

고병산교를 지나면 9번 군도 두타연로와 만나고 우측으로 두타연으로 가는 길이다. 방산면 건솔리에 있는 두타연. 1천여 년 전 두타사란 절이 있었다는 데서 연유된 두타연은 휴전선에서 발원한 수입천 지류의 민간인 출입통제선 북방에 위치하고 있다. 금강산 가는 길목(금강산까지 32㎞)이기도 하다. 휴전 이래 민간인 출입 통제 지역이었다가 개방되어 민통선 내 자연의 아름다움과 신비함을 동시에 느낄 수 있는 곳이다. 이 두타연으로 가는 길 두타연 갤러리에서 두타연까지 가는 '51K 소지섭길'이 '양구 10년 장생길', 나를 정화하는 1년 길과 겹친다. 소지섭 길은 강원도 DMZ 일대를 배경으로 2010년 출간된 소지섭의 포토에세이 '소지섭의 길'이 발단이 된다. 천혜의 자연을 간직한 양구의 아름다움을 자신의 이야기로 들려주고자 가장 좋아하는 숫자 51을 '소지섭길'의 총거리로 정하고, 6개 구간 51km를 트레킹 트레일로 만들었다. 좌측으로 진행하면 방산면으로 가는 길이다. 가을의 전령 억새풀이 아름다운 자태를 뒷산을 배경으로 뽐내고 있다. 방산면에 도착하다. 3시 45분이다.

오늘의 여정

양구 구간
해안면 사무소-돌산령터널-팔랑 보건진료소
-동면사무소-장가고개-학령-고방산교-방산면사무소

출발: 해안면사무소 오전 7시 40분
도착: 방산면사무소 오후 3시 50분

걸은 시간: 8시간 10분
걸은 거리: 38km / 누계 109.5km

화천읍

봉오보건진료소

461 지방도
상서면사무소

상서
다목리

다모시외
버스 터미널

상 서 면

토고미마을

신풍리
5번국도

화천군청

해산터널

비수구

풍산리

산수화터널

화천안전센터

**화천
구간**

양구군 방산면-오미리-오천터널-평화터널-화천 비수구미 하길-
해산터널-풍산리 7번 군도 교차로-풍산리-산수화터널-화천 안전센터-
신풍리 5번 국도-토고미마을 앞-
상서면사무소 461번 지방도-봉오 보건진료소-상서 다목리

트레킹 4일차. 10월 13일. 화요일. 안개 후 맑음

짙은 새벽 안개 속에 길을 나서다. 어제와 다르게 오늘 출발은 혼자다. 10월의 아침 안개는 포근한 날씨를 예고하기도 하다. 하늘도 해도 산도 나무도 개울도 모두 안개 속에 가리워져 있다.

도로에 인적도, 자동차도, 바람도 소리도 없다. 고요함이 있을 뿐이다. 내 발자국 소리만이 유일하게 들리는 소음이다. 안개가 그치고 맑고 깨끗한 가을 하늘이 높게 푸른빛을 더한다. 방산면에서 계속된 460번 지방도가 오미리 술원교에 못 미쳐 6번 군도와 마주친다. 좌측 길이 술원교를 지나 파서탕으로 가는 6번 국도이고, 계속 460번 지방도를 따라 직진하면 오미리를 지나 화천 평화의 댐으로 가는 길이다. 왼쪽 산 중턱에 자작나무 숲이 길게 이어진다. 3~4km는 될 성싶은 거리 길이다. 주위의 붉은 단풍들이 하얀 자작나무의 차가움을 덜어주고, 산 전체가 은은하게 가을 정취를 물씬 풍겨주다. 아름다운 가을날이다.

또 다시 적막강산(寂寞江山)이다. 앞에 펼쳐진 길, 좌우에 보이는 산 그리고 홀로 움직이는 나를 제외하면 움직이는 물체가 없다. 생각도 멈춘 것 같다. 무상무념(無想無念)이다. 이러니 소모되는 에너지도 많지 않을 것이다. 우리 몸에서 일어나는 동작에서 에너지 소모량이 가장 많은 순서가 사(思), 언(言), 행(行)이라 하지 않는가? 이렇게 생각 없이, 말없이 그냥 걷기에 매일 부실한 영양 섭취에도 견뎌내는 것이다.

오천터널을 지나고 천마교, 양양록교를 지나 양화

안개 속 개울. 한 폭의 수채화다.

자작나무 숲.

터널을 통과하고 평화터널을 지나 화천 평화의 댐으로 들어간다. 평화의 댐 진입로 입구에 공사 중이므로 좌회전 아랫길로 돌아 화천으로 가라고 하는 안내 표시판이 우뚝 서 있다. 지도상에 보이는 평화의 댐 위로 지나 면 쉽게 화천으로 접근할 수 있는데 안내판은 있지만, 모르는 길로 돌아가 기에는 선뜻 내키지 않는다. 가벼운 불안감이 스멀스멀 기어 나오다. 팻말 앞에서 잠시 호흡을 가다듬는다. 자동차를 못 가게 하고 걸어가는 사람 은 어쩌면 가게 할지도 모른다. 이렇게 인간은 자기가 보고 싶은 것만 보려 고 하고 자기에게 유리하게만 생각하고 행동하려 한다. 이에 대한 응답은 당연히 그 대가를 치른다. 평화터널 공사로 사람은커녕 개미 한 마리도 못 가게 철저하게 통제하고 있다. 그 댓가로 왕복 4km, 1시간의 헛걸음을 톡 톡히 치루고 처음에 안내된 우회 도로를 다시 따라간다.

　비수구미마을로 올라가는 길을 지나 재안터널이 연결되는 길로 굽이 굽이 돌아 올라간다. 이 길은 비수구미마을을 아래에서 위로 올라가는 길 이다. 1시간이 걸린 평화의 댐 우회 길에서 460번 지방도를 다시 만나다. 재안터널 가기 전 460번 지방도에서 비수구미마을 입구 해산터널까지

12km, 4시간여 거리다.

비수구미마을은 사람의 손때가 묻지 않은 청정자연이 그대로 보존된 계곡에 있는 마을이다. 이제는 몇 가구만이 남아 있는 오지다. 차량용 도로가 개설되지 않아 걸어서 들어가야 한다. 교통이 불편한 만큼 각종 야생화에 물소리, 새소리를 더욱 매력적으로 즐길 수 있는 곳이다. 천혜의 숲과 계곡이 어우러져 있는 마을 풍경은 한 폭의 그림 같은 운치를 안겨준다. 더운 가을날에 굽이 돌며 올라가는 길은 계속된다. 내가 방금 지나온 길이 저 아래 까마득히 보이고 윗쪽으로는 해산터널 입구가 보인다. 해산터널 입구 앞에 비수구미마을로 내려가는 길이 있다. 이렇듯 비수구미마을은 두 곳에서 들어갈 수 있다. 해산터널을 지나면 계속해서 내리막길이 이어진다. 평화의 댐 우회도르에서 돌고 돌아 올라온 길처럼 돌고 돌아 내려가는 길이다. 지친 몸에 넋 놓고 걷는다.

7번 군도 만나는 지점에 고향 친구 권경국이 기다리고 있다. 집 떠나 먼 길에서 고향 친구를 만나 고생담을 늘어 놓으니 가슴에 쌓여 있던 고생 찌꺼기가 씻겨 내려간 듯하다. 생등심에 곤드레밥으로 오랜만에 포식을 하고 1박도 신세지다. 고맙고 고맙다.

오늘의 여정

화천 구간
양구군 방산면-오미리-오천터널-평화터널-화천 비수구미 하길
-해산터널-풍산리 7번 군도 교차로

출발: 양구군 방산면사무소 오전 7시 20분
도착: 화천군 화천읍 풍산리 오후 5시 20분

걸은 시간: 10시간
걸은 거리: 40km / 누계 149.5km

트레킹 5일차. 10월 14일. 수요일. 안개 후 맑음

어젯밤 집 잠같이 푸근하게 자고 나니 몸이 가볍다. 그리고 늘 먹어오던 빵에서 벗어나 집 밥 같은 아침을 먹은 든든한 배로, 어제 다다랐던 풍산리 교차점으로 되돌아가다. 어제 같은 짙은 안개는 아니지만 안개가 낮게 드리워있다. 저 건너 산 위로 안개에 가려진 아침 해가 솟아오르고 있다.

풍산초교를 지나 15번 군도로 바꾸어 걷다. 앞에 나타나는 산수화터널을 지나면 화천읍 중심거리가 나온다. 다시 5번 국도를 찾아서 상서면 방향으로 북상한다. 상리, 신풍리를 지나니 안개가 사라지고 가을 햇살이 제법 따갑다. 덥다. 녹색체험 관광마을 토고미마을 길 반대편에 7사단이 주둔하고 있다. 각 지역마다 체험 마을이 많이 조성되어 있지만 정작 체험 마을에 갔다 온 사람들을 만나본 적이 없다. 다시 461번 지방도로 바꾸어 걸어 상서면에 도착했으나 중국집, 모텔, 식사할 만한 변변한 식당이 없다. 시골 마을 면사무소가 있는 곳이라도 이런 환경이다. 길가다 겨우 만난 노

요즘에는 보기 드문 추수 장면. 전통적인 방법이다.

인이 말씀하신다. 다목리 군부대 앞에는 이 모든 것이 있다고. 한가하고 지루한 길을 지루하게 걷는다. 길가 논에는 추수가 한창이다. 그런데 지금도 낫으로 추수하는 모습을 보기가 쉽지 않은데 두 분

구름과 안개가 연결된 듯하다.

이 낫으로 추수를 하고 있다. 아마 경비를 아끼시는 모양이다.

계속되는 461번 지방도로 봉오초교와 봉오 보건진료소를 지나 다목리에 도착하다. 군 연대가 주둔하는 곳이어서 편의점, 중국집, 돈가스집 그리고 모텔도 3개나 있다. 영덕 고향 친구 임성창 어머니가 돌아가셨다는 부고가 동문회 총무로부터 문자로 전해지다. 아, 이를 어쩌나. 반드시 문상을 가야 하는 처지인데. 그럴 이 트레킹은 중단될 수밖에 없다. 이번 가을에 동서횡단 트레킹, 내년 봄, 가을에 서해안 트레킹 그리고 2017년 봄, 가을에 걸쳐 남해안 트레킹을 마쳐야 목표했던 칠순에 우리나라 남한 길을 종, 횡단으로 일주하게 되는 계획을 완성하게 되는 것이다. 고향 방문 시 산소로 문상 가기로 하며 문자로 슬픔을 전하다.

화천 구간
화천면 풍산리-산수화터널-화천 안전센터-신풍리 5번 국도-토고미마을 앞-상서면사무소 461번 지방도-봉오 보건진료소-상서 다목리

오늘의 여정

출발: 화천면 풍산리 오전 8시
도착: 상서면 다목리 오후 4시 30분

걸은 시간: 8시간 30분
걸은 거리: 32km / 누계 181.5km

철원읍

김화읍

갈말읍

근남면

동송읍사무소
율이리

김화읍사무소

근남
면사무소

효국로

태봉로

문혜리

와수리

완수리

이평2로

철원
구간

화천 다목리-철원 근남면사무소-9번 군도 대성로-와주로-47번 국도
와수리-47번 국도 김화읍-43번 국도 문혜리-463번 지방도 태봉로-
이평2로-동송읍사무소

트레킹 6일차. 10월 15일. 목요일. 맑고 덥다.

56번 국도 수피령로를 따라 북단으로 걸어가다. 해발 780m의 수피령이 화천과 철원의 경계지점이다. 철원 근남면으로 가는 길이 오르막으로 이어지는 6.5km 거리다. 수피령 고개 마루에도 가을은 다가와 있다. 푸른 낙엽송 나무 밑에 작은 노랗고, 빨갛고, 초록의 관목들이 다툼 없이 뒤섞여 길 옆까지 내려와 있다. 가을이 오고 있는 길을 조용하게 호젓하게 걷는다. 숨소리와 발걸음 소리만 있을 뿐, 아무 소리가 없는 길이 한동안 이어진다.

근남면사무소에서 9번 군도 와수로로 바꾸어 걷고 다시 47번 국도와 만나는 지점에서 43번 국도로 바꾸어 김화읍사무소로 가다. 김화읍사무소 소재지보다 그 인근 와수리가 더 번창하다. 이상한 현상이다. 점심 식사 때 중국집 주인이 이야기한다. 시외버스 터미널 부지가 부족한 김화읍에 김화읍 대지 소유자보다 인근 와수리마을 대지 소유자가 훨씬 더 적극적으로 버스터미널을 유치했기 때문이라고 한다. 김화읍과 와수리는 불과 2km 거리다. 지금 땅값의 차이는 말할 수 없을 만큼 크다. 한 사람의 앞선 생각이 마을 전체어 큰 영향을 끼치게 된 경우이다.

김화읍에서 43번 국도 호국로를 따라 지루한 길 걷기가 계속되다. 날씨는 덥고 이제 차량도 국도 길에 많아지다. 주변의 평야가 넓게 펼쳐지다. 갈갈읍 문혜리에서 463번 지방도 태봉르를 만나 우회전하여 철원읍, 동송읍으로 향하고 한탄강을 건너게 된다. 길 옆 큰 나무

와수리 시가지.

두루미의 활공.

숲에 쌓인 아담한 천주교 춘천 교구 갈말 성당 문혜공소가 아담한 자태를 보인다. 체천 혹은 량천으로 부르기도 하는 한탄강은 태백산맥의 황선산과 회양의 철령으로 발원한 수계(水界)가 평강군(철원에서 가장 북단에 위치한 군) 정연리(현 말갈읍 정연리)에 이르러 합류함으로써 철원, 김화, 평강의 삼각점을 이루고, 계속 남류하여 경기도 임진강에 유입하는 전장 110km, 평균 강폭 60m의 강이다.

혜리에서 동송읍까지 가는 지방도는 차량 통행이 많아 세심한 주의를

갈말 성당 문혜공소

기울이며 걸어야 하는 길이다. 장흥리를 지나 이평2리로와 만나는 교차점에서 좌회전이다. 길가에 전시된 포도에 눈길이 간다. 이 트레킹 길에서 무엇이 맛이 없겠는가? 특히 과일이면. 땀이 송골송골 배어난 지금과

내일 아침에 각각 한 송이씩이면
되는데. 혹시나 하며 "포도 두 송
이만 살 수 있을까요?" "어디 등
산 다녀오세요?" "아니오. 김포
대명항까지 걸어가는데요. 강원
도 고성에서 여기까지 6일째 걸

한탄대교

어왔어요." 이렇게 또 감성이 작동한다. 한 송이는 그 자리에서 맞바람에
게 눈 감추듯 후다닥 먹고, 한 송이는 내일 아침용으로 배낭에 넣다.

　　동송읍사무소로 가다. 철원읍과 동송읍도 바로 이웃이다. 철원이면 철
원읍이 더 알려지고 큰 시가지일 것 같지만 실제는 동송읍이 더 큰 규모
다. 철원은 넓은 평야지이기에 겨울철에는 북방에서 두루미가 많이 날아
온다. 넓은 평야에 낙곡 알들이 많아 서식지로는 알맞은 지역이다.

　　두루미를 포함한 철새들은 하루에 두 번 약 1시간가량 활공한다. 아침
에는 9시에서 10시 사이, 오후는 5시에서 6시경이다. 많게는 30~40마리,
적게는 3~5마리 정도인데 나름대로 비행 능력에 맞추기도 하고, 또한 어
미가 새끼들을 비행 훈련시키기도 한다.

철원 구간
화천군 다목리-철원 근남면사무소-9번 군도 대성로-와주로-47번 국도
와수리-47번 국도 김화읍-43번 국도 문혜리-463번 지방도 태봉로-
이평2로-동송읍사무소

오늘의 여정　　출발: 화천군 다목리 오전 7시
도착: 철원군 동송읍사무소 오후 6시

걸은 시간: 11시간
걸은 거리: 40.3km / 누계 221.8km

철원 동송읍-율이리
평화누리길 12코스: 연천 신탄리역-신서면-방아다리-신망리역-로하스 파크
평화누리길 11코스: 군남 홍수조절지- 허브 빌리지-고성산 보루-임진물
새롬랜드-임진교-주상절리-동이리-당포성

신탄리역

신서면

대교리역

방아다리

신망리역

연천읍

군남면

로하스파크

군남홍수조절지

연천역

연천군청

왕징면

미산면

미산우체국

전곡역

숭의전

노곡리

비룡대교

한탄강역

박학면

동중대교

초성리역

트레킹 7일차. 10월 16일. 금요일. 맑고 덥다

87번 국도를 따라 북진하다. 아담한 철원성당이 나를 반기다. 화지리를 지나 2번 군도 율이로와 만나서 좌측 율이로로 진행하다. 산골 농촌 마을이 멀리, 가까이에서 길을 따라 보이다 사라지다를 반복한다.

용담에서 3번 국도 평화로와 만나 좌측 3번 국도로 1.5km 정도 걸으면 연천군 신탄리역이 보인다. 강원도 간성읍에서 연천 신탄리역까지가 234.2km 거리다. 신탄리역에서 이번 트레킹 목적지 김포 대명항까지는 '평화누리길' 트레킹 트레일로 조성되어 있다. 여기서부터는 군 행정지도로 길을 만들어 찾지 않고, 잘 조성된 평화누리길만 찾아 따라가면 되는 것이다. 마음이 한결 가벼워지다.

오전 10시 20분 신탄리역이다. 분단 이후 60년 동안 철도 종단점이었던 신탄리역은 '철마는 달리고 싶다'는 팻말로 우리에게 잘 알려져 있다 고대산 등산을 위해 한 번 왔던 곳이기에 낯설지 않다. 이제부터 평화누리

길 역 코스로 걷는다. 신탄리역에서 군남 홍수조절지까지가 평화누리길 12코스 '통일이음길'이다. 불확실성이 가지고 있는 불편한 진실 즉 가벼운 두려움에서 벗어날 수 있다. 강원도 간성읍에서 여기까지 오는 여정에 숙박 여부가 늘 머리 한쪽을 누르고 있었는데 이제부터는 한시름 놓게 된다. 트레킹 도중에 길을 빠져 나올 수 있다는 안도감이 주는 가벼운 발걸음이다.

신탄리역.

더 넓은 배추 밭.

군남 홍수조절댐.

언제나 마찬가지로 트레일 첫 입구 길 찾기가 어려울 때가 많다. 신탄리 역에서 바로 대로로 나와 우측으로 100m 직진하여 다리를 건너기 전 좌측에 시작 길이 나온다. 평화누리길 종점이지만, 오늘 나에게는 시작 길이 된다. 자동차도 없다. 잘 다듬어진 길이라 걷기에 한결 여유가 있다. 길 중간 중간에 거리 팻말과 표시 리본이 길을 안내해 주다.

신서면을 거치고 방아다리를 지나 신망리 역에 이르다. 옥계마을(임진강이 키워가는 건강 마을) 황옥, 현옥, 백옥, 적옥, 창옥으로 불리는 오옥의 콩이 기름진 땅에서 자라고 임진강이 흐르는 깨끗한 마을이다. 옥계마을을 거치면 전통 한옥 숙박 시설이 있는 농촌 체험 휴양시설 연천

전곡읍의 밤거리.

로하스 파크를 지나고 호젓한 오솔길은 연천 특산물인 율무 밭 사이를 지난다. 휴전선 인근 비무장지대에 근접해 있는 연천은 깨끗한 물과 기름진 토양, 맑은 공기 등으로 양질의 율무를 생산해내고 있다.

군남 홍수조절지에 오다. 군남 홍수조절지는 임진강에서 우리가 갈 수 있는 최상류다. 트레킹 코스로 조성된 이 DMZ 평화누리길도 동해안 해파랑길같이 길 안내 팻말과 리본이 일관성 있게 서 있거나 붙어있지는 않다. 특히 모두가 찾아보는 갈림길에는 안내 표시가 부족하다. 그저께 시작된 오른쪽 어깻죽지 통증이 오늘에 이르러 신경을 뺏을 만큼 아프기 시작하다. 스페인 산티아고 순례길 걸을 때나, 작년 동해안 해파랑길 걸을 때도 같은 부위, 같은 시간대 통증으로 큰 걱정은 하지 않지만 통증이 수그러드는 3~4일 뒷날까지 고통을 느껴야 한다. 이뿐만 아니다. 왼쪽 허벅지 안과 오른쪽 무릎에도 이상 징후 신호를 보내고 있다. 몸을 챙겨달라는 일종의 시위다. 이놈들이 오른 어깻죽지 통증의 바톤을 물려받을 것이다. 허허 그래 봐도 어림없다. 이 트레킹이 끝날 때까지는 그대로 간다. 군남 홍수조절지에서 가장 가까운 숙박지가 전곡읍이다. 택시로 전곡읍으로 가다.

철원 동송읍-율이리
평화누리길 12코스: 연천 신탄진역-신서면-방아다리-신망리역-로하스 파크
평화누리길 11코스: 군남 홍수조절지

출발: 동송읍 오전 7시 30분
도착: 군남 홍수조절지 오후 5시 20분

걸은 시간: 9시 50분
걸은 거리: 36.3km / 누계 258.1km

트레킹 8일차. 10월 17일. 토요일. 아침 안개 맑고 덥다

전곡읍에서 아침 택시로 군남 홍수조절지로 다시 오다. 새벽 안개가 짙다. 어제같이 오후면 날씨가 더울 것이다. 안개가 시야를 가리고 있다. 안개 속에 희미한 길을 걷다. 허브 빌리지가 옛 정취를 물씬 풍기며 단아하게 작은 마을을 형성하고 있다. 시골풍의 고적한 담벼락이 길 동무가 되어 주다. 안개 속에 가려진 임진강변의 갈대가 경작지 숲같이 넓은 강변을 희미하게 덮고 있다. 몽환적인 분위기에 싸이다.

이제 발길은 점점 무거워진다. 고성산으로 접어든다. 울창한 낙엽송으로 뒤덮인 산길은 시원하기도 하다. 낙엽이 길을 덮은 산길은 지나가는 사람이 없어 고즈넉하다 못해 적막감이 감돈다. 날씨가 계절에 비해 더워 숨이 차고 땀이 배인다. 해발 150m 고성산 정상에는 고구려 시대 이전 유적으로 보이는 산성(보루)이 나온다. 이 보루는 남쪽으로 2km 떨어진 무등리 보루군과 함께 임진강변을 통제하기 위해 구축된 보루로 여겨지다. 고성 산길을 내려오면 왕징면사무소와 임진교가 보이고 다리 밑을 지나면 오른쪽으로 임진물 새롬랜드 오토캠핑장이 눈길을 끈다. 몽돌이 깔린 강변을 따라가면 왼쪽으로 주상절리가 강 건너 저 멀리 보인다.

강둑에 핀 코스모스와 강가에 흐드러지게 펼쳐진 갈대가 가을 정취를 물씬 풍기며 혼자만의 트레킹을 더욱 멋스럽게 만들어 준다. 갈대숲이 절정을 이루는 가을 길을 걷는 호강을 누리고 있는 것이다. 어제까지 괴롭던 어깨, 등, 허벅지 등의 통증이 씻은 듯 사라지고 행복한 감정이 용솟음친다. 운치가 있고 풍광이 좋은 길이 계속 이어진다. 강둑 코스모스 길

군남 홍수조절지 옆 공원.

강둑의 코스모스와 강가의 갈대가 어우러진 멋진 풍경.

을 길게 걷는다. 걷기란 무엇인가? "걷는 것은 두 발로 사유하는 철학이
다."(프레데리크 그로) 사유(思惟)란 깊이 있는 생각이다. 철학이란 무엇인가?
지혜를 사랑하는 학문이다. 그럼, 지혜를 사랑하는 사람은 철학자인가?
지혜를 좋아하고 배우기를 좋아하며, 책 읽기를 좋아하는 사람은 철학자
이네. 그래, 철학자다. 그럼 이 범주에 들어가는 나도 철학자일까? 그래, 너
도 철학자다. 그럼, 철학자가 지금 갈대가 우거진 풍광 좋은 강변 길을 걸
어가네.

갈대밭과 함께 걷다 보니 강 건너 단풍에 물든 주상절리가 나타나다.
주상절리는 27만년 전 화산 폭발로 인해 용암이 흘러 생긴 것으로 임진강
과 한탄강의 여러 주상절리 중 이곳이 가장 크다. 울긋불긋한 단풍이 절
리 사이사이를 채색하여 절리 위에서 휘어져 내린 누런 단풍과 조화를 이
루어 한 폭의 수채화를 보는 것 같다. 연무 같은 옅은 안개가 몽환의 감흥
을 끌어내 준다. 비가 많이 내리는 날이면 주상절리 곳곳에 폭포수가 떨어
져 장관을 이룬다

평화누리길 11번 코스 임진 적벽길에는 11번 정규코스 외 11-1코스 이름으로 연천군 동이리 주상절리 주변을 한 바퀴 둘러 걷는 순환코스가 마련되어 있다. 나처럼 역방향(12코스에서 11코스로)으로 걷는 사람이 종종 혼선을 일으켜 쉽게 이 순환코스로 접어들게 된다. 11코스 동이리마을로 접어드는 입구에서 좌측으로 나아가야 목표점인 숭의전으로 가는 길인데, 나는 무심결에 마을회관 길로 감으로 해서 동이리 순환코스 11-1로 가게 된 것이다. 어쩔 수 없이 9.2km, 2시간 50분을 더 소요하게 되어 남은 거리에 바쁜 걸음을 걷게 된다.

오늘 출발지에서 25km, 2시 45분에 숭의전(崇義殿)에 도착하다. 고려 태조 왕건과 현종, 문종, 원종의 위패와 공신 16명의 위패를 모시고 제사를 지낸 사당이다. 오늘이 걷기 8일째. 몸이 저항을 하는 것 같다. 더 이상 이런 몸 상태로는 지탱하기 어려우니 조치를 취하라, 즉 걷기를 그만두고 몸을 쉬게 하라는 시위이다. 어제, 그저께부터 식욕 감퇴가 이어지고 오른쪽 등과 왼쪽 무릎도 시큰거리기 시작하는 것이다. 지금 어떻게 하라는 것

임진강을 가로지르는 임진교.

이냐? 내 몸에게 물어본다. 지금
곧장 집으로 갈까? 아니면 4~5일
을 더 버티어 이 트레킹을 마무리
하고 집으로 갈까? 대답하거라.
이 대답을 기다리며 임진강변 둑
방 길을 걷는다. 구미리 새둥지마
을을 지나 임진강을 길 동무르 만
들어 같이 걸으면 예전에 학이 많
이 날아들었다 하여 지어진 학곡
리가 나온다. 마을 안길 담벼락에
아기자기하게 그려진 벽화가 지친
걸음걸이를 다소 달래준다. 가을

허브빌리지 가옥

숭의전 사당.

중심에는 수천 년간 지탱해온 현무암 고인돌과 적석총 돌두지 무덤이 마
을을 지킨다. 노곡리 비룡대교에 오다. 강변을 따라 갈대가 무성히 우거져
있어 '갈울' 또는 '노곡'이라 불리는 마을이다. 미리 알아온 택시 회사로 연
결하여 백학면 백학저수지 인근에 있는 모텔에 숙박하다.

오늘의 여정

평화누리길 11코스: 군남 홍수조절지- 허브 빌리지-고성산 코루-임진물
새롬랜드-임진교-주상절리-동이리-당포성
평화누리길 10코스: 숭의전지-구미리 새둥지마을-학곡리-노곡리 비룡대교

출발: 군남 홍수즈절지 오전 8시
도착: 노곡리 오후 5시 30분

걸은 시간: 9시 30분
걸은 거리: 33.5kㅐ / 누계 291.6km

백악면

학곡리

노곡리

학곡리고인돌

잠녕면사무소

주월리

비룡대교

장파리

자잠리
마을회관

황포돛배

리비교
(적진교)

파평면

장산리
마을회관

파평면사무소

두포리

장산전망대

용곡로
(국도1호선)

율곡
습지공원

용천리 암진리

반구정

내포리

파주시
제2공설운동장

오금리

만우리 아쿠아랜드

프로방스

헤이리

성동사거리

**평화
누리길**

평화누리길 10코스: 숭의전지-구미리 새둥지마을-학곡리-노곡리 비룡대교-
사미천교-정남교-황포돛대 두지나루
평화누리길 9코스(율곡길): 장파리 장파 사거리-파평면사무소
평화누리길 8코스(반구정길): 율곡 습지공원-화석정-장신대 전망대-반구정
평화누리길 7코스(헤이리길): 프로방스-헤이리 예술마을-성동 사거리

트레킹 9일차. 10월 18일. 일요일. 맑음

안개가 자욱한 아침, 비룡대교 인근에 내려준 모텔 주인의 차는 오던 길로 돌아가고, 오고 가는 차량도 없는 대로에서 평화누리길 찾기에 여념이 없다. 이리 저리 둘러보지간 짙은 안개로 인해 방향조차 가늠하기가 쉽지 않다. 이른 아침이라 사람은 구경조차 할 수 없다. 안내 팻말도 표시도 안개로 인해 보이지도 않는다. 어쩔 수 없이 국도 길이라도 따라 걸을 생각으로 우선 방향을 감지해야 한다. 371번과 323번 지방도가 만나는 길에 비룡대교가 있다. 임진강을 따라 내려가는 트레킹 길이기에 임진강변의 제방 길로 접어든다. 노곡리 갈대마을이라는 이름에 걸맞게 갈대가 제방을 감싸고 있다

짙은 안개가 걷히자 둑방 길이 어렴풋이 드러난다. 가을날 이른 아침의 임진강변은 안개로 휩싸여 있기 일쑤다. 가을날의 정취로 이 임진강 안개 속 갈대숲이 그 으뜸 중의 하나이다. 새벽 안개길이 길게 이어진다.

잠시 임진강과 떨어지고 객학면사무소로 오른쪽으로 방향을 잡은 길이 계속된다. 한가하고 한적한 시골 길이다. 임진강 건너편이 파주시 적성면이다. 군인이 주둔하는 지역이기에 외박, 외출로 오고 가는 군인과 사람들로 인근 교통의 중심이다. 임진강 줄기 사미천 강변을 따라 갈대숲이 길게 이어지는 지루한 길이 계속된다. 임진강 카라반 마을이 나오고 임진강

번지 점프장이 인근이다. 아름다운 강가 단풍이 단조롭고 지루한 길의 무료함을 달래주고 있다.

오른쪽 어깨가 아파오기 시작하니 왼쪽 무릎의 통증도 시기하듯 뒤따른다. 잠시 강둑에 앉아

임진강 가운데 남겨진 한반도 형상의 땅.

더 넓은 갈대밭.

배낭을 내려놓고 어깨와 무릎을 쉬게 하다. 몸은 이렇게 육체적 고통이
몸을 감싸지만 마음은 잔잔한 행복감으로 차 있다. 육체적 고통을 이겨내
고 걸어간다는 것과 한적하고 가을 정취가 물씬 풍겨나는 시골 길을 아무
생각 없이 걸을 수 있는 현재 나의 생활에 감사함을 느끼다. 고통에 이은
평화 그리고 마음에 가득 찬 풍요로움과 자부심, 끝까지 걸을 수 있다는
건강에 대한 자신감이 한데 두루 뭉쳐 나에게로 다가오는 이 풍성한 만족
감을 나 스스로 만끽하고 있다. 트레킹이 주는 선물이다.

　파주시 적성면으로 들어가다. 오전 11시 10분이다. 전동리 372번 지방도
를 우측으로 두고 걷다. 남방 한계선에 가까운 민간인 통제 구역이 가까이
있다. 다시 사미천 냇가로 돌고 돌아 임진강 본류를 향해 돌아오다. 임진강
과 거리를 두고 농촌 마을 길로 누렇게 익어 가는 들녘을 보며 파주시로 들
어간다. 탈곡기가 부지런히 누렇게 익은 벼 고랑으로 빙빙 돌아가니 밑동이

잘린 벼는 탈곡되고 볏짚은 논 바닥에 가지런히 눕혀진다. 넓디넓은 논에 기계 한 대가 부지런히 오가더니 추수는 삽시간에 끝이 난다.

황포돛배. 운항을 중단한 지 오래다.

임진강 본류를 왼쪽 어깨너머에 두고 논과 밭이 어우러진 시골 마을길이 이어지는 끝자락으로, 연천군에서 파주시로 임진강을 넘는 장남대교를 건너 황포돛대 두지나루에 오다. 두지나루는 북녘 땅에서 흘러내린 강물 사이로 남북을 잇는 황포돛배가 다니던 나루터다. 지금은 운송용 돛배가 아닌 관광용 황포돛배가 두 대 정박해 있다. 남북이 갈린 이후 부근의 모든 포구의 역할이 축소되거나 없어진 것이다. 다시 한번 민족 분단의 서글픔을 느낀다.

평화누리길 9코스 율곡길이 시작된다. 많은 단체 등산 팀이 다녀간 코스이기도 하다. 아마 한국인의 특징일 것이다. 임진강을 오른편에 두고 파평면을 거쳐 파주시에 들어오다. 8코스 끝 지점이자 9코스 시작점인 율곡 습지공원에 이르다.

오늘의 여정

평화누리길 10코스: 백학면 비룡대교-사미천교-정남교-황포돛대 두지나루
평화누리길 9코스(율곡길): 장파리 장파 사거리-파평면사두소
평화누리길 8코스(반구정길): 율곡 습지공원

출발: 백학면 비룡대교 오전 7시 50분
도착: 율곡 습지공원 오후 4시 50분

걸은 시간: 9시간
걸은 거리: 31.5km / 누계 323.1km

트레킹 10일차. 10월 19일. 월요일. 맑음

　오늘은 평화누리길 8코스 반구정길을 걷는다. 출발지인 율곡 습지공원은 파평면 율곡리에 자리 잡고 있다. 조선 중기의 대학자 율곡(栗谷) 이이(李珥)의 고향으로 이이는 어린 시절을 이곳에서 보냈다. 벼슬길에 오른 뒤에도 이이는 이곳을 즐겨 찾아 생각을 정리하였고, 벼슬을 물러난 뒤에는 이곳에서 제자들과 학문을 논하고 시를 지었다. 이이의 호인 '율곡'도 밤나무가 많아 '밤나무골'이라 불린 이곳 지명에서 따온 것이다. 옅은 아침 안개 사이로 한갓진 시골길이 이어지다. 이어진 길에 화석정 정자가 보인다. 임진강이 내려다보이는 벼랑 끝에 자리한, 풍광과 운치가 빼어난 곳에 자리 잡고 있다. 맑은 날에는 서울의 삼각산과 개성까지 보이기도 하다.

　평화누리의 숨은 명소인 장산 전망대에 이르다. 이곳에 서면 화창한 날에는 좌측으로 도라산, 통일대교, 개성공단, 개성시 외곽이 보이고 오른쪽으로 초평도, 대성동 마을이 보인다. 분단의 아픈 상흔이 가슴으로 이어진다.

　누런 들녘을 뒤로 하고 다시 가을 정취 물씬 풍기는 갈대 숲길을 걸어

활짝 핀 갈대꽃.

간다. 길 우측으로 임진강을 끼고 있는 광활한 토지와 야산의 아름다운 단풍 길이 길동무가 되어 걸으면 철길 건널목에 다다른다. 경의선과 국도 1호선이 지나는 길목이다. 파주를 관통하는 철로이자, 서울에서 신의주까지 518.5km를 잇는 경의선이 지나는 곳이다.

조선조 태조로부터 세종에 이르기까지 네 임금을 받들었던 재상 황희는 '청백리'로 불리며 우리나라 역사에서 가장 빼어난 정치가의 한 사람으로 꼽힌다. 그가 관직에서 물러난 후 이 문산읍 사목리 임진강변 작은 봉우리에 정자를 세워 갈매기를 벗삼아 여생을 보냈던 반구정(伴鷗亭)이 나온다. 사목리(沙鶩里)는 임진강으로 둘러싸여 풍광이 좋으며, 임진강 건너편 광활한 거두리 모래 벌판으로 해마다 찾아오는 철새와 따오기가 장관을 이뤄 유래된 마을 이름이라고 한다. 마을과 들녘을 왼쪽 어깨에 얹고 갈대숲으로 뒤덮인 농로를 길게 걸어간다.

파주의 대표적인 문화 공간인 헤이리 예술마을을 거쳐 오늘의 목적지인 성동 사거리에 오다. 프랑스의 남부 프로방스를 모방하여 유럽풍 건물들과 거리 조형물이 조성된 헤이리 예술마을은 예술인들의 다양한 장르의 문화예술 창작 활동을 하기 위해 만들어졌다.

오늘의 여정

평화누리길 8코스(반구정길): 율곡 습지공원-화석정-장신대 전망대-반구정
평화누리길 7코스(헤이리길): 프로방스-헤이리 예술마을-성동 사거리

출발: 율곡 습지공원 오전 7시 40분
도착: 성동 마을 오후 5시

걸은 시간: 9시간 20분
걸은 거리: 33km / 누계 356.1km

성동사거리

오두산
통일전망대

송촌대교

문발 IC

출판도시

심학산입구

장월평천

킨텍스

호수공원

한강다리

평화누리길 6코스: 파주 성동 사거리-공릉하구습지-송촌대교-신촌리
평화누리길 5코스: 파주 출판도시-삼학산 둘레길-킨텍스
평화누리길 4코스: 호수공원-선인장 전시관-섬말다리(임시 우회로)-행주산성

삼정당마을

행주대교

행주산성

트레킹 11일차. 10월 20일. 화요일. 안개 후 맑음

옅은 안개가 어렴풋이 앞길을 열고, 야산과 농촌의 한가한 아침을 보고 느끼며 걷는 길에 오고 가는 사람이 없다. 20여 분 뒤 오두산성 안내 팻말이 눈앞에 보인다. 통일 전망대가 있는 곳이다. 해발 118m의 나지막한 동산에 있는 전망대에서는 북한 땅은 물론 한강 하구의 아름다운 풍경이 내려다보인다. 다시 뒤이어 장준하 공원 팻말이 나타난다. 임진강을 오른편에 두고 농촌 마을과 얕은 산야를 보며 발걸음을 옮기고, 이내 공릉 하구습지를 지나 송천대교를 지나면 재두루미 도래지인 송촌리를 지나게 된다.

한강을 오른쪽에 끼고 나무 숲 사이사이에 흐르는 물을 보며 걷다 어느덧 파주 출판도시로 접어든다. 파주 출판도시는 책의 유토피아를 꿈꾸는 사람들이 만든 책과 이색적인 건축이 만나는 행복한 공간이다. 시원하게 뚫린 대로에 현대식 건물들이 다양한 형태로 밀집되어 있는 도시로 번잡하지 않고 고요함이 느껴지다. 각각 다른 조형의 건축물들에 시선을 빼앗기며 느릿느릿 걷는다.

가을의 들녘.

다시 5코스 킨텍스 길이 이어지다. 대로를 벗어나 길가에 식재된 노랑과 짙은 적색의 국화꽃을 즐기며 아이노스 카페를 지나 삼학산 등산로로 접어든다. 삼학산은 파주시 교화읍 서남단 한강변에 위치한 194m 높이 산이다. 출판단지 마을 뒷동산이라 불리울 만큼 낮은 산이다. 한강이 흐르는 평야지대에 우뚝 서 있어 사방의 조망이 좋다. 특히 산 정상에는 한강과 그 너머 산야를 붉게 물들이는 낙조가 아름다워 수도권 해넘이 명소로 손꼽히는 산이다. 며칠간 평야의 구릉이 없는 길만 걷다가 오랜만에 가벼운 등산 길이기에 지친 발걸음에 활력이 다시 솟아오른다.

삼학산 자락을 내려오면 일산 킨텍스에 다다른다. 다시 이웃한 현대백화점에서 아이스크림으로 입을 호강시키고 휴식을 취한 후 호수공원으로 들어가다. 좋은 가을날이라 삼삼오오 나무 밑에 모여 앉아 담소로 여유를 즐기는 사람들 사이로 부러운 눈빛을 흠뻑 던지며 트레킹 길을 천천히 걷는다. 다시 이어지는 메타세쿼이아 길을 따라 공원을 벗어나 행주산성으로 향하다.

파주 출판도시의 출판사 사옥.

도시 길이 이어지고 공사 중인 길을 피해 임시 길들이 들쭉날쭉하다. 마지막 추수가 한창인 들녘을 지나 행주산성 길이 이어지고 오늘의 도착지 행주산성에 다다른다. 행주산성은 굴참나무로 조성된 산책길이 있으며 산성으로 올라가는 길은 풍광이 아름답다. 충장사, 대첩기념관, 충의정, 행주대첩비, 권율 장군 동상비 등이 있는 사적 제56호, 삼국시대 토축(土築)된 산성으로 임진왜란 때 권율 장군이 왜적

삼학산에서 내려다 본 파주 출판도시.

킨텍스

에 대첩한 곳이다. 평화누리길 4코스는 행주산성에서 마감되고, 3코스는 김포시 전류리 포구에서 시작되어 애기봉까지 가게 된다. 시내버스로 김포읍으로 숙박 차 가다.

오늘의 여정

평화누리길 6코스: 파주 성동 사거리-공릉하구습지-송촌대교-신촌리
평화누리길 5코스: 파주 출판도시-삼학산 둘레길-킨텍스
평화누리길 4코스: 호수공원-선인장 전시관-섬말다리(임시 우회로)-행주산성

출발: 파주 성동 사거리 오전 7시 20분
도착: 행주산성 오후 5시 20분

걸은 시간: 10시간
걸은 거리: 34km / 누계 390.1km

용강리

한강

시암리

한강

마포리

후평리
철새도래지

조강저수지

애기봉입구

금성초교

석탄배수
펌프장

홍예문

개곡리

양택리

하성면

문수산성남문

월곶면

포내리

전류리

김포CC

전류리포구

원머루나루

고양리

평화
누리길

평화누리길 3코스: 전류리 포구-석탄배수 펌프장-후평리
철새도래지-마조리-마근리-애기봉 입구
평화누리길 2코스: 조광 저수지-청용회관-홍예문-문수산성-문수산성 남문
평화누리길 1코스: 포내리-김포CC-원머루 나루-쇄암리-덕포진-대명항
(평화누리길 1코스 출발점)

신안리

덕포진

대명항

168

트레킹 12일차. 10월 21일. 수요일. 안개 후 맑음

　김포읍에서 숙박 후 안개가 짙은 아침 오늘 출발지 3코스 한강 철책 길 전류리 포구에 오다. 이정표 팻말로 방향은 찾았으나 길 안내 표지 및 안내 리본을 찾을 수 없다. 이정표 팻말로 50여 m를 걸었으나 이후 표시 및 리본은 보이지 않는다. 이따금씩 대형 차량이 대로를 활주하고 그 외 차량 통행도 한가하다. 이정표 팻말이 있는 곳으로 다시 돌아간다. 순간 3코스 이름이 철책 길이라는 생각에 오른쪽으로 길게 이어진 철책을 보며, 그냥 한동안 걸어가 보니 평화누리길 빨강, 파랑 리본이 철책에 반갑게 걸려있다. 나는 평화누리길 코스를 반대로 걸으니 매번 나의 출발점이 도착 지점이 되니 안내 표시가 부실할 수밖에 없음을 깨닫는다.

　안개가 짙다. 이곳 지명 '전류(顚流)'는 강물과 바닷물이 뒤섞인다는 뜻이다. 한강물과 서해 바닷물이 어울리는 곳으로 전류리 포구는 김포 한강 최북단 어장이다. 새우, 숭어, 웅어 등이 잡히며, 여기서 잡히는 참게는 과

아침 먹이 찾기에 바쁜 철새들.

문수산성 길

거 수라상에 올릴 만큼 최고급이다. 육중한 철책 문으로 둘러싸인 석탄 배수 펌프장 배수문을 지나면 한강을 오른쪽으로 멀찍이 두게 되고, 후평리 평야가 넓게 펼쳐진다. 토양과 물, 기후 모두가 최상의 조건을 갖춘 김포는 예로부터 품질 좋은 쌀로 유명하다. 어스름한 아침 안개가 계속되고, 비옥한 평야를 배후에 둔 후평마을은 철새 도래지로 잘 알려져 있다.

후평리 평야를 지나면 금성초교가 있는 마조리에 이른다. 학생 수가 많은 이 금성초교는 마을이 꽤나 크다는 사실을 이야기한다. 마을 길을 걷고, 산길을 걸으며 호젓한 시골의 풍치를 느낀다. 깊어가는 가을날 마을 길은 익어가는 감이 가지가지에 찢어지듯 달려있고 베고니아 꽃도 아직은 예쁜 색을 품고 있다. 아침 먹이를 마친 재두루미 떼가 아침 비행을 하며, 울안에 갇힌 황소가 지나가는 과객을 물끄러미 쳐다본다. 산길과 들길과 마을 길이 이어지는 트레킹의 참맛을 간직하게 되는 길이다. 옛날에는 강 건너 북한의 개풍군 임하면 정곶리까지 왕래가 가능했던, 그러나 지금은 없어진 마근리 마근포를 거치면 애기봉으로 올라가는 입구에 다다른다. 애기봉 일대는 김포시 하성면 가금리로 6.25전쟁 당시 치열한 전투가 있었던 격전지였다. 애기봉은 성탄절을 맞으면 커다란 트리에 불을 밝혀 이북 동포에게 성탄을 알리던 애기봉 트리로 잘 알려진 곳이다. 한강과 임진강이 만나 서해로 흘러가는 김포의 땅 끝인 월곶면 조강리에 우뚝 솟은 높이 155m의 야산이다. 이 작은 산이 애기봉이라 불린 사연은 이렇다. 병자호란 때 평양감사가 가장 아끼고 사랑하던 애첩을 데리고 수도 한양으로 피난 길에 오르다 개성시 판문군 조강리에서 청나라 오랑캐에게 잡히고 만다. 평양감사는 다시 북으로 끌려가고 애첩 애기만 강을 건너 구사일생으로 조강리 마을에 머무르게 되었다. 이후 애기는 매일 이 봉우리에 올라 평양감사가 있는 북녘하늘을 바라보며 임이 돌아오기를 애타게 기다리다, 끝내 죽어가며 임이 계신 북녘 하늘이 잘 보이는 이 봉우리어 묻어달라는 유언을 남겼다. 그 유언을 전해 들은 사람들이 애기의 일편단심과 애달픈 사랑을 가엾게 여겨 애기를 이 봉우리에 묻어주고 한을 달랬다. 이후 이 봉우리 이름을 애기봉이라 부르게 되었다고 한다.

이곳 가금리 애기봉 입구가 3코스 한강 철책 길 출발지점이다. 산길 사이사이로 굽어 내려오면 조강 저수지가 나온다. 북쪽으로 방향을 돌리면 조강포가 나오지만 지금은 철책으로 들어갈 수가 없다. 전쟁 전 이곳은 남북 나루터는 조강리라는 이름의 한 동네였다. 지금도 북쪽에는 윗 조강리와 아랫 조강리가 있다. 넓은 들녘과 마을 길을 거쳐 가는 청룡대로를 따라 한남정맥의 종착점 문수산으로 올라가는 임도와 산길이 차츰 고개를 숙이고 걷게 만드는 경사길이 이어진다.

등산로가 계속되고 고도가 높아진다. 나무들이 쭉쭉 뻗어 있는 임도와 산길이 교차하고 산 돌로 이어지는 산길도 나온다.

진홍색의 가을 장미.

분단의 아픔을 전해주는 철책 길.

가쁜 숨결 끝에 홍예문에 다다르고 잠시 숨을 고른 후 문수산성 길을 걷는다. 길을 걷다 보면 북쪽으로 해안선을 따라 완만하게 늘어진 철책과 그길 오른쪽 접경지 마을의 풍경이 잡히기에 남북 분단의 아릿한 쓰린 감정이 피어 오른다. 해발 376m의 문수산에는 갑곶진과 더불어 강화 입구를 지키기 위해 조선시대 숙종 20년(1694년)에 6123m의 정상에서 산줄기를 따라 내려가며 축성된 문수산성이 있다.

2코스 조강 철책 길은 북한과 가장 인접한 코스로 민간인 통제구역이 많은 구간이며 문수산 성곽 길을 걸으면 북한 지역을 관찰할 수 있다. 문수산성 남문에서 1코스 염하강 철책 길이 시작된다. 남문을 벗어나면 염하강을 우측에 두고 트레킹 길이 이어진다. 늦가을 길가 철망에 기대어 핀장미가 유난히 고운 빛을 뽐낸다.

철책을 따라 논길로 때때로 숲길로 이어지는 트레킹 길은 철책과 염하강을 잠시 이별이지만 결코 벗어날 수는 없다. 김포와 강화도 사이를 흐르는 강화 해협은 그 모습이 강과 비슷하다 하여 염하(鹽河)강 즉 소금물이 흐르는 강이라 불린다. 해협인 만큼 이것은 엄연히 바다다. 강 건너 고즈넉하게 보이는 이북 땅, 강물 위로 비치는 우뚝한 나무들과 그 너머의 옹기종기 모여있는 집들이 가슴속에 잔잔하게 밀려온다. 파도라도 쳤으면 좋으련만 고요한 물결이 속세의 번잡함을 잠재운다. 차가운 철책 철망마저 이 고요함에 녹아 따스하게 느껴진다. 포내리를 지나오면 군하리 김포 CC가 잠시 길동무가 된다. 오후 2시 45분이다. 오늘 기점 30.3km 거리다. 이제 10여 km만 가면 이 휴전선 동서 횡단 평화누리길 트레킹을 마감한다. 왼쪽 무릎 통증이 걸음걸이를 붙잡을 만큼 심하다. 아파도 지금은 어쩔수 없다 3시간만 더 버티어야 한다. 무릎 보호대 착용도 지금에는 별무소용인 것 같다. 이 구간은 철책 길이 주가 되지만 그래도 철책만 있는 것이 아니다 길 언덕 콘크리트 담벼락에 평화를 사랑하는 김포 시민들의 표정을 담은 인물화와 조각들이 한 면을 가득히 차지하다.

강화도와 화도를 오갔던 고양포 원머루 나루가 나를 반긴다. 이제는 없어진 포구다. 지금은 개방되어 트레커들의 통행이 자유롭지만 불과 몇 년 전만 해도 봉쇄되어 오직 해병대 군의 철책 사찰로(査察路)의 작은 철책 길로 분단의 아픔을 고스란히 전해준다.

1코스는 이런 철책 길을 벗어나지 못한다. 잘 부서지는 돌로 이루어진 마을이라 하여 붙여진 쇄암리(碎岩里)에 출렁다리가 철책선에 붙어있다. 산비탈 길과 철책선 사이 길을 부지런히 걸으면 강화와 통진 사이를 흐르는 염하를 따라 한 강물에 떠내려왔다고 하는

염하강 건너 이북 땅.

덕포진.

부래도 덕포나루가 보인다. 돌 아나가듯 급한 물길이 굽이 도 는 강화해협의 물살을 이르는 손돌목 마루에 도착한다. 계속 되는 트레킹 길은 어느덧 나를 덕포진에 데려 놓는다. 전략적 요충지였던 덕포진은 국가지정

제292호 사적지로 강화만을 거쳐 서울로 진입하는 '손돌목'의 지형을 이용한 조선시대 군영이다.

이제 철책 길만 따르면 오늘의 목적지점이자 DMZ 동서 평화누리길 트레킹의 대장정이 끝나는 김포 대명항이다. 여느 항구 같은 곳이 아니다. 아름다운 바다 포구도 아니다. 정박한 배도 없다. 그러나 항구로 불리는 대명항이다. 포구든 아니든, 배가 있든 없든, 나에게는 의미가 있는 항구다. '대한민국 둘레길' 두 번째 구간인 동서횡단 DMZ 평화누리길 트레킹의 마지막 도착지이다.

오늘의 여정

평화누리길 3코스: 전류리 포구-석탄배수 펌프장-후평리 철새도래지-마조리-마근리-애기봉 입구
평화누리길 2코스: 조광 저수지-청용회관-홍예문-문수산성-문수산성 남문
평화누리길 1코스: 포내리-김포CC-원머루 나루-쇄암리-덕포진-대명항
(평화누리길 1코스 출발점)

출발: 전류리 포구 오전 6시 50분
도착: 김포 대명항 오후 5시 40분

걸은 시간: 10시간 50분
걸은 거리: 37.9km / 누계 428km

03

서해안

인천시청-당진시-보령시-부안군-목포항, 19일, 600km

'대한민국 둘레길' 그 세 번째는 서해안 트레킹이다. 인천시청을 출발하여 경기도 시흥시, 안산시, 화성시, 평택시를 거치고 충청남도 당진시, 서산시, 태안군, 홍성군, 보령시, 서천군과 전라북도 군산시, 김제시, 부안군, 고창군을 거치고 다시 전라남도 영광군, 함평군, 무안군을 지나 목포시청을 거쳐 목포항까지 가는 코스이다.

서해 갯벌과 잔잔하게 일렁이는 서해 파도와 어촌, 포구와 황금 물결이 일렁이는 농촌의 들녘을 넘나들며 걷는 길이다. 하늘과 바다 그리고 구름과 바람이 만들어내는 아름다운 모습들을, 확 트인 가슴에 쓸어 담기에도 바쁜 길이다. 고된 몸만큼이나 가벼워진 마음이 있는 길이다. 굴러 내리면 또 밀어 올려야 하는 시지프의 고난이 있는 길이다. 얼마나 많은 발걸음이 있어야 끝나는 길일지 모르지만, 하루하루 새롭게 만나는 바다와 들녘이 있기에 헤아리지 않고 내딛는 발걸음이다. 어쩌면 영원히 해답을 얻지 못할 나의 트레킹 주제, 첫째 나는 누구인가? 둘째 나는 무엇을 아는가? 셋째 나는 어떻게 살 것인가?를 머리에 담고 걸어보는 길이다.

우여곡절 끝에 2014년 부산 오륙도 해맞이공원에서 강원도 고성 통일전망대까지, 그리고 2015년 강원도 고성에서 경기도 김포 대명항에 이르는 ㄱ자 길 걷기가 연결되었으며, 2016년에는 서해안 트레킹을 끝냄으로써 ㄷ자까지 마쳐보기로 새해 첫날 계획을 세웠다. 드디어 9월 28일, 그 계획을 실제 행동으로 옮기는 뜻있는 날이다. 지난 봄 3월 28일부터 4월 7일까지 10일간에 걸쳐 뉴질랜드 밀포드 사운드 트레킹과 5월 29일부터 6월

11일까지 발칸반도 일주 여행이 있었다. 해가 길어 트레킹 하기 좋은 철인 봄 계절을 넘기고, 가을이 시작되는 오늘이 서해안 트레킹의 첫날이 된 것이다. 가을철이면 봄철에 비해 낮 길이가 짧아, 오후가 되던 시간에 쫓기고 마음이 급해지면서 서두르게 되어 피로감은 봄철 트레킹에 비해 훨씬 더 많이 온다.

내가 가을날 트레킹에 대하여 불안한 모습을 보이자 아내와 딸아이는 내년 봄으로 미루기를 원하지만 '동서남해안과 평화누리길' 전체를 칠순이 되는 해인 내년 2017년에 마치려면 올해 2016년에 서해안 트레킹을 필히 마쳐야 한다. 동해안 해파랑길과 동서 평화누리길을 걸어 본 경험으로, 이제 배낭 준비와 마음의 각오도 전과 다르게 단출하다. 떠나면 되는 것이다.

인천시청

길병원
사거리

제2 경인고속도로

큰방죽
사거리

119 도립
안전센터

도림초교

소래습지
생태공원

소래포구

월곶포구

**인천-시흥
구간**

인천시청-소래 포구-월곶 포구-오이도공원, 시화 방조제 입구

시화호

오이도

시흥종합
버스터미널

시화방조제

트레킹 1일차. 2016년 9월 28일. 수요일. 흐린 후 갬

  어제 출발로 계획했으나 심한 비로 인해 하루 연기되어 오늘 출발이다. 이른 아침밥을 먹고 6시에 집을 나서다. 여느 때처럼 설레임은 여전하다. 아내의 배웅을 받고 배낭을 둘러메고 지하철 7호선 강남구청역으로 향하다. 지하철 파업으로 운행이 늦어질 것으로 예상했으나 다행히 정시 운행이다. 부평구청역에서 인천 전철 1호선으로 갈아타고 인천시청역에 내린 것이 7시 30분. 7시 50분 인천시청 정문 앞에서 시청 경비 직원의 도움으로 인증샷을 찍고 서해안 트레킹 대장정의 첫발을 내딛다.

  길병원 사거리를 지나 남동경찰서를 보며 방죽들 삼거리로 걸어간다. 아침 출근 시간대라 대로에 차량들이 분주하게, 아니 어지럽게 양방향으로 직진하거나 로터리에서 회전하며 오고 간다. 제2경인고속도로 밑을 지나 남촌 저수지를 우측에 두고 대로를 따라 직진하면 좌측에 오일뱅크 주유소와 우측의 119 도립 안전센터를 지나자마자 비류대로을 만나게 된다.

소래 포구 어시장 입구.

월곶 포구 앞.

그곳에서 좌회전으로 도림고등학교가 있는 큰 방죽 사거리를 거쳐 계속 직진하여 도림 사거리를 지나 소래로와 조우하여 우회전으로 소래로 소래 포구 길을 걷게 된다.

　이후 소래 포구 사거리에서 좌측 방향으로 소래 포구에 들어가다. 2시간 30분 거리다. 포구라는 낭만적인 어휘에 취해 동해안 해파랑길에서 만났던 조용하고 소담스런 그런 포구는 아니라고 얼추 짐작은 했지만, 실제 도착한 소래 포구는 포구인데, 포구의 정취는 사라지고 상인들의 바쁜 목소리가 거리에 낭자하게 흩날린다. 너무 상업적이다. 그래도 길가 가장자리로 파라솔 밑에 앉은 난전상들이 그나마 포구의 맛을 조금이라도 채워주고 있다.

　소래 포구 맞은편이 월곶 포구로 ㄷ자로 뒤집어 놓은 말발굽형 지형이다. 월곶 포구는 옛 염전을 등지고 바다와 마주한 포구다. 새로 단장된 긴

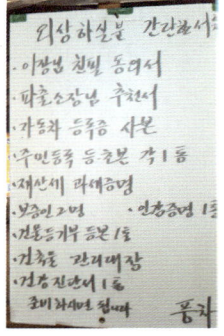
주인장의 재치 있는 글.

제방 둑으로 포구를 바라보며 걷는 사람들이 많다. 신시가지 개념으로 개발된 주거용 고층 아파트가 즐비하다. 바지락 칼국수로 점심을 먹다. 식당에 걸려있는 재미있는 글이 식당에 들른 모든 사람들의 시선을 붙잡고 웃음을 자아내게 한다.

소래 포구나 월곶 포구 역시 포구라는 이름의 운치와는 거리가 멀다. 대도시에 인접해 있기 때문일 것이다. 잘 다듬어진 월곶 해안로를 따라 포구 길을 걷다가 월곶대교 삼거리에서 우회전하여 서해안로 오이도 방향으로 걷는다. 오른편에 군자 버곳 신시가지 공사가 넓게 벌어지고, 서해안로를 계속 직진하면 옥구공원을 지나게 된다. 잠시 후 조일제지 삼거리를 만나게 되고 계속 직진하여 우리은행이 보이는 사거리에서 우회전하여 으이도로로 접어든다. 까마귀를 닮아 이름 붙여진 오이도는 육지와 연결된 섬이다.

시흥 1경이라 불리는 아름다운 오이도 낙조는 시가지와 마주한 길게 이어지는 오이도로 중간에서 볼 수 있다. 오이도를 둘러싼 방조제가 시화 방조제 못 미치는 곳까지 길게 이어진다. 방조제의 멀리 보이는 빨간 등대가 오이도의 랜드마크다. 나선형 계단을 따라 등대 전망대에 오르면 갯벌 내음과 함께 드넓은 서해 바다가 펼쳐진다. 오이도 전망개 건너편이 송도 국제 신도시이고 왼쪽으로 시화 방조제가 멀리 길게 드러나 보인다.

오이도의 랜드마크 빨간 등대.

오이도 방조제가 끝나는 지점에 있다. 출발부터 발목의 가벼운 통증이 있어 이 트레킹을 무사히 끝낼 수 있을까?라는 걱정이 앞섰는데, 아직은 큰 느낌이 없어 다행이다. 왼발 가운데 세 발가락의 마찰열이 있긴 하지만 큰 문제는 아닌 것 같고 왼쪽 엉덩이에 가벼운 경련이 온다. 트레킹 첫날부터 3일째까지 나타나는 일반적 통증이니 지금은 지켜볼 뿐이다. 오이도 방조제 끝에서 걸어서 오이도 기념공원, 시화 방조제가 시작되는 지점에서 내일부터 걸어야 할 위치를 확인하고 장왕

오이도 끝자락에 있는 자물쇠 거치대.

역을 통해 서울 집으로 오기로 하며 시화 산업단지 길을 걷는데 지도에서 본, 내가 예측한 거리보다 훨씬 길다. 판단을 잘못한 것이다. 너무 먼 거리를 걸어온 것이다. 버스를 타고 왔어야 했는데. 오늘 불필요한 에너지를 많이 소비했다.

오늘의 여정

인천시청-소래 포구-월곶 포구- 오이도공원, 시화 방조제 입구

출발: 인천시청 오전 7시 50분
도착: 시흥 오이도공원, 시화 방조제 입구 오후 2시 45분

걸은 시간: 5시간 55분
걸은 거리: 22.3km

트레킹 2일차. 9월 29일. 목요일. 흐림

서울 집에서 6시 45분에 출발해 전철로 정왕역에 8시 20분에 도착하다. 택시로 어제 도착지점 시화방조제 입구에 내려, 트레킹 2일째 걷기 시작하다. 시화 방조제는 대형 물막이 공사로 담수호를 조성하여 인근 간척지에 농업용수를 공급하려던 처음 계획에서 결국 해수를 유통시키면서 해수호가 되었으나, 12.7km의 방조제를 만들어 시흥 정왕동과 안산 대부도를 잇고 있다. 방조제 위를 걷다. 방조제 오른쪽은 인천 서해 바다이고 왼쪽은 시화호다. 바닷물을 가두어 인공 호수인가 했더니 방조제 중간 부분과 끝자락에 조수 관문이 있어 바닷물이 밀물 때 들어왔다가 썰물 때 빠져나간다. 방조제 위를 지루하게 걸어간다. 시화나루 휴게소를 지나고 1시간 30여 분의 걸음걸이가 계속되면, 시화 방조제 끝에 있는 시화교를 지나게 되고 방아머리 선착장이 나온다. 지방도 303번 길이 계속되고 방아머리공원(문화공원)을 지나면 대부도 방아머리 음식 문화거리가 시작된다.

어린 시절 아찔한 곡예 장면에 손에 땀을 쥐며, 감탄과 환호와 선망 어린 눈으로 보았던 동춘 서커스가 지금 이곳 대부도 음식 문화거리에서 공연을 하고 있다. 1일 2회, 오후 2시, 4시에 공연을 한다. 주말 토, 일요일에는 오후 7시 공연이 추가된다. 지금은 곡예단이 어떻게 구성되어 있을까?

호기심이 일어난다. 지금도 서커스 공연을 하다니. 공연을 보고 갈까? 지금 12시 25분. 공연 시간이 1시간 30분 뒤다. 1시간도 아쉬우니 그냥 지나간다.

대부북동 방아음식거리

대부도 방아머리 음식거리.

시화방조제

시화나래
휴게소

방아머리
선착장

시 화 호

안산
구간

방아머리
해수욕장

방아머리
공원

대부도 방아머리
먹거리타운

안산시 시화 방조제-시화나래 휴게소-방아머리 선착장-
방아머리 공원-303번 지방도 대부 황금로, 음식문화거리-
선감도 선감로-불도 방조제-탄도항-탄도 방조제

대부북동

쌀섬

더미섬

대부동동

선감역사
박물관

선감도

불도방조제

탄도

탄도항

탄도선착장

탄도방조제

전곡항에 정박 중인 요트들.

식당에서 장어탕으로 점심을 하다. 트레킹 길에서 점심시간에 맞춰 식당에서 식사하기가 쉽지 않다. 점심식사 시간과 지나가는 길에 있어야 하는 식당이 잘 맞아떨어지지 않기 때문이다. 303번 지방도 대부 황금로 대부동을 지나고 NCC 골프장을 지나면 선감도 선감로와 만나 우회전으로 선감로를 걷는다. 다시 불도 방조제 앞에서 303번 도로와 만나게 된다. 오

후 3시 10분, 시화 방조제 입구 출발에서 23.1㎞ 지점이다. 불도 방조제를 지나면 왼편으로 장문규 미술관이 보이고 탄도 배수 갑문과 대부 해양 경비 안전센터가 있는 탄도항에 이르게 된다.

동춘 서커스단.

안산시와 화성시가 갈라지는 탄도 방조제를 지나 화성시 전곡항에 도착하다. 탄도 방조제를 연결고리로 안산시의 끝자락 탄도항과 화성시의 첫 자락 전곡항이 마주 보고 있다. 탄도항과 전곡항 모두 이름만큼이나 아담하고 조용한 항구다. 이 전곡항은 서해안의 일몰로 잘 알려진 항구다. 여느 항구 같으면 잡아 올린 생선으로 분주하게 움직이는 수산물 공판장이 시끌벅적할 텐데 이 두 항구는 생선 공판장이나 위판장이 없으니 조용할 수밖에 없다. 전곡항에는 크고 작은 요트가 항구를 가득 메우고 있고 이 요트들을 수리하고 관리해주는 회사며 요트 회원들이 숙박을 하는 호텔이 있다.

숙박을 하기 위해 호텔로 문의하니 하필이면 내일부터 숙박이 가능하다고 한다. 운이 없는 날이다. 탄도항과 전곡항의 인근 펜션, 민박집을 수소문하니 숙박 요금이 각양각색이다. 탄도항 펜션 민박 5~6만 원, 전곡항 펜션 민박 10~12만 원. 어쩔 수 없이 다시 탄도항으로 되돌아가려는데 전곡항 상가 3층에 민박집 간판이 보인다. 올라가서 확인하니 3만 원이다. 전곡항에서 숙박하다.

오늘의 여정

안산시 시화 방조제-시화나래 휴게소-방아머리 선착장-방아머리 공원-303번 지방도 대부 황금로, 음식문화거리-선감도 선감로-불도 방조제-탄도항-탄도 방조제-화성시 전곡항

출발: 안산 시화 방조제 오전 8시 40분
도착: 화성 전곡항 오후 4시 40분

걸은 시간: 8시간
걸은 거리: 28.4km / 누계 50.7km

트레킹 3일차. 9월 30일. 금요일. 흐림

어제 밤 9시경에 잠이 들었는데 아침에 눈을 떠니 새벽 6시. 고단한 몸이 스스로 수면 시간을 조정한 것 같다. 보름달 빵 2개, 삶은 계란 1개, 바나나 우유 1통, 콜라 1병, 어제 먹다 남은 포도 반 송이가 오늘 아침 메뉴다. 이른 아침 출발이니 오늘은 웬만하면 평택시 포승읍까지 갈 여정으로 서울 출발 시 계획한 길보다 짧은 코스로 수정하여 걷는다.

조용한 아침이다. 301번 지방도에서 농촌 마을 들녘을 보며 걷다 보면, 구름 교차로 삼거리에서 301번 지방도는 오른쪽으로 꺾여 해양공단로로 이름이 바뀌어 제부도를 가게 되고, 여기서 만난 직진도로 318번 지방도에서 전곡항로로 바꾸어 걷는 길은 계속된다. 길 오른쪽이 전곡해양산업단지다. 66번 시도와 만나는 전곡 교차로에서 우회전하여 66번 시도(市道)를 걸어 광평 삼거리까지 가지 못하고, 일찍 전곡해양산업단지 길로 접어들게 되어 공단 안 길을 걷게 되다. 공단 길을 지름길로 오인한 것이다. 30여 분을 공단 길 끝까지 갔다가 되돌아오게 되니 3km, 1시간의 거리를 낭비하게 되다. "사람이 한 치 앞도 못 본다."는 말이 지금 나를 두고 한 말이다. 공단 길을 내가 가고자 하는 길인 양하여 단축 길 찾기의 묘미를 느끼고 있는 순간에 이미 비극은 시작되었지만, 그것을 모르고 좋아하며 엉뚱한 길로 계속 가고 있었으니까. 단축 길이라며 좋아하고 시작된 지름길이 결국 많이 늘어진 길이 되고 만 것이다. 오래 걸리는 먼 길의 트레킹은 가끔 단축하고픈 때가 있어 이렇게 예정 없던 단축 길

오늘 아침 식단.

전곡항-서신면사무소-궁평항-화성 방조제-석천 삼거리-남양대교

화성
구간

전곡항

전곡리

서신면

서신초

서신
면사무소

해운초

궁평리
해수욕장

궁평항

화성방조제

선창포구

우정읍

석천초

노진초

석천삼거리

매향리

이화리

매향리
선착장

석천항

남양대

남양호

전곡항 망둥이 낚시 축제를 알리는 플래카드와 전곡항에서 바라본 탄도항.

을 찾는데 오늘 같은 날은 낭패를 본 경우다. 단축된 길 찾기의 재미를 느끼며 엉뚱한 공단 길로 접어들고 있었던 것이다.

　이렇게 어긋난 길 찾기에서 이번은 전곡 교차로를 지나쳐 걷다가 되돌아오다. 골프 플레이 퍼팅에서 처음 시도한 퍼팅 길이가 짧으면 다음 퍼팅 길이는 길어지는 경우에 해당될 만한 일이 오늘 전곡 교차로 길 찾기에서 벌어졌다. 짧게 우회전 길로 갔다가 긴 직진 길에서 되돌아온 경우다. 제대로 된 길 66번 길에서 광평 삼거리까지 걸어오는 도중에 곰곰이 생각해 본다. 앞으로도 얼마든지 일어날 수 있는 길 잃기다. 무엇이 오늘 길 찾기 낭패의 원인이었나? 그 원인이 비포장 우회도로였는데 지도상에 나타난 비포장도로는 포장도로로, 지도에 없던 길이 새로 만들어진 것이었다. 이 지도 제작 연도가 2015년 판이었다. 아 그렇다. 지도상에 표시된 길들에 변화가 있었던 것이다. 새로운 길들이 많이 만들어진 것을 트레킹 도중에 많이 봤는데, 그사이 이 사실을 또 깜박한 것이다. 그래, 확실하지 않으면 단축 길 찾기를 하지 말자. 단축 길 찾기 재미를 즐기지 말자. 다짐다짐하

서해안 짙은 뻘.

며 광평 삼거리에서 좌회전하여 서신면사무소로 향하다. 10시 25분, 12.5km 지점에 서신면사무소에 도착하다. 잘 다듬어진 궁평항로 길을 따라 걸으면 53번 도로와 만나는 해운 교차로에 이른다. 서신면사무소에서 2.9km, 45분여 거리다. 계속 직진하면 궁평리를 지나게 되는데 길 옆 식당 전주집에서 청국장으로 점심을 먹다. 주인 아주머니 혼자서 운영하는 식당인데 대부분 서비스는 셀프(Self)로 맛이 좋다.

허기진 배를 채웠으니, 단축 길 찾기로 허비한 45분을 회복하기 위해 발걸음을 재촉하다. 여느 서해안같이 썰물이 드러내주는 짙은 뻘이 궁평 항구다. 다시 화성 방조제를 걷다. 9.8km 길이다. 방조제 입구 5km 지점이 매향2항이다. 2시 15분, 21.5km 지점이다. 좌측은 화성호에 우정읍 화웅지구 대단위 농업개발 사업공사가 진행 중이고 오른쪽은 서해안 뻘이다. 왜가리떼가 뻘 위로 먹이 찾아 이리저리 고개를 기울이며 걷고 있다.

방조제 매향2항 앞에서 두 다리를 뻗고 쉬다. 고요한 서해안 바다를 한없이 바라보다가, 몸은 참으로 피곤하지만 마음은 편안함을 느낀다. 몸과 마음이 각각 따로 노는 느낌이다.

무거운 다리와 돈을 일으키고 다시 방조제를 걷는다. 서해안과 화성 방조제 안 바닷물을 브며 걷는다. 궁평항로에서 301 지방도 ㄱ아자동차로와 만나는 석천 삼거리 우측은 아산 국가산업단지와 현대기아자동차 주행시험장으로 가는 길이고, 좌측은 우정읍으로 가는 길이다. 그리고 직진하면 매향 석천로이고 이 길을 따라 걸으면 79번 시도(市道)와 만나고 계속 직진하면 77번, 82번 국도와 만나는 교차점에 이르러 우회전하여 국도를 걷는다. 이후 남양대교를 만나 건너게 된다. 4시간 10분, 33.5km 지점이다. 남양대교를 건너 77번, 82번 국도를 따르면 평택시 포승읍이그, 오른편에는 포승국가산업단지가 개발되어 있으며 저 멀리 서해대교가 아득히 보인다. 이 국도를 따라 걸으면 포승읍에 이르게 되는데 오늘 목표지였던 포승읍 38번 국도 교차점까지는 가지 못한다. 전곡 해양산업단지에서 허비한 3km, 1시간이 못내 아쉽다. 포승읍에 이르지 못하는 도곡리에서 숙박을 하다. 6시가 되니 저법 어둑어둑해진다. 모텔 부근에는 식당이 몇 개 있다. 쌈밥으로 저녁을 맛있게 먹다. 몹시 피곤하다. 그러나 다행스러운 것은 아침부터 시큰거리던 오른쪽 발목에 더 이상 통증이 없다.

오늘의 여정

전곡항-서신면사무소 -궁평항-화성 방조제-석천 삼거리-남양대교
-평택시 포승읍 도곡리

출발: 화성시 전곡항 오전 7시 15분
도착 평택 포승읍 도곡리 오후 6시 10분

걸은 시간: 10시간 55분
걸은 거리: 40.8km / 누계 91.5km

남양호

장항대교

남양대교

77번 국도

도곡리

원정초

포승읍

포승읍사무소

내기초

포승중학교

방림리

부두남로

신영리

평택-아산 구간

신영리 선착장

가사

평택시 도곡리-포승중학교-신영리-아산만 방조제-삽교천 방조제

권관리

77번 국도

평택호 관광

아산항

트레킹 4일차. 10월 1일. 토요일. 흐림

　서평택 IC 사거리 인근에 있는 숙소에서 77번, 88번 국도를 계속 이어 걷는다. 서해안 고속도로 밑을 지나는 국도 길은 내기 삼거리에서 38번 국도와 만나고 다시 1번 군도 포승남로로 연결되어 방림리를 지나 신영리를 거치면 다시 38번, 77번 국도 서동대로와 만나는, 이 지점이 출발에서 1시간 40분, 6.8km이다. 포승국가산업단지, 황해경제자유구역 포승지구 그리고 황해경제자유구역 현덕지구가 평택항 외항, 내항을 끼고 연결되어 있다. 국가산업단지로 이루어진 지역인 만큼 대형 트럭이 주류가 된 국도에서는 과속하는 차량으로 좁은 인도길 가장자리로 바짝 붙어 걸을 수밖에 없다. 그래도 달려오는 차량일 때는 걸음을 멈추고 지나간 다음에 움직인다. 불안한 마음에 발걸음도 무겁다. 이렇듯 어쩔 수 없는 경우에만 국도를, 그것도 차량과 다주보며 걸어야 한다. 운전기사에게 걸어오고 있는 목

아산 방조제.

성당 안내 표지 말.

표물을 분명히 보이기 위함이다. 거리가 늘어나더라도 국도 대신에 지방도
(地方道)나 군도(郡道)를 따라 걷는 이유가 여기에 있다. 안전이 우선이다. 트
레킹에는 여러 가지의 위험 요소가 많다. 국도 길 걷기도 그 중 하나이다.
대형트럭, 트레일러 화물차가 속도를 내며 달리고 곁을 지날 때는 몸이 차
량 속도에서 나오는 바람으로 움찔할 때가 많다. 위험을 느끼기도 한다.
차량들이 지나가고 안전을 느끼게 되면, 한편으로는 국가산업의 한 축이
움직이는 듯한 느낌에서 마음이 푸근하기도 하다. 평택시와 아산시를 잇
는 아산 방조제를 평택시에서는 평택 방조제라 부른다. 방조제를 건너면
아산시로 진입하게 된다.

　　39번 국도이자 서해대로인 아산 방조제는 8번 시도(市道)와 만나게 되
는데, 솔뫼 성지와 공세리 성당 표지 말이 나를 반긴다. 이 시도를 따라 우

측으로 향하면 서해 바다와 좌측으로는 인주 외국인 투자지역과 인주 일반산업단지가 있는 길이다. 서해 바다를 보며 산업단지 둑길을 걷는다. 조용하다. 이 둑길 끝자락에 앉아 서해 바다를 보며 점심을 먹다. 다시 국

삽교천 방조제.

도 34번, 38번, 77번 서해로와 만나 3360m인 삽교천 방조제를 걷는다.

우리나라 현대사에 한 획을 그은 고 박정희 대통령의 생전 마지막 공식 행사가 삽교천 방조제 준공식 참석이었다. 따라서 삽교천은 어두운 역사의 한 면을 떠오르게 한다. 조국 근대화가 필생의 통치 철학이었던 고 박정희 대통령이 이룬 업적에 대한 공(功)과 과(過)가 굳이 정치적인 해석에 따라 계속 논쟁이 되는 오늘날의 현실에 마음이 무겁다. 아산시와 당진시를 연결하는 삽교천 방조제 가운데 시(市) 경계지점에서 서해 바다를 바라보며 걷는다. 방조제 끝자락에 이르면 삽교대교를 거쳐 당진시 신평면에 이르는 34번 국도가 계속된다. 도성리에서 국도를 벗어나 지방도와 자전거 전용도로를 걸으며 신평면사무소 소재지에서 숙박하다.

오늘의 여정

평택시 도곡리-프승중학교-신영리-아산만 방조제-삽교천 방조제-당진시 신평면사무소

출발: 평택시 도곡리 오전 7시
도착: 당진시 신평면사무소 오후 3시 10분

걸은 시간: 8시간 10분
걸은 거리: 28.2km / 누계 119.7km

당진
구간

당진시 신평면사무소-거산1리-신평 농공단지-기지시리-당진시청-
사기소동 성당 삼거리

장곰항
초입 선착장

석문선착장

한진포구

송악면

음성포구

맷돌포 선착장

당진버스터미널

기지시리

삽교호관광지

32번국도

거산1리

당진소방서

당진시청

신평고

신평
면사무소

삽교천
시외버스 터미널

신평면

서해안고속

당진영덕고속

성당초

트레킹 5일차. 10월 2일. 일요일. 흐리고 비

　어제 일기예보에서 이 지역에 꽤나 많은 비가 올 것이라 해서 오늘 여정을 포기하고 모처럼 마음 편히 늦잠을 자고 깨어보니 아침 7시가 좀 지나다. 빗소리가 들리지 않은 듯해서 창문을 열고 밖을 내다보니 가랑비가 내리고 있다. 이 정도 비면 떠나야 한다. 이 좁은 시골 여관에서 하루를 뒹굴기에는 마음도 편하지 않을 뿐더러 시간이 아깝다. 그런데 가는 도중에 예보대로 많은 비가 온다면 어떡하나? 마음의 갈등이 일어난다. 이미 잠에서 깨어나 이불 속에서 미적거릴 수만 없다. 언제나처럼 그때 가서 부딪히자. 서둘러 어제 저녁에 준비한 빵, 찐 계란, 두유로 아침을 먹고 배낭을 챙긴다. 안내 지도는 지퍼백에 넣어 손에 들고, 비옷 바지는 입고 윗도리는 배낭 바깥 주머니에 넣고 우산을 들고 가녀린 비를 맞으며 길을 나서다.

　여느 날과 다른 늦은 출발 8시 15분이다. 가랑비에도 트레킹은 불편함이 이만저만 아니다. 비옷을 입는 것은 당연하다. 그리고 한 손에는 우산을 받쳐 들고, 또 다른 손에는 비닐로 싼 안내 지도를 들어야 한다. 빗속이라도 지도상의 길을 찾아 걸어야 하기 때문이다. 몇 시간에 걸친 빗길 트레킹은 비옷도 젖어 들어 추위를 느끼고, 안내 지도도 젖지 않게 간수해야 하니 두 손이 바쁘다. 때 마침 점심시간이 되면 비가 잦아들 때까지 계속 걸어야 한다. 마침 지나가는 길에 식당이 있다 하더라도 식당에 들어갈 수가 없다. 흠뻑 젖은 비옷을 벗을 수가 없기 때문이다. 서글픈 마음으로 허기진 배도 채우지 못한 채 걸어야 하는 날이 비 오는 날이다.

길가에 서 있는 쌍둥이 나무.

오늘도 비가 빨리 그치기를 빌며 길을 나선다.

가능한 국도를 피하기 위해 622번 지방도를 걸어 서해안 고속도로 밑을 지나 송학읍 중흥리에서 619번 지방도를 바꾸어 송학읍을 거쳐 당진시청으로 가기로 한 예정에서 한 시간이나 늦은 출발이다. 빗속 길이기에 34번 국도를 걸어 당진시청으로 간다. 신평고교를 왼쪽으로 보며 신평 IC교에서 32번 국도로 바꿔서 걷다. 비가 크게 내리지는 않지만 계속 오기에 우산과 안내 지도를 교대로 옮겨 잡으며 걷는다. 다행히도 바람은 심하지 않다.

32번 국도와 619번 지방도가 만나는 기지사리 교차로에 이르다. 10시 10분, 8.8km지점이다. 비가 다소 약해진다. 국도를 벗어나 수청동에서 당진시청 앞에 이르다. 11시 50분, 15.2km 지점이다. 수청동과 맞붙은 동이 원당동이다. 옛적에는 원당읍이었다.

다소 약해진 빗줄기로 시청 앞 식당에서 점심을 먹고, 다시 서산시를 향해 길을 나서다. 강한 빗줄기로 인해 국도로 계속 갈 계획을 바꾸고, 시청 앞으로 지나가는 615번 지방도를 잠시 걷다. 다리목에서 벗어나 직진하여 당진 장례식장과 당진 소방서가 있는 곳에서 만나는 시도(市道)로 바꾸어 걷는다. 빗줄기가 점점 약해져서 다행스럽다. 가을비에 촉촉히 젖은 시골 풍경이 아름답다.

용연동, 사기소동을 거치면서 길을 따라 계속 걸어 1시간 30분, 5.7km 지점에 이르면 647번 지방도와 만나고 다시 걷던 길로 계속 직진하면 성당 삼거리에서 70번 국가지원지방도를 만나게 된다. 다시 609번 지방도를 만나는 수당삼거리를 지나 70번 지방도를 따르면 서산

운산면사무소

비 온 날의 수채화 같은 농촌 풍경.

시 운산면사무소에 이르게 된다.

　10월이면 가을이 시작되는 달이기도 하다. 길 옆 농촌 들녘도 노란색을 띄기 시작한다. 뭐니 뭐니 해도 가을은 농촌의 계절이다. 수확을 거두는 계절일 뿐만 아니라 산과 들에 조화로운 색감인 가을색이 퍼져 나가 마침내 한 폭의 농촌 풍경화를 완성해내기 때문이다. 잔비가 그친 농촌 길을 고즈넉하게 걸어가다. 이 방향, 저 방향에서도 비 오는 날의 수채화 같은 풍경이 눈앞에 펼쳐진다.

오늘의 여정

당진시 신평면사무소-거산1리-신평 농공단지-기지시리-당진시청-사기소동 성당 삼거리-서산시 운산면 수당 삼거리-운산면사무소

출발: 당진시 신평면사무소 오전 8시 15분
도착: 서산시 운산면사무소 오후 4시

걸은 시간: 7시간 45분
걸은 거리: 29km / 누계 148.7km

수당사거리

서산시
운산면사무소

갈산4리
교차로

음암
면사무소

가좌리 교차로

성암
저수지

자동
저수지

서산해고

서산사적

예천
사거리

서산
소방서

석림
사거리

풍전
저수지

천동초

가사2리
삼거리

4번시도

풍전교차로

서산중

인지면

서산 구간

서산시 운산면사무소-갈산4리 교차로-가좌리 교차로-음암면사무소-
석림 사거리-예천 사거리-풍전 교차로-가사2리 삼거리

트레킹 6일차. 10월 3일. 월요일. 흐린 후 맑음

아침에 잔뜩 흐린 날씨가 계속되다 정오가 되면서 점차 개이다. 다행히 비는 오지 않는다. 이른 새벽 내린 비가 아침을 지나 오전 시간으로 흘러가면서 길바닥에 생긴 수증기 증발 현상 때문인지 매우 덥다. 흐린 날씨에, 혹시나 비가 올까 해서 입은 긴팔 티셔츠가 더위를 부채질한다. 운산면사무소 앞에서 만난 8번 시도를 따라 걷는다. 지나온 길, 국도에서 대형 화물 차량들의 과속 운행으로 느낀 불안감에서 벗어나기 위해 가능하면 국도 대신 시도나 지방도를 걷는다. 1시간 거리, 4.5km 지점에서 만난 32번 국도를 비껴 8번 시도로 음암면사무소를 향한다. 비교적 한가한 길이다. 농촌 들녘 아침은 한가하다. 그러나 바쁜 무리들이 있으니 철새 떼들이다. 우리나라 어디에서든 철새들은 아침 시간 9~10시경에 집단 비행 훈련을 한다. 다가오는 겨울철 장거리 이동 대비 훈련인 듯하다.

음암면을 거친 8번 시도는 서산시 경계인 잠홍동에서 그 길이를 다하고 32번 국도와 다시 만난다. 다시 국도로 바꾸어 걷는다. 당진시, 아산시를 벗어나니 국도 길의 차량 통행도 많이 줄어들고 특히 대형 화물 통행이 눈에 띄게 줄었다. 산업공단이나 산업 밀집 지역이 아니라는 뜻일 게다. 649번 지방도와 만나는 장흥동을 지나 다시 29번 국도와 만나는 석림 사거리까지는 3시간 25분, 13km 지점이다.

기사초등학교 예쁜 교사.

가을이 오고 있는 농촌.

서산시청을 둘러보고 싶지만 국도 길에서 15분 거리, 왕복이면 30분, 2km 거리이기에 그냥 29번, 32번 국도가 병행하는 길로 걸어 시청 앞을 지나오는 대로와 29번, 77번 국도와 만나는 예전 사거리에서 좌측 길 32번, 77번 국도로 옮겨 걷는다. 태안군 태안읍으로 향하는 국도 다. 다시 2km 지점에서 9번 시도와 만나는 풍전 삼거리에서 좌측으로 꺾어 9번 시도로 옮겨 걷는다. 5km 지점 가사2리 삼거리를 지나 길 옆으로 보이는 농촌 들녘과 마을들을 지나면 32번, 77번 국도와 다시 만나고 태안군 태안읍으로 가게 된다. 농촌의 들녘은 풍성한 가을걷이를 맞이하기 위한 시간으로 다가가고 있다. 논두렁이며 밭이며 익어가는 콩 잎이며, 벼가 점차 황금색을 향해 천천히 색깔을 입어가고 있다. 누런 황금색은 농촌 들녘에서만 오지 않는다. 시골이면 어디에서도 온다. 이제 태안군 태안읍에 접어들다.

오늘의 여정

서산시 운산면사무소-갈산4리 교차로-가좌리 교차로-음암면사무소-석림 사거리-예천 사거리-풍전 교차로-가사2리 삼거리-태안군 태안군청

출발: 운산면 사무소 오전 7시 45분
도착: 태안읍 태안군청 오후 4시 40분

걸은 시간: 8시간 55분
걸은 거리: 30.5km / 누계 179.2km

트레킹 7일차. 10월 4일. 화요일. 맑고, 덥다

오늘도 어제 못지않게 덥다. 그나마 가벼운 복장이라 어제와는 더운 느낌이 다르다. 군청 앞 남문 교차로에서 77번 국도로 태안 해안국립공원을 향해 남쪽으로 가다. 태안군은 내륙인 태안읍을 중심으로 정 서쪽 해안으로 우리에게 잘 알려진 만리포, 천리포, 백리포 해수욕장이 있는 소원면이 있고, 북쪽 해안으로 원북면 그리고 이원면이 위치하고 있다. 소원면 밑으로 조그만 반도형상의 근흥면이 붙어 있다.

아침에 숙소를 나서면서 어젯밤에 못하고 오늘 아침까지 미루어 두었던 태안반도 대표격인 소원면 모항항, 만리포항, 천리포항을 거쳐 되돌아오는 길을 가느냐 마느냐 하는 결정을 지금 해야 한다. 명색이 서해안 트래킹이니 갔다 와야 한다는 생각과, 관광이나 지역길 걷기가 아닌 국토 종, 횡단 일주 트레킹에 지나가는 길이 아닌, 갔던 길을 되돌아오는 것이 군이 필요한가 하는 생각의 갈림길에서 쉽게 결정을 내릴 수 없다. 천천히 걸으면서 생각을 해도 해도 결정이 나지 않다.

숲속 길 사이사이로 넓게 펼쳐진 해변.

태안여고

태안군청

태안읍

태안
버스터미널

32번 국도

남문
교차로

태안
종합운동장

태안
구간

태안군청-남면 가좌1리 교차로-몽산포 항구-달산포-
청포대 해변-원청 삼거리-B지구 방조제

몽산리

남면

몽산포항

달산리

달산포
해수욕장

청포대
해수욕장

원청
삼거리

B지구 방조대

느리섬

마검포
해수욕장

만리포항으로 가는 32번 극도와 태안 해안국립공원으로 가는 77번 국도 갈림길까지는 25분간, 1.5km이다. 어쩔 수 없는 결정 시간에 이르니, 사람 마음이 참으로 가볍다. 쉽고 편한 쪽으로 결정이 된다. 만리포항까지 갔다 오려면 3~4시간이 소요되고, 예상되는 오늘 예정 숙박지 홍성군 서부면 남당항까지 가지 못하면 어디서 숙박하지? 이렇게 스스로 쉬운 쪽으로 결정을 유도하여 결국 77번 국도를 걸으면서도 이런 결정을 유도했던 나 자신에게 미운 생각이 든다. 잠시 동안 발걸음이 가볍지 않다. 그러나 결정은 결정. 옳은 결정이나 잘못된 결정이나 이미 내려졌으니 이제 모두 떨쳐버리고 가자.

태안 해안국립공원이 펼쳐지는 남면으로 가다. 그러나 이 77번 국도가 확대 포장 공사로 난리가 아닌 난리가 펼쳐지고 있다. 대로변에 있는 이정표는 물론 마을로 들어가는 도로와 마을을 안내하는 마을 이름 표시들이 깡그리 사라지고 없다. 지역 행정지도를 보며 마을 입구를 찾아가는 길

슬프도록 아름다운 서해 낙조 궁리항.

걷기가 여기서는 완전 무용지물이다. 많지 않은 차량 통행에 길을 물어볼 사람도 없다. 참으로 난감하다. 군데군데 간헐적으로 나타나는 버스 정류장에는 사람이 없다. 국도를 벗어나 신양2리를 거쳐 몽산포항으로 가야 하는데 어디서 벗어나야 할지 가늠이 되지 않는다. 길을 걸어온 시간을 유추하면 이 부근에서 국도를 벗어나야 할 것 같은데.

마침 저 앞 버스 정류장에 할머니 한 분이 계시는 것 같아 단숨에 달려가 묻는다. 바로 몽산포항으로 가는 길은 이미 지나왔기에 잠시 되돌아갈 수 있는 마을 길로 안내를 받는다. 몽산포항은 이름값에 어울리지 않는 서해안 특유의 갯벌, 잿빛 항구다. 다시 몽산포 해변으로 가는 길도 혼선이 오다. 오늘 길 찾기가 여의치 않다. 아침부터 우왕좌왕한 탓이라 생각하며 천천히 걷는다. 몽산포 해변 숲길은 몽산포, 달산포, 청포대, 마검포, 곰섬, 드르니항까지 이어지는 12km에 이르는 솔숲 길이다.

몽산포 해변 야외 숙박지 주차장 숲길을 따라 달산포, 청포대 해변까지

청포대 해변.

걸으면 끝없이 펼쳐진 백사장에 울창한 송림이 가슴을 시원하게 하고 솔 향으로 취하게 만든다. 청포대 해변에서 콜택시로 몽산포까지 되돌아오는 길 걷기는 가족이나 연인들이 걸어보아야 할 길

서해안 간척지 개발 안내판.

이기도 하다. 중간중간 쉼터나 휴식 벤치에서 가져온 음식으로 배를 채우는 것은 더할 나위 없는 힐링이다. 벤치에서 바라보는 서해 바다는 덤으로 얻는 기쁨이다. 해변 길을 따르면 남면 끝자락 신온리 드르니항을 거쳐 안면대교를 건너면 안견읍으로 가게 되고 삼봉, 기지포, 안면해수욕장 등 크고 작은 해수욕장을 거쳐 유경한 꽃지해수욕장으로 연결된다. 태안 만리포가 있는 태안반도와 꽃지해수욕장이 있는 안면도가 태안 관광과 트레킹의 꽃이라 할 수 있겠는데, 안면도를 거쳐 되돌아 나오기에는 너무나 먼 거리이다.

청포대와 마검포 중간 77번 국도와 96번 국가지원도가 단나는 원청리 원청 삼거리에서 96번 국가지원도를 걸어 천수만 아산 간척지 B지구로 향하다. 아산 방조제가 저만치 코인다. 바다를 막아 옥토로 만든 '정주영 공법'으로 일컬어지는 폐유조선으로 간척지 물막이 공사를 완성시킨 대역사(大役事)의 현장이다. 태안군과 서산시 사이 바다를 막아 부남호를 만든 것이 B지구 방조제이고, 서산시 부석면과 갈산면 사이 바다를 막아 간월호를 만든 것이 A지구 방조제다.

방조제 오른쪽은 잔잔한 파도로 이어지는 서해 바다가 펼쳐지고 왼쪽은 넓고 넓은 옥토와 담수호 같은 바다 물이 함께 펼쳐지는 간척지다. 어떻게 하면 이런 웅대한 구상이 자라나고 실천되어 우리 눈앞에 펼쳐질까?

동해안 트레킹 때 보고 느낀 울산 현대자동차 공장의 방대한 규모와 현대 중공업의 거대한 작업 도크와 어우러진 거대한 공장이 이 간척지와 함께 다시 나에게 다가온다. 거인(巨人)이라고 부를 수밖에 없다. 심장의 박동 소리가 들리는 것 같은 활력이 몸에서 일어난다. A지구 방조제 끝에 있는 궁리교를 지나 우측에 나오는 마을 길을 따르면 홍성군 서부면 궁리 포구에 이른다. 포구로 접어드는 길가에 모텔이 보인다. 궁리 포구에는 모텔이 없기에 2시간가량 더 걸어가 남당리 남당항이 오늘 목적지였다.

그런데 궁리 포구에서 숙소를 찾은 것이다. 오후 4시 30분이다. 홍성 8경의 제8경으로 불리는 궁리 포구는 광활하게 펼쳐진 천수만을 앞에 두고 일몰-낙조와 일출을 동시에 볼 수 있는 곳이기에 많은 사람들이 몰려오는 작은 포구 마을이다. 만일 남당항까지 가게 되었다면 늦은 오후에 도착했을 것이다. 이렇듯 국내 트레킹은 숙소가 일정을 조절하기도 한다. 예쁜 모텔이 있기에 궁리에서 여장을 풀고 빨래도 하고 난 뒤 포구로 나온다. 작은 포구다. 해가 바다 위에서 떨어지기 시작한다. 낙조다. 서해 낙조, 슬프도록 아름다운 풍경이다. 날씨와 포구 도착 시간이 일치해야만 볼 수 있는 풍경이다.

태안군청-남면 가좌1리 교차로-몽산포 항구-달산포-청포대 해변-원청 삼거리-B지구 방조제-A지구 방조제-홍성군 서부면 궁리항

출발: 태안군청 오전 7시 15분
도착: 홍성군 서부면 궁리항 오후 4시 30분

걸은 시간: 8시간 15분
걸은 거리: 34km / 누계 213.2km

트레킹 8일차. 10월 5일. 수요일. 비, 흐림, 맑음

가늘게 내리는 빗속을 걷는다. 우의와 우산은 당연하다. 트레킹은 가느다란 비라도 오랜 시간을 대비해야 하기 때문이다. 어제 서해 낙조의 황홀한 구름과 바다색에 비해 아침에 비 내리는 궁리항의 모습은 잿빛 하늘과 바다로 황량하다. 밤에 보는 라스베이거스의 현란한 광경이 아침에는 허망한 모습으로 변하는 것과 비견할 만하다. 과장을 용인(容認)해준다면.

18번 군도인 남당항로가 해변가로 이어져 있다. 쓸쓸한 아침 바다를 보며 걷는다. 비가 그치고 엷은 구름 사이로 햇살이 비칠만도 한데, 구름 사이로 살짝 비쳐 나오는 하늘과 구름과 바다가 조화를 이루어 파스텔톤의 수채화를 만들어 낸다. 해넘이와 해돋이를 같이 볼 수 있는 우리나라 몇 안 되는 곳인데, 어제 저녁 슬프도록 아름다운 낙조(落照)를 되새기며 해돋이마저 볼 수 있을까 하는 생각은 일기예보로 진즉 포기했지만, 그래도 혹시 하는 마음에 바다를 보고 또 본다. 속동 전망대, 어사프구, 남당항에

해안 길에서 본 서해 아침 바다.

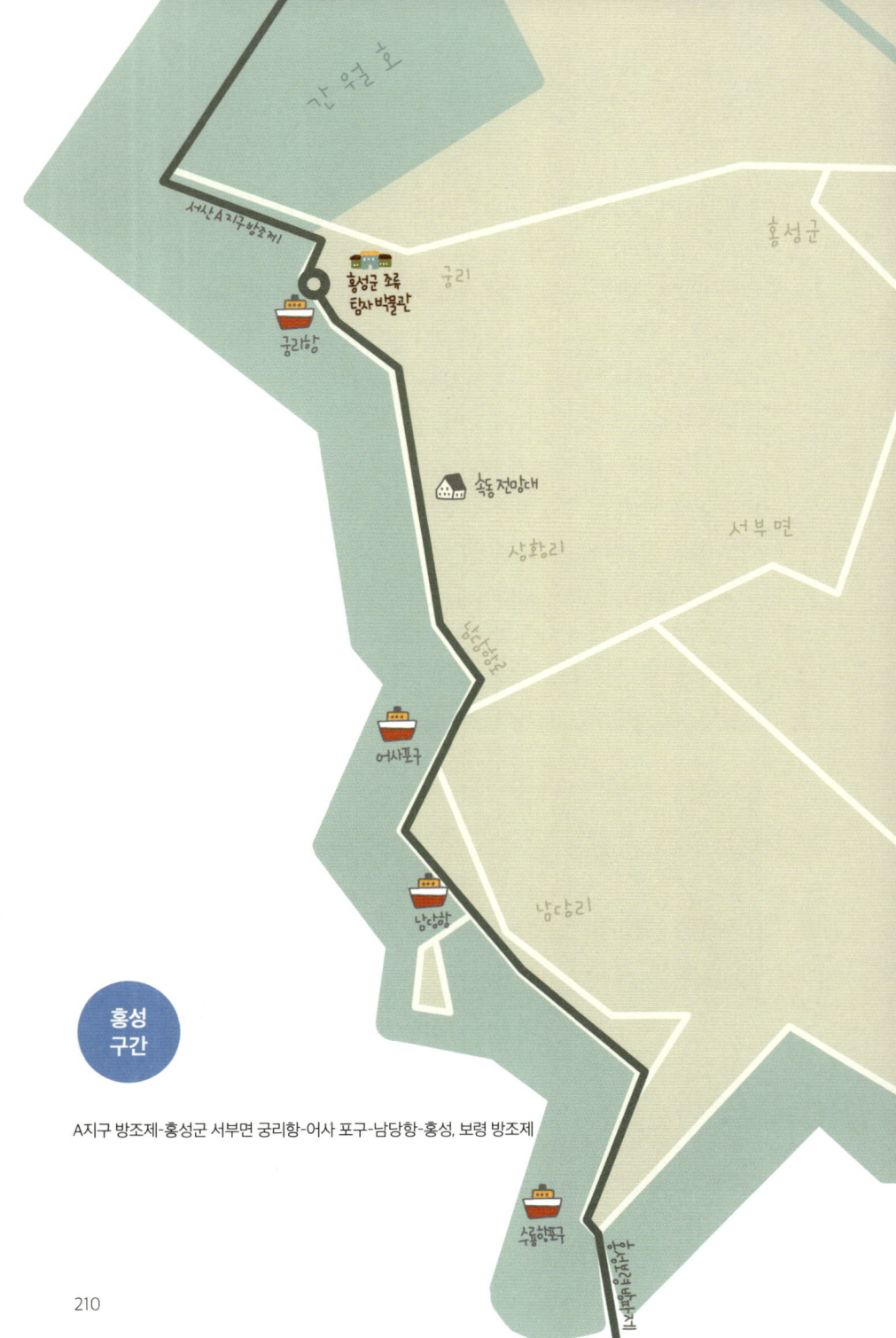

서산 A지구 방조제

홍성군

궁리

홍성군 조류
탐사 박물관

궁리항

속동 전망대

서부면

상황리

남당서로

어사 포구

남당리

남당항

홍성
구간

A지구 방조제-홍성군 서부면 궁리항-어사 포구-남당항-홍성, 보령 방조제

수룡항포구

안면방조2제방파구제

210

이르는 7.4km 해안 거리는 한번쯤 아내와 걷고 싶은 길이다. 홍성 8경의 제6경으로 불리는 남당항은 천수만의 대표적 항구이다. 각종 수산물의 집산지이다. 특히 가을철이면 크고 싱싱한 대하가 많이 잡혀 대하의 원산지로 잘 알려져 있다. 인근에서 몰려온 보리새우 판매가 항구 주변에서 성업이다. 아직 점심시간에 이르지 못하니 싱싱한 보리새우를 먹을 수 없어 안타깝다. 마침 길가에 새우튀김 포장가게가 있다. 세 마리를 3000원에 사서 먹다.

건너편 새우 판매 가게에서 3kg 포장으로 서울 집으로 택배로 보내다. 대금을 지불하고 포장을 보려는데 그냥 가시라고 한다. 5시 택배 발송이니 지금 포장하면 새우가 일찍 죽는다. 4시 30분경에 포장하니 믿고 가시라고 하다. 머쓱한 표정으로 가게를 나오다. 새조개도 홍성의 특산물로 조개의 속살이 새의 부리모양과 닮아 새조개로 불리며, 천수만 앞바다에서 11월부터 2월경까지 채취된다. 영양가가 높고 맛이 좋기로도 알려져 있다.

방파제로 둘러싸인 수룡항.

아직 이른 철이라 많지가 않다. 40번 국도를 따라 마을 길과 해안 길을 걸 으면 좌우 방파제로 둘러싸인 아담한 수룡항에 이른다. 배는 많지 않다. 이어 홍성군 서부면과 보령시 천북면을 이어주는 홍성, 보령 방조제가 나온다. 2938m다.

방조제를 지나 천북 선착장을 보며 천북면사무소로 향하는 40번 국도 가 어망동과 아포동 사이 지점에서 10번 시도와 만나 시도로 옮겨 걷는다. 3시간 50분 거리, 12.5km 지점이다. 바닷가를 벗어나 산과 산속을 지나가 는 길이다. 차량 통행이 거의 없는 한적한 시골 길을 혼자 걷는다. 마을 지 나도 사람들을 볼 수 없다. 모두 어디에 갔느냐고 묻고 싶다. 오르막 내리 막길이 교차한다. 다시 농촌 모습이 들어온다. 어촌과 농촌이 맞닿아 있는 마을들이다.

사호3리 열호항 입구에 이른다. 12시 30분, 16.1km 거리다. 계속되는 한 적한 길이다. 1시간 거리, 3.7km 거리에서 다시 40번 국도를 만나 보령 방 조제를 향하다. 보령 방조제 건너편 끝 지점에서 610번 지방도를 만나게 되고 이어 오천면사무소, 오천항으로 가게 된다. 보령 방조제로 막힌 바다 는 자연히 항구로 형성되어 넓은 포구를 이룬다. 오천항은 보령 북부권의 중심지로 고려부터 조 선시대까지 왜구의 침 입을 지키는 군항이었 다. 항에는 큰 배들이 많이 정박해 있다. 갯 벌 포구가 아닌 바다 항이다. 오천항을 향해 가는 길에 있는 고개

큰 배들이 정박해 있는 오천항.

보령 충청수영성.

마루에 보령 충청수영성이 우뚝하게 들어서 있다. 백제시대부터 중국과 교역하던 오천항에는 고려말-조선 전기에 왜구의 출몰이 잦아 돌을 높이 쌓아 올려 이 성을 설치했다. 이 충청수영성은 조선시대 서해안 방어의 총사령부였으며, 충청해안 18개 읍-진을 통솔하였다.

보령 방조제로 만들어진 커다란 인공 포구가 오천면 오천항을 인근에서 큰 항구로 발돋움시킨다. 오천항의 규모에 비해 오천면 소재지는 자그마하다. 이번 서해안 트레킹 일정은 여기까지이다. 지방 노선버스를 타고 주포면, 주고면(面)을 거쳐 보령시에 오다. 서울에 와야 하기 때문이다. 5시 고속버스로 서울에 오다.

지금까지 걸은 서해안 트레킹 트레일 중 아내와 같이 걸어야 할 길이 있다. 소래 포구에서 시흥 월곶 포구 약 3km, 태안 몽산포 해변-달산포-청포도 해변에 이르는 태안 솔숲 해변길 약 6.8km, 궁리 포구-어사 포구-남당 포구 해안길 약 7.4km이다.

오늘의 여정

홍성군 서부면 궁리항-어사 포구-남당항-홍성, 보령 방조제-보령시
천북면 어망동-ㅅ-호3리 열호항 입구-보령 방조제-보령시 오천면 오천항

출발 궁리항 오전 7시 45분
도착 오천항 오후 3시

걸은 시간: 7시간 15분
걸은 거리: 25.8k㎞ / 누계 239km

보령
구간

홍성, 보령 방조제-보령시 천북면 어망동-
사호3리 열호항 입구-보령 방조제-
보령시 오천면 오천항-갈매못 성지-
남포 방조제-무창포해수욕장-부사 방조제

천북면

천북면사무소

원죽역

청소역

오천항

숨겨진
갈매못

오천면

고정리

송하도

이지함묘

송학초

대천역

대천
해수욕장

대천항

왕대산

보령시청

남포면

서해안고속

웅천읍

무창포
해수욕장

웅천역

소황리

옥서면

트레킹 9일차. 10월 25일. 화요일. 비 온 후 흐림

지난달 9월 28일에 시작하여 10월 5일에 마친 8일간의 서해안 1차 트레킹에 이어 오늘 나머지 구간의 트레킹을 시작하다.

어제 충남 보령/대천 지방에도 비가 오나, 오후에 접어들면서 약해지고 저녁에는 개일 것이란 일기예보에 빗속인 서울에서 새벽길을 나서다. 6시 10분이다. 강한 빗줄기다. 9시 보령 고속버스터미널에 도착 후, 9시 30분 오천행 택시를 타고 9시 50분 오천항에 도착하다. 비는 여전히 바람과 함께 내리고 있지만 다행이 가늘어지고 있다. 우의와 우산을 준비하고 오천항을 떠나다. 10시다.

오천항에는 작은 규모의 조선소도 있다. 오천면 소재지를 벗어나면 해안 길로 이어진다. 자동차도 사람도 보이지 않는 한적한 바닷가 도로이다. 아름다운 길이다. 숨가쁘게 재촉했던 아침 길을 이제 호흡을 고르며 천천히 걷는다. 잔잔한 서해 바다가 느린 걸음걸음에 보조를 맞추는 듯하다. 갈매못 성지가 눈앞에 나타나다. 갈매못 성지는 병인박해(1866년) 때 더블위 주교를 비롯해 5명의 천주교 성인이 서울에서 사형 선고를 받아 압송되어 처형당한 곳이다. 전국에서 유일한 바닷가 성지로 유명하다. 1.3km 지점이다.

해안 길로 잠시 이어지다 마을 길로 접어들어 해안 길과 멀어진다. 610번 지방도를 걷는다. 오포3리에서 오천견을 가로질러오는 18번 시도 끝 지점과 만나고 계속하여 우측으로 610번 지방도로 걷는다. 길 양쪽은 산간 마을들이 이

갈매못 성지 정원.

리저리 떨어져 있다. 고정리 길가에 토정 이지함 가족 묘가 보인다. 새해 초에 1년간의 신수를 점쳐 보는 '토정비결'의 저자이다. 오천항에서 9.8km 지점이다.

조선 중기의 학자이며 기인(奇人)으로 이름난 명현(名賢) 이지함(1517~1578) 의 무덤이 있는 이곳은 명당으로 알려져 많은 사람들이 찾고 있다. 오늘은 610번 지방도로 주교면을 거쳐 대천시에 가서 숙박을 할 계획이었으나 보령에서 오천으로 오는 사이 택시기사가 알려주길, 대천 방조제를 걸으면 대천시를 거치지 않고 대천항으로 바로 갈 수 있으며 또한 그 거리는 대천시까지 가는 거리와 비슷하다고 하기에, 중간에서 방향을 바꾸어 대천항으로 바로 가기로 하다. 다행히 비는 그쳤다. 안산리 삼거리에 대천 방조제 가는 길 안내가 있다. 610번 지방도를 벗어나 우측 마을 길로 접어든다. 다시 해안가 길이 이어진다.

대천 방조제를 걸어 대천항까지 길은 해안 길이다. 내려앉을 듯한 짙은 먹구름이 하늘을 덮고 오른쪽 갯벌 위로 파란 파도가 아닌 회색 파도가 밀려오는 것을 보며 긴 대천 방조제를 걷는다. 대천 방조제를 지나면 2번 시도 해안가 길을 따라 대천항에 이르게 된다.

2번 시도에서 77번, 36번 국도길을 벗어나 대천항 해안길을 따르면 대천해수욕장 입구까지 이어지는 데크 길과 스카이 바이크(Sky Bike)와 집 트랙(Zip Track)이 있어 젊은 커플들이 많이 찾고 있다. 대천해수욕장에 이르다. 보령 1경인 대천해수욕장은 모래결이 아주 가늘고, 백사장이 넓고 완만하여 서해안 최고의 휴양지이자 해수욕장이다.

오징어 먹물을 뿌려놓은 듯한 먹구름 사이사이로 밝게 비추는 황금 햇살로 덮인 바다는 푸른색과 황금색이 황홀하게 섞여 있다. 조화롭게 얽힌 구름 뒤에는 보이지 않은 바람이 일렁인다. 긴 해변을 낙조 따라 걸어 다

석양에 스카이바이크를 즐기는 젊은 커플.

니니 낙조의 풍광만큼이나 상쾌한 감정이 일렁인다. 지친 걸음은 사라지고, 피로감도 파도에 휩쓸려 사라진다. 바다로 떨어지는 해를 바라보며, 무사히 여기까지 온 것에 감사할 뿐이다. 나는 행복한 사람이다. 혼자서 부딪힘 없이 가슴에서 넘쳐나는 감흥이 온몸을 적신다. 아 아름다운 바다다.

오늘의 여정

서울 집-오천항-갈매못 성지-이지함 선생 묘-대천 방조제-대천항-대천해수욕장

출발: 오천항 오전 10시
도착: 대천해수욕장 오후 3시 55분

걸은 시간: 5시간 55분.
걸은 거리: 24.5km / 누계 263.5km

트레킹 10일차. 10월 26일. 수요일. 맑은 후 흐림

　어제 저녁 황홀한 낙조의 여운이 가시지 않은 바다 모랫길을 걸으며 처음 행복감을 느꼈던 서해안 트레킹의 백미, 대천해수욕장과 궁리항 낙조를 함께 가슴속에 꼭꼭 묻은 채 대천해수욕장을 벗어난다. 나보다 더 부지런한 관광객이 아침 바다 모랫길을 걷는다. 파스텔 구름이 대천 바다 위를 살포시 덮고 있다.

　해변 길을 약간 벗어난 거리에 보령 머드 광장이 상가 거리 사이에 넓게 자리 잡고 있다. 철 지난 시기라 한적하지만 여름 성수기 때의 번잡함을 떠올려본다. 대천해수욕장 마을 길과 만나는 607번 지방도의 뒷박상 교차로와 갓배 교차로를 지나오면 바로 남포 방조제 길을 걷게 된다. 607번 지방도로 3.7km 길이다.

　방조제 끝자락에서 용두해수욕장으로 가는 마을 길이 표시되어 있으나 해수욕장으로 갈 수 없다. 그냥 직진하여 월전리 용두에서 6번 시도로

대천 아침 바다.

바꾸어 걸으면 11.5km 지점에 무창포해수욕장이 나온다. 보령 2경인 무창포 '신비의 바닷길', 소위 말하는 한국판 '모세의 기적' 길이 열리는 곳이다. 석대도까지 이르는 1.5km 바닷길이 한 달에 4~5번 갈라

머드 광장.

진다. 갈라진 바닷길을 걸으며 운이 좋으면 해삼, 소라, 낙지를 맨손으로 잡기도 하는 체험 갯벌이다. 신비의 바닷길이 열리는 날과 시간을 알려주는 표지판이 주차장 한편에 서 있다. 제일 빠른 날이 10월 29일, 앞으로 3일 후다. 3일을 기다릴 수 없다. 아쉬움을 안은 채 지나가다.

계속되는 6번 시도 길을 걸어 15km 지점에 607번 지방도와 만나는 독산 사거리에서 지방도로 옮겨 걸어 이청 삼거리에 이르니 오전 11시 25분이다. 3시간 25분 걸린 거리다. 바다를 벗어난 산간 마을을 지나가는 길이다. 무성골 삼거리를 지나 통달성을 올려보며 계속 걷는 길에 높낮이가 있다. 통달성을 돌아 나오면 다시 해안가 길이 열리는 부사 방조제를 걷게 된다. 시작 시점이 23km, 12시 40분이다. 부사방조제 공사 덕택으로 꽤나 넓은 농토가 조성되고 벼농사가 이루어져 지금은 추수가 끝나고 있다. 3,477m의 부사 방조제를 넘어가면 서천시 서면으로 진입한다. 서면 두둔리 4리의 607번 지방도와 5번 시도가 만나는 교차로에서 5번 시도로 옮겨 걸어 서천 5경이라 불리는 춘장대 해수욕장으로 향하다.

이곳은 울창한 소나무 숲과 맑고 잔잔한 해수면과 1.5도의 완만한 경사를 이루며 은빛 모래 해변이 매우 뛰어나고, 넓은 바다가 시원하게 시야를

끌어들이는 해수욕장으로 서해의 명소이기도 하다. 지금 해수욕장은 철 지난 썰렁한 풍경이다. 서면사무소로 향하는 5번 시도 끝자락이 비인만에 다다르고 해안길을 따라 우회전하면 서경 1경이라 일컫는 마량리 동백나무숲(천연 기념물 169)과 해돋이를 볼 수 있는 마량 포구로 향하는 길이고, 좌측으로 5번 시도를 따라 걸으면 서면사무소로 향하게 된다. 철 지난 춘장대해수욕장의 썰렁함과 마량리에 대한 사전 인식 부족으로 커다란 잘못된 판단이 나온다. 독자는 여기서 필히 마량리 마량 포구로 가시라. 동해에 정동진이 있다면 서해는 마량진이 있다고 일컬어질 만큼, 지구의 공전과 자전 현상에 의해 동짓날을 중심으로 60일 전후 동안 마량리 동남방향에서 해넘이, 해돋이를 한 곳에서 볼 수 있다. 특히 서해 낙조가 환상적이다. 홍성군 서부면 궁리항과 같이.

남포 방조제 위에서 본 해돋이.

춘장대해수욕장.

마량리 동백나무숲은 천연기념물 169호로 지정되어 있다. 500여 년 전 마량 첨사(僉使)가 바다 위에 꽃다발이 떠 있는 꿈을 꾸고 그곳 바다에 가보았더니 정말 꽃이 떠 있어 그 꽃을 건져 심었는데 그 꽃들이 지금 마량리의 동백숲이 되었다는 전설을 간직한 동백(冬栢)의 명소이다. 마량리는 또한 한국 최초 성경 전래지로 알려져 있다. 마량 포구에 가기 전인 도둔리에서도 모텔을 보았기에 서부면 소재지에도 숙박 시설이 있을 것으로 생각하고, 서부면 소재지에 도착하니 숙박할 모텔이나 여관이 없다. 변변한 식당도 없다. 오후 3시 40분이니 5km 정도 떨어진 비인면사무소는 어떨까 하여 숙소 안내를 받기 위해 찾아간 서면사무소 직원은 비인면은 서면보다 규모가 더 작은 면이라고 한다. 다시 도둔리나 마량 포구로 가기에는 왔던 길을 되돌아가는 심적 부담에서 포기하고 어쩔 수 없이 버스 편으로 서천읍으로 나오다.

오늘의 여정

대천해수욕장-남포 방조제-무창포해수욕장-부사 방조제-
춘장대해수욕장-서천시 서면사무소-서천읍

출발: 대천해수욕장 오전 7시
도착: 서천시 서면사무소 오후 3시 40분

걸은 시간: 8시간 40분
걸은 거리: 33.5km / 누계 297km

춘장대해수욕장

용원항

서천마량포구

서면사무소

서면초

비인면사무소

비인해수욕장

선도리

다사항

부내초

장구사거리

송석초

종천면

월포사거리

송림초

서천중화운동장

장항읍사무소

금강하구관광지

장남항

판교역

비인면

서천군

서천역

장항역

**서천
구간**

춘장대해수욕장-서천시 서면사무소-서천읍-
서면사무소-선도리/람사르습지-
비인해수욕장-다사 포구-장구 사거리-
월포 사거리-장항항-장항읍사무소

트레킹 11일차. 10월 27일. 목요일. 흐림

　서천읍에서 숙소를 나서다. 숙소 앞 버스 정류장에서 서면행 버스에 탑승하니 6시 55분. 25분이 지난 7시 20분 서면사무소 앞에 도착 후 트레킹이 다시 시작되다. 이른 아침 시골 버스는 속도를 내며 시원하게 달린다. 버스 길 양옆으로 농촌 들녘도 조용한 아침을 맞고 있다. 도착지 안내를 놓칠세라 옆 좌석에 앉은 아주머니에게 두어 번 부탁한다. 서면에 도착하면 알려주시라고. 버스를 타고 왔던 길을 따라 다시 되돌아가는 격이다. 607번 지방도이다. 비인면 소재지로 가다. 아침 길이라 어제 저녁 느꼈던 피로감은 나타나지 않는다. 나는 안다. 이 피로감이 오늘 어느 때쯤 나의 온몸을 두드릴지. 상쾌한 아침이다. 1차 편도길인 지방도라 오가는 차량 교행 때 갓길 걷기가 무척 조심스럽다. 출근 시간대이라 시골길이라 해도 통행 차량이 많다. 어제 저녁 식당에서 주인 아저씨가 상기시켜준 길 걷기 중에 일어나는 교통사고에 대한 조심이 오늘의 화두다. 아니나 다를까 오가는 차량 통행 속도가 아침의 농촌 마을 풍경을 즐기며 걷게 놓아두지 않는다. 비인면사무소로 가는 길, 성내 사거리에서 다시 77번, 21번 국도와 만나 국도로 옮겨 걷는다. 30여 분 지나면 선도리에서 3번 시도와 만나고 다시 3번 시도 우측으로 방향을 바꾼다. 농촌과 어촌이 공존하는 선도리 마을 길과 농촌 길을 직진하여 마을을 벗어나면 람사르 습지-서면, 비인면, 종천면 일원 갯벌-로 유명한 선도리 해변길이 이어지다. 선도리에는 선도리 마을 어촌 갯벌 체험이 이루어진다. 소나무 숲이

둥근 달 모양의 할미섬.

작은 기적의 길.

바다 위에 솟은 듯이 둥근 달 모양의 할미섬이 비인 해변 건너편에 떠 있고, 무창포 '모세 기적의 길' 동생 격인 '작은 기적의 길'이 또한 비인해변 건너편에 있다. 비인 해변, 비인 해수욕장을 우측에 두고 해안 길은 계속된다.

다사 포구를 지나다. 10시, 11.4km 지점이다. 50여 분을 걸어 장구 사거리에서 617번 지방도로 바꾸어 우측으로 걷는다. 종천면에서 마서면으로 향하는 길이다. 농촌과 어촌이 같이 있는 비인면, 종천면, 마서면이다.

오른쪽은 서해 바다로 어부들의 활동 무대이고, 왼쪽은 농촌 마을로 추수가 한창이다. 617번 지방도로 14번 시도와 만나는 마서면 한성리 한성 사거리를 직진하여 걷는다. 한성 사거리와 월포 사거리 중간, 복용골에 한식 뷔페식당이 깨끗한 모습으로 보인다. 아니, 이런 시골에 뷔페 식당이라니. 마침 12시라, 반신반의하며 식당으로 향하다. 깨끗하게 식단이 차려진 뷔페식 식당이다. 식단도 꽤나 잘 꾸려져 있다. 횡재하는 기분으로 스사를 한다. 이런 기회는 전 트레킹 일정 중에 한두 번이 고작이다. 점심을 쌀밥으로 먹다.

야채를 중심으로 푸짐하게 먹었다. 생각하지 못한 곳에서 생각하지 못한 훌륭한 점심을 먹다. 감사하다. 뜻밖의 맛있는 점심으로 한결 기분이 좋아지니 피곤함도 잠시 가라앉는다. 월포 사거리를 지나 낟전리, 옥남 사거리를 지나 장항읍으로 들어오다. 충청남도 최남단 도시인 장항읍은 넓은 면적에 중심가를 이루는 시가지 일부를 제외하고는 주택들과 상

추수가 한창이다.

업 건물들이 띄엄띄엄 산발적으로 개발되어 도시의 짜임새를 찾기가 쉽지 않다. 장항 항구에는 항만공사로 인한 어수선함이 혼재하다. 군산시를 갈라놓은 장항만에 위치한 장항항은 충남 최남단에 위치한 유일의 종항으로 사실상 건너편 군산항과 동일한 한계선 내에 있으나 완전히 분리된 항이다.

오늘의 여정

서면사무소-선도리 / 람사르습지-비인해수욕장-다사 포구-장구 사거리-월포 사거리-장항항-장항읍사무소

출발: 서면사무소 오전 7시 20분
도착: 장항읍사무소 오후 3시

걸은 시간: 7시간 40분
걸은 거리: 29km / 누계 326km

금강하굿둑

군산역

구암역사박물관

군산시외
버스 터미널

군산시청

개정역

군산향토
민속박물관

군산소방서

(폐역)

개정면

대야면사무소

대야역

번영로

군산
구간

대야면

장항항-장항읍 금강 하굿둑-군산시청-개정역-대야면사무소-만경대교

만 경 호

트레킹 12일차. 10월 28일. 금요일. 흐리고 비

    7시에 숙소를 나서다. 잔뜩 흐린 하늘은 금방이라도 비를 뿌릴 것 같지만 비는 오지 않는다. 비옷 등을 백팩 맨 위 쪽에 넣고 길을 나선다. 장항만을 건너보면 군산시다. 68번 도로가 장항만을 보며 금강 하굿둑 철새도래지로 가는 길이다. 장항 산업단지를 지나면 월남참전기념탑이 있는 장항 카페촌이 바닷가에 이어져 있다. 성업과 폐업이 교차하는 모습의 상가 건물들이다. 서천2경이라 불리는 금강 하굿둑 철새도래지는 둑과 갑문으로 이루어진 둑에 연결되어 마서면 도삼리와 화양면 망월리로 이어진 긴 둑 갈대숲이 길게 펼쳐진다. 철새가 도래하는 시기가 아니니 철재가 아닌 텃새가 되어버린 듯한 청둥 오리떼가 한가로이 물위로 떠다닌다.

    금강 하굿둑을 지나 금강교 금강 갑문을 건너 지나면 전라북도 군산시다. 장항만을 사이에 두고 장항읍과 마주보다. 금강교 금강 갑문을 지나면 직진하는 금강로, 좌회전 길 철새로, 우회전 길 강변로가 만나는 사거리가

건너편이 군산시다.

나온다. 금강 하굿둑 철새를 조망할 수 있는 금강 철새 조망대가 있는 성산면 성덕리는 사거리에서 좌회전하는 철새로로 가야 한다. 아직 철새가 오지 않았기에 계획을 바꾸어 우회전하는 강변로를 걷는다. 비안개로 인해 시야가 흐리다. 저만치 아담한 건물이 보이기에 가까이 다가가 보니 채만식 문학관 건물이다. 대로변에 세워져 있고 바닷가 쪽으로 정원이 단출하게 꾸며져 있다. 주변에는 민가도 상가도 공공건물도 없는 외진 곳에 있다.

1, 2층으로 이루어진 문학관은 대표작 '탁류'를 중심으로 작품 계보, 작가의 연대기, 구성도 등이 망라되어 있으며 특이하게 2층으로 오르는 계단에 작가의 연대가 붙어 있어 2층에 오르는 동안에 읽어볼 수 있다.

가랑비가 내리다 그치다를 반복하는 빗줄기 속으로 장항만의 바다를 보며 걷는다. 구암산을 지나 만나는 조철로를 따라 좌회전하여 직진하면 군산시청이 인근에서 가장 크고 높은 건물로 나타난다. 한결같이 공공건물은 그곳에서 가장 크고 높다.

채만식 문학관.

가는 비가 다시 굵어지니, 우산으로는 감당되지 않아 비옷으로 갈아 입기 위해 시청사 인근에 있는 편의점에서 때이른 점심을 하다. 오전 11시다. 시청을 오른쪽에 두고 직진하면 26번 국도 '번영로'와 만나게 되고 좌회전하여 계속 걸으면 종합운동장, 군산소방서를 지나게 되고 개정역을 지나 계속 직진하면 대야면사무소가 나온다. 12시 50분, 22km 지점이다. 면사무소를 지나 26번

2층으로 오르는 계단에 붙은 작가 연대기.

국도와 711번 지방도 만경로가 만나는 지점에서 우회전하여 만경대교를 건너면 김제시 청하면사무소가 나온다.

김제 전통시장.

독자들은 이미 이해하리라 믿는다. 모든 트레킹 길이 면사무소나 읍사무소를 중심으로 이루어져 있는 것을. 이는 식사와 숙박 때문이다. 스페인의 까미노 데 산티아고 순례길은 모든 마을의 성당을 거치게 되어 있다. 이는 성 야고보(산티아고)가 거쳐 간 길이기 때문이다. 711번 지방도 만경로를 따라 걸으면 김제시 만경읍에 다다른다. 오후 4시 15분, 34km 지점이다. 읍소재지임에도 불구하고 만경읍에도 숙박할 모텔이나 호텔이 없다. 버스를 타고 김제시로 나가다. 중심지역을 제외한 인근 상가에는 불이 꺼진 가게들이 많다. 숙소 앞 식당에서 삼겹살 2인분을 시켜 먹다. 1인분은 주문이 되지 않기 때문에 먹을 만큼 먹고 남긴다. 오늘 오락가락하는 빗속을 걸었다.

오늘의 여정

장항읍 금강 하굿둑-군산시청-김제시 청하면-만경읍

출발: 장항읍 오전 7시
도착: 김제시 만경읍 오후 4시 15분

걸은 시간: 9시간 15분
걸은 거리: 34km / 누계 360km

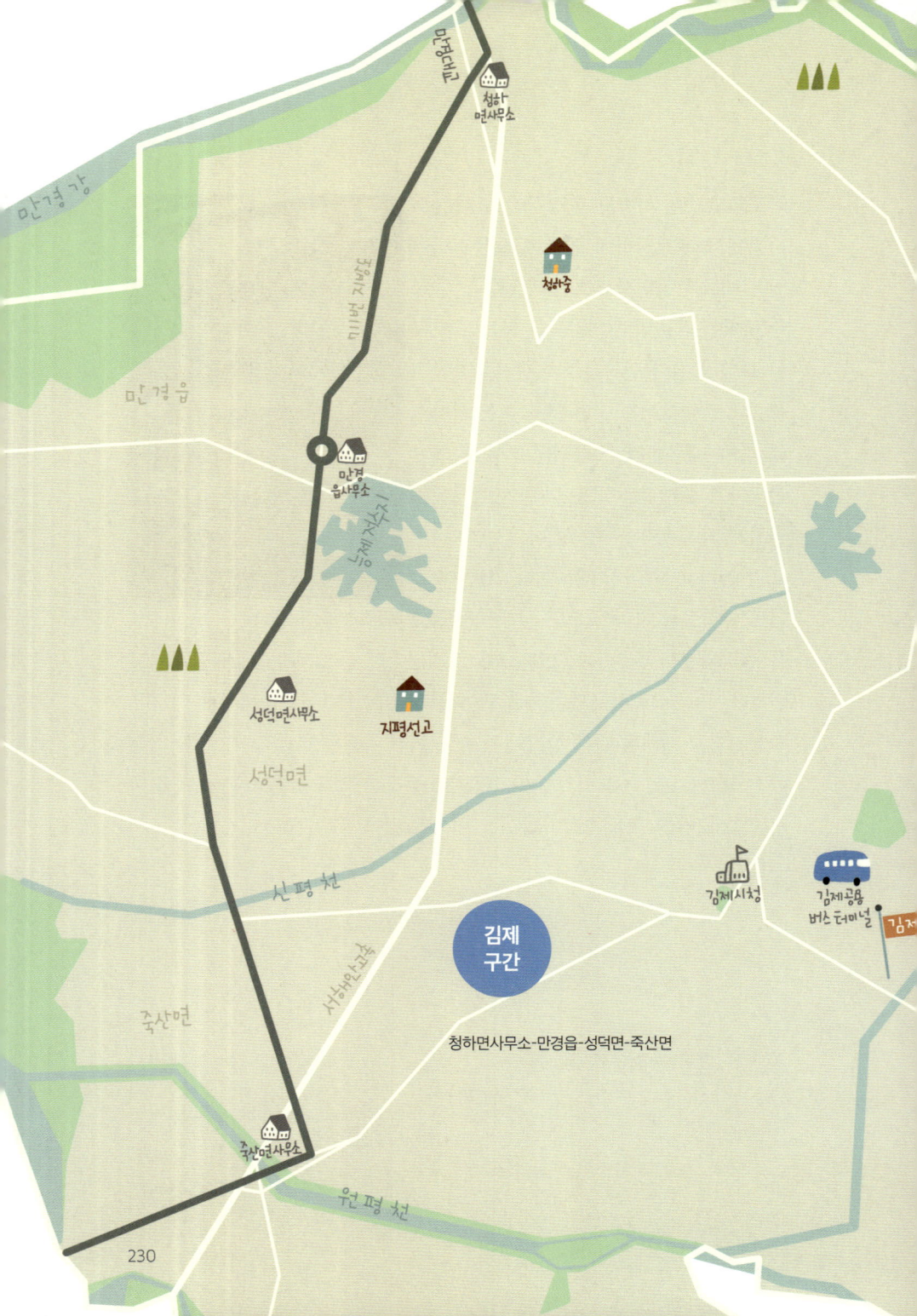

만경대교

청하
면사무소

만경제방길

만경읍

청하중

만경
읍사무소

김제제방길

성덕면사무소

지평선고

성덕면

신평천

김제시청

김제공용
버스터미널

김제

서해안고속도로

죽산면

김제
구간

청하면사무소-만경읍-성덕면-죽산면

죽산면사무소

원평천

만경강

트레킹 13일차. 10월 29일. 토요일. 흐리고 개고, 흐리다

　김제시에서 지방 버스로 만경읍으로 오다. 7시 15분 만경읍사무소 앞에서 출발하다. 711번 지방도를 걷는다. 내륙지역 지방도로라 차량이 적고 한적하다. 주위는 들녘이 펼쳐지는 농촌 마을들이 드문드문 좌우로 펼쳐져 있고 구름 사이로 아침 햇살이 황금색 띠를 만들어 나에게 보내온다.

　가을 추수가 마을 곳곳에서 한창이다. 어느덧 성덕면으로 가는 갈림길을 지나 계속되는 지방도는 걷기에는 좋다. 좌우 농촌 들녘과 얕은 구릉이 마을 마을을 이어주고 차량 통행도 한갓지다. 죽산면이다. 9시 30분 9.2km 지점이다.

　여느 시골 면 소재지 마을과 같이 한가하며 마을 주민들 보기가 쉽지 않다. 23번 국도와 간나는 곳에서 국도로 옮겨 걸으며 부안군 동진면으로

아침 햇살 띠

낚시에 열중하는 강태공들.

향하다. 변산반도에 오가는 차량 통행이 많다. 오늘이 토요일이라 나들이 차량들이 양 찻길로 부지런히 달린다. 언제나 같이 국도 길 걷기에는 차량을 마주보는 좌측 길로 걷는다. 안전을 위해. 국도 길이라 중앙 분리대가 있기에 교차로를 만나지 못하면 오른쪽 방향에 있는 출구를 빠져 나가지 못한다. 이렇듯이 모두를 다 가질 수는 없다. 좋은 점과 나쁜 점이 공존한다. 모든 사물에도 적용된다. 둘 다 가지려는 이기적인 행태는 버려야 한다. "배추 나방과 애벌레의 세계는 배추 잎과 배춧잎 사이다." 자기가 처해 있는 환경에서의 생각, 생활이 그의 공간이다. 이 논리가 나에게는 해당이 되지 않은 것으로 여겨져 왔다. 그러나 이제까지 서울에서의 안온한 생활, 나의 환경에서의 생활. 이것이 나도 배추나방이 애벌레의 세계만큼만 알며 살아온 것임에 틀림이 없다. 지금의 농촌마을 사람들의 생활이 이렇게 핍박한지를 모르고 지내왔다. 그래도 들판은 고즈넉하게 힘들고 들뜬 마음을 가만히 끌어준다. "잔잔히 밀려오는 하이얀 서해 파도, 일렁이는 황금물결의 농촌 들녘, 그 사이 사이를 묵묵히 걷습니다. 하늘과 구름과 바람이 엮어내는 파스텔의 아름다운 색과 형태들을 텅 빈 가슴에 챙겨 담기에 바쁩니다. 무거운 몸을 지친 다리에 얹고, 힘든 걸음을 옮기지만 가슴과 머리는 걸을수록 비어지고, 새털같이 가볍게만 느껴집니다. 비워진 가슴에 가끔 그 어떤 사람이 잠시 다녀가기도 합니다. 끊임없이 밀어 올리는 시지프처럼, 나도 끊임없이 발걸음을 옮겨야 합니다. 나는 압니다." 나를 돌이켜 볼 수 있는 이 트레킹에 감사 감사한다.

중앙 분리대로 인해 우측에 있는 동진면사무소 소재지로 나가는 길로 나가지 못하고 봉황 교차로까지 가게 된다. 11시 40분, 17.6km 지점이다. 다시 30번 국도로 바꾸어 걸으며 오늘의 목적 지점인 새만금 전시관을 향해 걷다. 잘 다듬어진 국도 길로 차량들이 마음껏 달리고 있다. 새만금 전시관에서 변산반도 마실길이 시작된다. 택시를 불러 변산 격포항에 있는 모텔로 가다. 주말이라 모텔 숙박비가 비싸다.

오늘의 여정

김제시 만경읍-성덕면-죽산면-봉황 교차로-부안군 변산면 새만금 전시관

출발: 만경읍 오전 7시 15분
도착: 부안군 변산면 새만금 전시관 오후 4시 50분

걸은 시간: 9시간 35분
걸은 거리: 35.8km / 누계 395.8km

부안
구간

봉황 교차로-부안군 변산면 새만금 전시관/변산 마실길
1코스-송포 2코스-성천 3코스-격포항 4코스-솔섬
5코스-왕포 6코스-왕포 변산 마실길
8코스-곰소항-영전사거리-줄포면사무소

동진면

불황
교차로
동산초

성호
저수지

하서초
하서중

부안소방서
부안군청

부산시외
터미널

가력도항

변산마실길 새만금방조제

새만금전시관
변산
해수욕장

변산마실길

백련초

하서면사무소

성천항

부안호

부안면사무소

보안면

변산면

격포
해수욕장

격포항

영전
사거리
줄포면

부안청과 박물관

줄포
면사무소

지석면사무소

상록
선착장

모항갯벌
해수욕장

왕포 선착장

곰소항

234

트레킹 14일차. 10월 30일. 일요일. 흐리고 맑음

　격포항에서 택시로 오늘 출발지인 새만금 전시관으로 오다. 변산반도 마실길 걷기 1코스 시작점이다. 7시 30분. 시작점 마실 통문을 지나면 서두부터 안내 팻말이 보이고, 얼마 가지 못하고 공사로 이리 저리 파헤쳐진 길과 주변 흙들로 마실길을 찾기는커녕 통행이 불가능한 곳이 된다.

　잠시 혼란 속에 마음을 정리해야 한다. 되돌아 나올 것인가, 아니면 옆길 등으로 계속 가 볼 것인가? 되돌아 나와 2코스나 3코스로 시작해도 될 것이다. 그러나 나와서 2코스 3코스로 이동할 교통수단이 없다. 고속도로에 준하는 새로운 도도 길이 이어지기 때문이다. 공사 길을 피해 밭 길과 숲길을 따라 합구마을 방향으로 공사 구간을 피해가며 걷는다. 합구마을을 벗어나면 갯벌과 바다가 토이기 시작하고, 이제 얕은 산속 길과 바다가 보이는 구릉 길을 교차하며 걷는다.

　변산반도 갯벌은 여느 서해 갯벌과 달리 우람하며 남성적인 근육미를 느끼게 한다. 숲길과 바다 해안이 맞닿은 절벽 위로 작은 길은 굽이굽이 돌아간다. 1코스는 대항리 패총을 지나면 아름다운 자태를 뽐내는 팔각정

마실길 통문.

이 눈앞에 나타난다. 이 팔각정에서 마실 길 12코스가 2코스 방향과 다른 방향으로 시작된다. 팔각정 아래 해변이 변산해수욕장이고 다시 송도 포구 길로 이어진다.

　송도 포구를 우측에 두고 산길로 접어들면 2코스 길이다. 해안 쪽으로 철책을 둘러 놓아 안전을 유도하지만 트레커들이 이 철책에 가리비를 걸어 놓아 '스페인 산티아고 순례길'을 연상시킨다. 계속되는 오르막길을 지

사자바위라고도 불리는 적벽강.

나 왔기에 숨이 헐떡인다.

산속 숲길과 해안이 보이는 길이 교차로 나타난다. 고사포해수욕장을
거쳐 성천항에 이르는 길이 2코스다. 성천항에서 다시 산길 숲으로 접어들
다. 3코스가 시작되는 지점이다. 해안 철책에 나무 팻말이 소원을 적은 채
가득히 걸려 있다. 트레커들의 순하고 진솔한 마음들이 이렇게 표출되고
있다. 나도 또 동참한다. 조급한 마음을 다스려주는 숲길 팻말이다.

산 숲길에서 해안을 보며 따라 내려오니 어느덧 적벽강에 이른다. 1억
3500만 년 전부터 6500만 년 전까지 약 7000만 년간 중생대 백악기에
생성된 적벽강은 파도와 바람에 심하게 부딪혀 잠식되어 그 모습이 숫사
자와 닮았다고 해서 사자바위라고 불리는 일종의 해안 절벽이다. 중국 송
나라 시인 소식(蘇軾, 호는 동파, 1036~1101)이 풍류를 즐겼다는 적벽강(황주)과
흡사하다 하여 이름을 본 따서 붙여진 이름이다.

적벽강 언덕을 넘어오면 격포해수욕장이 나타나고 채석강이 격포항에

가까이 있다. 많은 관광객이 모이는 곳이 채석강이다. 주변에 식당이 많이 있기에 오늘은 식당에서 점심을 먹은 날이다. 바지락 칼국수다. 얼마 만에 먹는 식당 식사인가. 길에 이웃한 격포항에는 사람도 배도 많다. 이 3코스는 마실길에서 가장 명소도 많을 뿐 아니라 관광객이 많이 모이는 곳이기도 하다.

격포항 ㄷ자 가장자리 길을 따라 산길로 접어들어야 4코스가 시작된다. 가파른 산길을 이어 걷는다. 격포리 봉수대가 있는 봉화봉 1720m로 이어지는 산길이다. 30여 분 거리에 전라 좌수영 세트장이 언덕 길 아래에 있다. 이곳에서 '불멸의 이순신 명량'이 촬영되었다. 아름다운 서해 바다가 보이는 산속 해안 길이다. 요트 경기장이 있는 궁항을 거쳐 상록해수욕장을 지나면 4코스의 마지막 지점인 솔섬이 바다 앞에 보인다.

5코스 솔섬을 보고 해안을 따라 숲속 산림 연수원을 지나가다. 숲길과 해안 절벽 길이 교차하며 가파른 산길이 나오기에 시간을 보니 벌써 4시를 넘어가고 있다. 오늘 목적지는 정하지 못한 채 가는 곳까지 가다가 다시 격포항에 와서 숙박하기로 작정했으니 숙박 걱정은 없으나, 가파른 산길에

철책에 걸린 가리비. 스페인 산티아고 순례길에도 걸려있다.

다 시간이 늦어지기에 어쩌면 하는 불안감에 가던 길을 잠시 되돌려 수련원에 오다. 도로로 나오는 길이 앞으로 걸을 길에서 얼마나 되는지 알고 싶은 것이다. 30번 국도를 만나야 하기 때문이다.

다시 산속 길로 진행한다. 4시 40분이다. 일몰 시간에 2시간밖에 여유가 없다. 이렇듯 늦은 시간에 산길 트레일로 접어든 것이 마치 해파랑길 강릉 코스 '점동이 마을 수변공

전라 좌수영 세트장.

원' 길 트레킹이 언뜻 떠올라 순간 몸에 긴장감이 엄습한다. 산세가 높고 험한 데다가 혼자이기 때문에 부상이라도 당한다면 어쩌나 하는 생각에 몸도 마음도 굳어진다. 변산반도 마실길 트레킹 길

이지만 안내 표시도 사람이 다닌 흔적도 찾기가 쉽지 않다. 두려운 마음이 스멀스멀 기어 나온다. 해나루 가족호텔까지 오는 길은 높이가 꽤나 높은 산길 굽이 길이다. 마음이 바빠지며 자연히 걸음걸이가 빨라진다. 아무도 없는 산속 길을 달리다시피 하며 걷는다. 해나루 가족호텔 인근에 와서야 가쁜 숨을 다독인다. 다시 걸음을 재촉한다. 산을 왼편에 두고 오른편은 바다를 접하며 걷는 산속 숲길이다. 높고 낮음의 차이가 상당하기에 순탄치 않은 길이다. 산 둘레길이 마치 해파랑길 1코스 출발점인 부산 오륙도 이기대(二妓臺) 공원 길을 연상시킨다. 숲속 길과 좁은 길이 높은 곳에서 바다를 내려다 보다. 모항 가기 전 굽어 있는 만 끝, 모항갯벌 체험장이 이 5코스 종점이다. 이제 모항을 지나며 30번 국도를 걷는다. 마동 방조제를 지나 다시 30번 국도와 만나다. 마동 방조제 왼쪽은 보리새우 양식장이 여러 개 모여 있다

오후 5시다. 국도를 따라 계속 걷는다. 격포항으로 돌아가기 위해 아침에 타고 온 택시기사에게 전화를 해야 한다. 내가 있는 곳을 알리기 위해 목표물이 있어야 하는데 마침 저 멀리 길 오른쪽에 리조텔 안내표시가 있다. 왕포마을 못 미친 지점이다. 큰 기대 없이 전화했더니 숙박과 저녁식사를 할 수 있다고 하다. 게다가 이른 아침까지 가능하다 하니, 이 무슨 행운

인가! 트레킹 중에 영업을 하지 않은 모텔이나 리조트가 많았다. 격포항으로 되돌아가지 않아도 된 것이다. 6코스 종점 왕포에 오다.

부안 변산 마실길은 모두 14개 코스 163km로 이루어져 있고 해안을 따라 걷는 코스는 8개이다. 대부분의 사람들은 2, 3코스 트레킹을 즐긴다. 가장 경관이 좋기 때문이다. 2코스는 '노루목 상사화길'이라고 불리는 6km 거리이고 산속 숲길과 바다를 함께 보며 걷는 길이다. 철책에 달려있는 가리비 조개들이 마치 스페인 '산티아고 순례길'을 연상시켜 주다. 철책을 가득 채우고 있는 면면들의 내용은 소원이라는 진실한 마음을 전해주기도 하다.

3코스는 가리비 대신 나두 팻말이 걸려 있는 '적벽강 노을길'로 불리는 7km 거리에 태안반도 명소인 적벽강, 수성당, 용굴, 격포 해수욕장, 채석강 그리고 격포항이 있다. 이 2, 3 코스를 가족이나 연인들의 트레일로 추천한다. 해안 트레킹 트레일의 백미라고 할 수 있다. 숲길과 해안 길이 함께한다. 독자는 기억하시라. 느넉하게 4시간 30분 길이다. 시간이 바쁜 독자들은 3코스만 하시라. 2시간 30분 거리다. 숲길과 해안길을 걸을 수 있다. 2코스는 가리비 조개를 걸 수 있고, 3코스는 소망의 나무패를 걸 수 있다.

새만금 전시관 / 변산 마실길 1코스-송포 2코스-성천 3코스-격포항
4코스-솔섬 5코스-왕포 6코스

출발: 새만금 전시관 오전 7시 30분
도착: 왕포 오후 5시 40분

걸은 시간: 10시간 10분
걸은 거리: 36.1km / 누계 431.9km

트레킹 15일차. 2018년 10월 31일. 월요일. 흐림

왕포의 아침은 고요하다. 리조텔에서 특별히 준비해준 전복죽으로 아침 식사를 하고 길을 나서다. 전복죽을 준비해주지 않았다면 영락없이 오늘 아침은 굶었을 것이다. 격포항으로 되돌아갈 계획으로 아침 먹거리를 준비하지 않았기 때문이다.

국도를 벗어나 마을 길과 운호 방조제를 건너 해안 길로 석포 방조제를 지나, 다시 해안 길로 곰소항을 거쳐 곰소 염전까지 가는 것이 7코스이다. 리조텔에서 마실길 7코스를 찾아나서 두리번거리는데 안내받을 사람이 보이지 않는다. 7코스 시작 길을 찾지 못하다. 이리 저리 몇 번이나 오고 간다. 늘 언제나 느낀 것이지만 출발 지점 찾기가 쉽지 않다. 이른 아침 출발인데다 길까지 놓치는 바람에 안내받을 사람들이 없는 한적한 해안을 따라 걷는 부안 마실길을 버리고 안전하게 30번 국도 길을 따르기로 한다. 쉬운 길이라 마실길을 고집하고 싶지만 오늘은 그냥 마음 편한 길로 가자.

왕포의 아침 바다.

국도라고 해도 차량 통행이 많 지 않다. 휘목 미술관이 있는 운 호리를 거쳐 석포 삼거리에 이르 다. 직진하여 지방도로를 따르면 내소사로 가게 되고 국도를 이어 가면 줄포, 영진 길이다. 1시간

부안청자박물관.

20분 거리다. 20여 분 거리에 곰소 젓갈 특판장이 대로변에서 크게 도드 라져 보인다.

국도 길을 따르면 진서면사무소에 이르고 이 일대가 곰소 젓갈 특산단 지로 이루어져 있다. 곰소는 드넓은 염전에서 생산하는 천일염과 근해에 서 나는 신선한 어패류를 발효한 젓갈이 유명하다. 곰소 젓갈특산단지를 지나 구진 곰소 염전에 이르면 7코스 종착지이다. 8코스는 구진에서 해안 길을 따라 줄포면의 부안 자연생태 공원까지다. 30번 국도 길을 걷는다 오늘 고창읍까지 가야 하고 고창읍에서 서울 집으로 돌아가야 하기 때문 이다. 진서면을 벗어나 보안면으로 들어서고, 최고의 고려상감청자를 생 산하였던 유천리, 옛 유천 초등학교 자리에 부안 청자 박물관이 현대식 건 물로 길가에 우뚝 솟아있다.

보안면사무소 소재지인 영전 사거리에서 23번 국도로 바꿔 걸어 줄포 면사무소로 향하다. 11시, 14km 지점이다. 주위 산야에는 가을이 차츰 깊 어가고 있다. 길가에 피어 있는 코스모스와 장미가 유난히 색깔이 짙다 장미가 유독 새빨갛다. 길가에 아담하게 자리 잡은 줄포 성당에서 무탈하 게 트레킹을 이루게 하신 주님께 감사 기도를 드리다.

이제 부안을 벗어나 고창군으로 들어가다. 23번 국도 길이다. 좌우로 추수가 끝난 농촌 마을들이 여기저기 흩어져 한가한 모습들이다. 이제 농

촌은 바쁘지 않다. 바쁘게 다닐 사람들이 없다. 일찍 끝난 추수 논에 모심기라도 한 듯 벼 잎이 자라나 나락까지 열리다. 머지않아 우리나라에서도 벼 이모작을 할 날이 올 것이다.

흥덕면사무소에 이르다. 오후 2시 40분, 26.2km 지점이다. 여기서 결정을 내려야 한다. 22번 국도로 옮겨 부안면사무소를 경유하여 심원면사무소 그리고 해리면을 거쳐 상하면사무소를 경유하여 공읍면사무소로 가는 길이 선운산 도립공원 북쪽을 가로질러 오는 길이다. 이 길은 높은 고도(高度)가 있는 길이다. 내가 원래 트레킹 길로 잡은 코스이기도 하다. 선운산 자락 길이라 걷는 속도가 느릴 것이다. 이 코스로 가면 지금 시간으로 보아 오후 늦게 성원면사무소 소재지에 도착할 수 있을 것이다. 택시로 고창읍까지 나와야 한다. 심원면사무소 소재지에 콜택시가 있을까? 내가 조사한 바로는 없다. 내일 서울 집으로 다시 가야 한다. 11월 2일 모레 저녁, 오래 전에 예약한 빈 필하모닉 오케스트라 연주회에 참석해야 하기 때문이다. 불확실한 일정으로 걷고자 했던 선운산 자락 북측 길을 포기하고

곰소리가 모두 젓갈 집이다.

좋은 맑은 공기 때문이리라.

23번 국도로 고창읍 군청 소재지로 직행하다. 오늘 늦게라도 고창읍에 이르면 서울로 갈 수 있다. 많이 아쉬운 결정이다. 흥덕면에서 신림면을 지나는 길이다. 무림리, 자포리, 부송리를 거쳐 고창읍에 이르다. 오늘 걷지 못한 1번 코스, 선운산 북쪽 산자락 트레일-흥덕면사무소를 지나는 22번 국도 길로 심원면사무소를 거치고 상하면사무소를 경유하여 공음면사무소에 이르는 코스나, 아니면 2번 코스, 선운산 북쪽 외곽을 도는 트레일-부안면사무소 소재지에서 734번 지방도로를 걸어 부안면 검산리 창내에서 16번 군도로 바꾸고 미당 시문학관이 있는 선운리 진마마을 부근에서 다시 734번 지방도로로 연결하여 용선교를 지나 다시 22번 국도로 옮겨 걷는 코스를 이 '대한민국 둘레길' 걷기가 끝난 뒤에 다시 걸어보기로 하다. 독자들은 필히 1번 코스나 2번 코스 중 택일하여 걸어보기를 바란다. 고창읍 버스터미널에서 서울로 가는 고속버스를 타다.

오늘의 여정

부안군 왕포 변산 마실길 8코스-곰소항-영전 사거리-줄포면사무소-흥덕면사무소-고창읍-서울 집

출발: 부안군 왕포 오전 7시 30분
도착: 고창군 고창읍 오후 5시 5분

걸은 시간: 9시간 35분
걸은 거리: 35.7km / 누계 467.6km

고창
구간

흥덕면사무소- 고창읍 버스터미널-아산면사무소-
무장면사무소-공음면사무소

트레킹 16일차. 11월 6일. 일요일. 흐린 후 맑음

　서울서 고창으로 다시 오다. 아침 7시. 고창행 고속버스를 타다. 남쪽으로 내려올수록 안개가 짙어지는 고속도로를 달려 고창읍 버스터미널에 도착하니 10시 20분이다. 편의점에서 점심 먹거리를 준비하고 터미널 앞 대로 길을 직진하다 다시 한 블록을 내려가서 만나는 15번 국가지원지방도로로 바꾸어 걸어야 하는데, 처음 대로길을 고집하다 그만 고창 톨게이트로 진입하게 된다. 다시 옆길로 되돌아 나와서 걸어야 할 길 15번 지방도로를 확인하지 못한 채 걸어오다. 현곡정사 사거리에서 길 찾기에 분주하다. 어느 방향이 아산면사무소 방면인가? 15번 지방도로를 걸어왔으나 이 길이 15번 길임을 확인할 수 없다. 도로 표지 안내가 없기에 가늠할 수 없다. 사거리에서 길 안내판이 있으나 아산면 방향 표시는 없다. 안내를 위한 사람을 찾지만 모두 자동차로 지나가는 사람들뿐이다. 가까이에 가게도 없다. 다시 지도를 들여다보지만 이미 길 찾기에 대한 마음의 혼란이 일어난 상황이라 길이 보이지 않는다. 기다리며 마음을 진정시킨다. 지나가던 오

불교 도래지 인근 포구 마을.

토바이가 건너 길 사거리에 잠시 서기에 급히 달려가 지도를 들이대며 물으니 걸어오던 길을 따라가면 아산면이 나온다고 알려준다. 걸어온 길이 15번 국가지원지방도다. 아산면사무소에서 19번 시도와 10번 시도로 나누어지는데 19번 시도를 따라 북쪽으로 진행하면 선운산 선운사로 가는 복분자-풍천장어길로 이어진다.

중간쯤에서 좌측으로 숲길을 따르면 선운사가 있다. 이 절은 백제 위덕왕 24년(577년)에 검단 선사와 신라 진흥왕 국사인 의운화상이 창건했다고 전한다. 절터는 본래 용이 살 던 큰 연못이었는데, 검단 스님이 용을 몰아내고 연못을 메워 절을 세웠다. 검단 스님은 "오묘한 지혜의 경계인 구름(雲)에 머무르면서 갈고 닦아 선정(禪)의 경지를 얻는다." 하여 절 이름을 선운(禪雲)이라 지었다. 동백이 유명한 이 절 주변에는 진흥굴, 용문굴, 고창 선운사 동불 암지 마애여래좌상까지 아름다운 숲길이 이어진다.

아산면에서 복분자-풍천장어길로 가는 길에서 734번 지방도를 만나고

법성 포구에서 본 해넘이.

지방도로로 바꾸어서 가면, 운곡 저주지를 오른편에 두게 되고 계속 진행하면 골프존 카운티 선운 골프장이 있다. 10번 시도로 옮겨 걸으며 무장면사무소로 향하다. 아산면사무소 앞 아산 식당에서 깔끔하며 정갈한 반찬이 나온 백반으로 맛있게 점심을 먹다. 6000원이다. 시골 밥상으로는 싼 가격이 아니다. 그나마 맛있게 먹은 것으로 치부를 한다.

건조장으로 들어가기 위해 대기 중인 손질된 조기들.

식당에서 하는 식사는 나에게 귀한 시간이다. 734번 지방도와 만나는 죽산 삼거리를 지나 아산면에서 2시간, 7.5km 거리에 무장면사무소가 있다.

무장면에서 796번 지방도로 바꾸어 걷는다. 계속 가면 전라남도 영광군 법성면과 이웃하는 공음면에 이른다. 길 옆 농촌 들녘은 추수가 끝나 적적하고, 흐리다 개다 하는 하늘에 먹구름이 인다. 공음면은 아산면, 무장면과는 달리 가구 수가 많다. 가게도 많고 지나가는 사람들도 볼 수 있다.

고창은 동학 농민혁명을 주도했던 녹두장군 전봉준의 태생지이며, 동학의 대접주(동학의 군, 현 단위의 대단위 조직인 접의 책임자)손화주의 포의 활동무대였다. 이곳 공음면 구암리 구수마을은 1894년 3월20일(음) 4천여 농민군이 모여 무장포고문을 선포한 곳으로, 전국적인 농민 봉기로 출발한 역사적 현장이다. 공음면에서 22번 국도로 영광군 법성읍으로 가다.

법성읍으로 진입하면 법성군의 특산품인 굴비 공장들이 벌써 양 길에 하나 둘 보인다. 밥도둑이라 블리는 굴비, 조기의 건조장이다. 옛적엔 해풍으로 건조하였는데 지금은 건조장에서 말려 나온다. 용덕리를 지나 내리막길이 이어지고 국도를 비껴 시내 길을 만나고 계속 따라가면 법성항으로 가는 길 양쪽은 굴비 식당으로 이어져 있다. 짙은 먹구름은 걷히고 엷은 구름 사이로 가을 해가 어슴푸레 비친다. 법성면에 오다. 오후 5시 5분,

26.2km 지점이다.

아직 날은 완전히 저물지 않기에 부지런히 걸으면 영광 2경(景)이라 불리는 법성포 상류에 있는 백제 불교 최초 도래지까지 갈 수 있을 것 같아 숙소를 정하지 않고 배낭을 맨 채 부지런히 걷다. 포구 바닷물을 따라 걸으면 조기 형상 조각들이 길을 꾸미고 있다.

인도와 차도가 겹쳐지고 없어지고 하는 길을 걷는다. 차도 옆에 돌 비석이 백제 불교 최초 도래지를 안내해주다. 한반도 불교 전파는 삼국시대 고구려와 신라는 전래경로와 초전 법륜지가 분명하나 백제 불교는 불확실하였다가 1998년 영광군의 학술고증(동국대학교)을 통하여 영광 법성포가 백제 불교의 최초 도래지라는 사실이 밝혀졌다. 법성포의 법(法)은 불교를, 성(聖)은 성인 마라난타를 가리킨다. 백제 침류왕 원년(서기 384)에 인도 승려 마라난타가 백제 불교를 최초로 전래한 법성포에 간다라 양식의 유물관과 국내에서는 유일한 사면대불상을 건립하여 불교문화를 직접 체험할 수 있도록 했다. 어둠이 깔리기 시작하여 도래지 기념 불상이 있는 곳까지 내려갈 수가 없다. 다시 법성면 시내로 되돌아오다. 1시간 30분, 5.2km. 왕복거리다.

고창읍 버스터미널-아산면사무소-무장면사무소-공음면사무소-
영광군 법성면사무소-불교 최초 도래지

출발: 고창읍 아침 10시 20분.
도착: 영광군 법성면 백제 불교 최초 도래지 오후 5시 45분

걸은 시간: 7시간 25분.
걸은 거리: 28.8km / 누계 496.4km

트레킹 17일차. 11월 7일. 월요일. 흐린 후 맑음

　법성면 오거리에서 이정표에 표시된 방향으로 진행하다. 시내 길을 벗어나자 만나는 842번 지방도로 진입해야 하는데 지나쳐서 계속 걷는다. 길을 잃게 된 이른 아침에 마침 산책자를 만나 길 찾기에 도움을 받는다. 서해 바다 물이 법성항과 소드랑섬 사이를 휘돌아 작은 소드랑섬까지 미치고 군민생활공원 앞을 거쳐 입암리까지 흐른다.

　842번 지방도로는 소드랑섬과 법성포를 지나 흐르는 바닷물을 보며 걷는 길이다. 조용하고 상쾌한 아침 길이기에 마음도 발걸음도 가볍다. 이 아침 길 걷기가 언제나 트레킹을 살찌운다. 어제의 피곤함이 물거품같이 사라지는 이른 아침 길 걷기다. 오고 가는 차량도 사람도 없이, 오직 나 혼자만이 이 풍광 좋은 잘 다듬어진 길을 걷는다. 842번 길은 군민생활체육공원을 앞에 두고 14번 군도, 해안로를 만나 우회전하고 소드랑섬과 법성면을 오른쪽에 두고 오르막 경사길로 접어들게 된다. 국제마음훈련원이 상당한 규모의 현대식 건축물로 길 왼편 산 중턱에 자리 잡고 있다.

　가을은 점점 깊어가고 있다. 자동차도 사람도 없는 조용한 아침 길을

법성항 그리고 소드랑섬을 끼고 도는 바닷둑.

모래미
해수욕장

백제불교
최초도래지

법성면사무소

백수해안로
노을 전시관

법성포

법성 면

군민생활
체육공원

작은
소라섬

대전삼거리

하사
삼거리

축동삼거리

염산 면

상계삼거리

영광
구간

염산
면사무소

설도항

옥실
삼거리

법성면사무소-불교 최초 도래지-법성포 뉴타운-영광 군민생활체육공원-
모래미해수욕장-백수 해안로 노을 전시관-대전리 대전 삼거리-
하사 삼거리-축동 삼거리-상계 사거리-염산면사무소-옥실 삼거리

옥실저수지

혼자 걷는다. 14번 군도 해안로를 따라 걷다 보면 어느덧 소드랑섬을 한바퀴 돌아 다시 법성항을 건너보게 된다. 말발굽목 건너편에 되돌아와 있다.

백수읍과 홍농읍을 연결하는 한창 공사 중인 칠산대교에서 77번 국도와 만나면서 그 길이 끝나고 모래미해수욕장에서 다시 14번 해안도로로 되살아나 바닷가 길, 백수 해안 관광길이 시작된다. 영광 제1경, 백수 해안 관광도로는 16.8km 길이로, 시원하게 보이는 해안선을 따라 펼쳐지는 해당화 길과 노을 길에 거북 바위, 노을 전시관 등이 자리 잡고 있다. 깎아지른 듯한 해안 절벽과 더 넓은 해안은 서해안 갯벌이 주류를 이루는 것과는 달리 동해안에 버금가는 해변 풍광과 해질녘에 펼쳐지는 낙조의 운치가 극치를 이루는 서해안의 대표적 명소이다. 노을 전시관에서 건강 365계단을 거쳐 돔배섬 앞까지 이어지는 2.3km의 천연 목재 데크 산책로에서 해안의 풍광을 즐길 수 있다. 노을 전시관과 함께 제1회 대한민국 자연경관분야 최우수상을 수상한 관광명소이다. 노을을 감상하기에 가장 좋은 자리에 위치한 노을 전시관은 세계 각국의 노을을 비교해 한눈에 볼 수 있도록 사진, 영상물 등을 갖추고 있다.

노을길 데크는 언덕길과 바다 갓길을 이리저리 둘러가며 이어지는 해안가 도보 길이다. 가족이나 부부, 연인들의 트레일인 이 백수 해안도로는 법성면에 자동차를 두고 택시로 왔다가 12km 거리를 트레킹한 후 택시로 돌아가거나, 자동차를 제7주차장에 세워둔 후 노을 전시장에서 해수 온천랜드까지

사면대불상.

영광 해수 온천랜드.

3~4km를 트레킹한 후 다시 주차장까지 되돌아가야 한다. 해수 온천랜드를 지나면 다시 77번 국도와 만나고 이 국도를 따르는 해안 도로가 계속된다. 백암리 기자골을 지나면 해안을 벗어나 내륙 마을로 접어든다. 백암리, 홍곡리를 거쳐 대전리 삼거리에서 해안로는 끝이 나며, 805번 지방도로로 좌회전하면 백수읍 사무소로 가는 길이고, 우회전하여 77번 백수로로 진행한다. 12시 55분, 22.6km 지점이다. 지산리, 상사리를 거쳐 하사 삼거리에서 19번 군도로 바꾸어 걸으면, 16번 군도 봉덕로를 만나고 좌회전하여 축동삼거리에서 다시 19번 군도 상계로를 1시간 가까이 걸으면 808번 지방도, 천년로를 만나게 된다. 우회전하여 염산면사무소에 이르다. 오후 4시 30분, 35.1km 지점이다. 영광은 굴비로만 유명한 것으로 우리에 잘 알려져 있으나 실제로는 농사도 잘 지어지는 곳이다. 논농사 외에도 대파, 무, 당근 등 밭농사 면적도 크다. 스프링클러가 설치되어 있고 농지 정리가 잘되어 있다. 아름다운 해안가 길을 걷고, 풍요로운 넓은 농토를 보면서도 걷는다.

오늘의 여정

법성포 뉴타운-영광 군민생활체육공원-모래미해수욕장-백수 해안로 노을 전시관-대전리 대전 삼거리-하사 삼거리-축동 삼거리-상계 사거리-염산면사무소.

출발: 법성면 뉴타운 오전 6시 50분
도착: 염산면사무소 오후 4시 30분

걸은 시간: 9시간 40분
걸은 거리: 35.1km / 누계 531.5km

트레킹 18일차. 11월 8일. 화요일. 흐림

  어제 저녁 식사 후 모텔에서 서해안 트레킹의 종착지인 목포항까지 거리를 추정해보니 약 70~80여 ㎞ 정도이니 내일이면 목포항에 도착할 수 있을 것 같다. 목포항에서 서울로 올라가려면 가능한 오후 빠른 시간이면 좋겠기에 오늘은 좀 긴 거리를 걸을 각오를 하다. 40km 이상°다. 짙은 구름이 아침 발길을 무겁게 하다. 흐린 날씨다. 비가 오지 말아야 한다. 날씨도 제법 쌀쌀하다. 77번 국도 길을 걷는다. 빠른 걸음이다. 기독교인 순교지가 있는 설도항을 지나다. 이곳은 세계 교회 역사에 기록되어 있을 정도로 세계적인 순교지로 손꼽히는 곳이다. 한국전쟁 당시 인민군의 교회 탄압에 항거하며 신앙을 지키려다 순교한 194명의 신자들의 숭고한 희생정신을 기리기 위해 설도항에 순교탑과 체험관을, 야월리에는 기념관을 건립했다.

  설도항을 지나 오동들과 신옥들이 넓게 펼쳐진 들녘에 가득 자라고 있는 파와 마늘을 오른편에 두고 옥실리로 가다. 국도의 차량도, 넓은 들녘엔 사람도 보이지 않는다. 한가한 아침 길이다. 상쾌한 공기가 서쪽 산마루

아침의 설도항.

함평항

월천리
삼거리

월천제

손불면사무소

함평군

손불면

비룡저수지

안악해변

목교
삼거리

금산
삼거리

주평항

23번 국도

818 지방도

23번 국도

함평읍

백곡
교차로

함평
구간

손불면 월천리 삼거리-손불면사무소-옥교 삼거리-
금산 삼거리/ 23번 국도-함평읍 백곡 교차로

로부터 밀려오다. 음직임이 정지된 듯한 순간순간들이다. 가끔씩 지나가는 차량 소리에 내가 길을 걷고 있구나 하는 생각으로 돌아온다.

77번 국도를 따라가면 무안군 해제면으로 연결되는 다리 공사가 진행 중이나, 지금은 옥실리 향화도에서 중단되어 있다. 옥실리에서 808번 지방도 손무로 길로 옮겨 걷는다. 함평으로 들어서다.

내륙 농촌들이 여기 저기 보이는 지방도를 계속 걸어 월산리 삼거리에서 손불면 사무소로 직진하다. 손불면 사무소에서 20번 군도로 바꾸다. 9시 50분, 11.7km 지점이다. 기서, 산직, 못밥골재를 지나면 우측으로 비룡 저수지를 보게 되고 길 양옆 들판에는 이 지역 특산 작물인 마늘 밭이 넓게 재배되고 있다. 겨울을 나고 봄에 출하된다.

직진하면 9번 군도와 만나는 목교 삼거리를 만난다. 목교 삼거리에서 20번 군도로 계속하여 40여 분, 1.8km를 걸으면 서해안 고속도로 밑을 지나 23번 국도가 만나는 금산 삼거리에서 우회전하여 국도를 따른다. 함평읍으로 가는 길이다. 길 옆 산하에는 가을이 익어가고 있다. 억새풀과

금계국이 길옆을 뒤덮고 있다.

단풍이 든 야생목들의 나뭇잎이 서로 감싸 안듯이 부대끼며 바람결에 저항 없이 이리저리 살랑인다. 길가에는 억새풀이 가을의 정취를 물씬 풍긴다. 얕은 구릉산에 있는 억새가 가을을 불러온다. 저 숲속에 들어가 눕고 싶다. 걷기 5시간째이다. 준비한 빵으로 점심도 먹어야 한다. 억새 잎이 들어오라는 듯 살랑이며 유혹한다. 달려가 눕고 싶다. 길게 이어지는 억새풀과 가을 단풍이 든 야생 나무들과 같이 걷는다. 가을의 전령들이 도열하여 서 있는 사잇길로 걷는다. 야생화도 만발하다.

함평읍 대덕리 백곡 교차로에서 815번 지방도와 만난다. 23번 국도로 진행하면 나비 곤충 생태관으로 유명한 함평 엑스포공원이 있는 함평읍으로 가게 된다. 백곡 교차로에서 23번 국도를 벗어나 815번 지방도로 옮겨 걷는다. 내일 목포항에 도착해야 하기 때문에 오늘은 갈 수 있는 곳까지 걸어야 한다. 장교리를 벗어나면 무안군으로 들어가게 된다. 이제 무안군 현경면이다. 해운리, 현화리를 거쳐 현경면 사무소에 오다. 지방도로이기에 차량 통행도 적고, 오가는 사람들도 보이지 않는 한적한 시골길을 걷는다. 가을은 사색의 계절이라 마침 트레킹의 주제가 떠오른다. '나는 누구인가?'를 생각해본다. 시간의 역사로 거슬러 가보면, 나는 나의 어머니로부터 나왔다. 어머니는 할머니로부터 이어졌고, 할머니는 그 할머니로부터 태어났다. 이렇게 거슬러 올라가 보면, 137억 년 전 인플레이션에 의한 빅뱅으로 우주가 생성된 후, 이 헤아릴 수 없는 무한한 우주 공간에서 우리에게 보람의 터를 안겨준 고마운 행성 지구는 지금부터 45억6천7백만 년 전에 탄생하게 된다. 38억 년 전 지구의 심해 중심부에서 최초의 생명체가 미끈거리기 시작하고, 10억 년 전 동물, 식물, 균으로 분리된 후, 오랜 시간을 거치며, 19만5000년 전에 현재의 에티오피아에 살았다고 말해준다. 약 7만 년 전에 아프리카를 떠나 북상하기 시작했으며, 대부분 유라

저녁 하늘을 황금색으로 물들이고 있는 석양 노을.

시아 대륙에는 네안데르탈인을 포함한 다른 종류의 인간들이 정착해 있었다. 7만 년 전부터 3만 년 전 사이에 인지 혁명이라 불리는 새로운 사고 방식과 의사 소통 방식이 인류 사피엔스에 일어났다. '지식의 나무 돌연변이'로 인해 의사 소통의 언어가 생겨났다. 1만2000년 전 인류는 최초로 농사를 짓기 시작했으며 6000년 전에 비로소 우리가 아는 것처럼 이른바 '비옥한 초승달 지역'에서 도시가 건설되고 문명이 시작되었으며 5,000년 전에 최초의 왕국이 세워지고 글씨와 돈이 사용되고 다신교 종교가 발생한다. 이것이 생물학적으로 오늘 나를 있게 한 나의 먼 먼 조상의 조상 이야기이다. 그럼, 이렇게 연결되어 태어난 나는 누구인가? 나는 내 삶의 주인이다. 그럼 삶은 무엇인가? 태어나서 살다 죽는 것이다. 태어나서 살다 죽는모든 행위의 주인은 나다. 그래서 나는 나다. 현경면에서 이웃한 망운면사무소를 지나 무안 국제공항 배후 길로 지방도는 계속 이어진다.

곧게 뻗은 공항 배후 길은 간헐적인 차량 통행 이외에는 인적이 없다. 나 혼자만이 아득하게 곧은 길을 걷는다. 4.5km, 1시간 10분에 가까운 직선

비치 호텔. 아, 반갑다.

길이다. 지루하다. 이제 오늘 어디까지 가야 할까? 어디에 숙소가 있을까? 5시 20분, 41.5km 지점이다. 가는 길에 가장 가까운 면소재지가 청계면사무소다. 7~8km 정도로 추정된다. 아무리 빨리 걸어도 2시간이 소요된다. 이미 몸은 지쳐 있다. 청계면 콜택시 번호를 가지고 있어 마음은 위로가 된다. 공항 활주로 끝을 지나오니 톱머리해수욕장 입구 안내 간판이 보인다. 1.5km 거리 표시다. 철 지난 해수욕장에도 모텔이나 호텔이 영업을 할까? 할 수도 아니할 수도 있겠다. 굽은 길을 돌아 나오니 바다가 보이며 다시 톱머리해수욕장 표시가 보이고 비치 호텔 광고 안내판도 보인다. 주저없이 해수욕장으로 발길을 돌린다. 영업을 하는 호텔이 있는 해수욕장이다.

비치 호텔이 나를 반기고 데스크를 찾으니 후덕한 아저씨가 맞아준다. 반갑기 그지없다. 지치고 처진 내 모습을 보고는 측은했는지 삶은 고구마를 건네준다. 주변 식당 안내를 받고 다시 해변가로 나오다. 석양 노을이 저녁 하늘을 황금색으로 물들이고 있다.

오늘의 여정

영광군 염산면사무소-옥실 삼거리-함평군 손불면 월천리 삼거리-
손불면사무소-옥교 삼거리-금산 삼거리 / 23번 국도-함평읍 백곡
교차로-무안군 현경면사무소-망운면사무소-톱머리해수욕장

출발: 영광군 염산면 사무소 오전 7시 5분
도착: 무안군 망운면 톱머리해수욕장 오후 5시 30분

걸은 시간: 10시간 25분
걸은 거리: 42km / 누계 573.5km

트레킹 19일차. 11월 9일. 수요일. 흐림

　어제 오던 길 안내로 이제 목포시청까지 26여 km이다. 아마 목포항까지는 길어야 30여 km이리라. 어제 아침부터 오늘은 목적지인 목포항까지 가야겠다는 일념으로 42km의 긴 일정을 걸은 탓에 체력 소모가 있었으나 다행히 어제 저녁에 맛있는 식사와 빨래를 하지 않아도 되는 상황으로 일찍 휴식을 할 수 있었다. 현실적으로 오늘은 서해안 트레킹을 마치는 날이 될 것이기에 가능한 일찍 출발하여 서울 집으로 올라가야겠다는 생각에 잠이 일찍 깨다. 5시 30분 맞춘 알람에 한참이나 못 미친 12시 50분에 깬 것이다. 더 자야 하는데 생각하며 잠을 청하나 오지 않는다. TV도 보며 뒤척이다 2시경에 잠든 후 5시에 일어나다. 어제 보다 추운 날씨 예보에 웃옷을 겹쳐 입고 6시 20분에 호텔을 나서다.

　청계면 도대리 무안 CC로 가는 마을 길과, 직진하는 815번 지방도로 그리고 해안가 마을 길로 갈라지는 825번 지방도가 마구리섬을 벗어나는

새벽의 톱머리해수욕장.

무안-목포
구간

무안군 현경면사무소-망운면사무소-
톱머리 해수욕장-청계면사무소-
목포대학교/1번 국도-삼향동 마동사거리-
목포 IC- 목포시청-동부광장-목포항

마늘 밭과 바다.

지점에서 각각 나누어진다. 825번 지방도로를 따라 해안 마을 길로 걷는다. 차량 통행이 거의 없다. 아침 바다가 파도 한 점 없이 잔잔한 농촌과 어촌이 공존하는 마을들이다. 마늘 농사로 이른 아침부터 마늘 심기에 아낙네들이 모여든다. 남녘으로 내려올수록 마늘 심기가 늦어진다. 고창에서 영광으로 영광에서 함평을 지나 이곳 무안군까지 이어지는 마늘 농사 밭이다. 강정리를 거쳐 구로리로 이어지는 해안 길에는 30~40가구 또는 40~50가구들이 모여서 한 마을을 이루고 있다. 얕은 구릉을 등에 업고 바다를 내려다 보거나 바다와 접해 있는 평안하고 조용한 마을들이 이리

저리 굽어지는 해안 길을 따라 자리 잡고 있다.

상쾌하고 한적한 아침 해안 길 걸음이기에 가벼운 발걸음이 계속된다. 목포항까지 오후 2시경이면 다다를 수 있을 것이기에 벌써

목포시청.

도착한 듯 기쁜 마음으로 내닫는다. 계속하여 825번 지방도를 걸어 남성리를 지나야 하는데, 청계면사무소가 있는 길로 오게 된다. 남성리에서 갈라지는 해안 갓길로 직진해야 하는 길을, 오던 길 따라 큰 길로 좌회전한 것이다.

청계면사무소 8시 40분, 9.8km 지점이다. 애초 계획된 해안 길로 트레킹을 계속하려면 남성리까지 다시 800m를 되돌아가서 길을 찾아야 한다. 그런데 청계면사무소 옆 대로(大路)는 목포시로 향하는 1번 국도 길이다. 다시 825번 해안도를 찾아 걷는 것보다 이 1번 국도 길이 빠르다. 또한 우리나라에는 수많은 국도 길이 있는데 1번 국도 길로 목표 지점 목포시로 들어가면 나름대로 의미가 있을 것 같아 차량이 많이 다니는 불편한 국도 길 걷기에도 불구하고 1번 국도 길로 걷기로 마음을 정한다.

목포 대학교를 보며 우회전하여 1번 국도를 걷는다. 청계리, 지산리를 거쳐 825번 지방도와 만나는 삼향읍 마동 사거리를 직진하여 서해고속도로

목포로 가는 새벽 길.

목포항.

목포 IC를 지나오면 목포시 종합관광안내소가 우측에 보인다. 목포시에 들러 온 것이다. 1번 국도 영산로를 직진하여 걸으면 삼향동사무소를 지나자 우측으로 갈라지는 목포실내체육관으로 가는 길이 나온다. 양을로이다. 구릉 오르막길을 따라 걷다 내리막길로 접어들어 굽어지면 목포 실내체육관이 아래쪽에 보이고 계속 길 따라 걸으면 산수재 밑 첫 번째 사거리가 나온다. 직진하면 북항으로 향하는 길이고, 좌회전하여 용해동을 거쳐 광주지방법원 목포지원 삼거리에서 우회전하여 직진하면 KBS 목포방송국을 지나 곧이어 목포시청에 닿는다. 12시, 22.4km 지점이다. 24만 명의 시민을 가진 시이자, 유달산, 믁포항, '목포의 눈물'을 부른 이난영 그리고 김대중 전 대통령이 상징으로 떠오른다.

목포시청을 오른편에 두고 직진하여 첫 사거리에서 좌회전하여 산정로

서해안 트레킹 완주 기념돌. 트레킹 중에 주워 온 돌이다.

로 직진하면 1번 국도인 영산로와 다시 만나게 되고 이어 동부광장이 나온다. 동부광장에서 우회전하여 1번 국도로 옮겨 걸으면 국도 끝자락 오른편에 유달산이 보이고, 유달동 우체국을 보며 좌회전하여 직진하면 목포항에 이른다. 오후 1시 30분, 26.1km 지점이다. 건너편에 삼학도가 뚜렷하다.

가슴속에서 노래가 절로 나온다. "목포는 항~구~다. 목포는 항~구~다." 감격스럽다. 이제까지 무사히 서해안 트레킹을 마치게 해주신 주님께 감사, 감사의 기도를 드린다. 19일간의 트레킹 중에 항상 안전에 대한 불안감 속에서도 끝까지 지켜보고 응원해준 아내와 두 딸에게도 고맙다는 말을 해야 한다. 또한 격려와 응원을 아낌없이 해준 일요 등산회원들, 대박회 등산회원들에게도 감사 인사드린다. 2시 금호고속으로 서울 집에 오다.

오늘의 여정

망운면 톱머리해수욕장-청계면사무소-목포 대학교 / 1번 국도-삼향동 마동 사거리-목포 IC- 목포시청-동부광장-목포항

출발: 망운면 톱머리해수욕장 오전 6시 20분
도착: 목포시 목포항 오후 1시 30분

걸은 시간: 7시간 10분
걸은 거리: 26.1km / 누계 599,6km

04

남해안

목포항-해남-여수-하동-통영-부산 오륙도 해맞이공원, 27일, 857km

우리나라 해안 길 트레킹도 어느덧 4년차를 맞이하며 그 마지막 구간인 남해안 트레킹이 '대한민국 둘레길'의 대미(大尾)를 장식할 것이다. 3년 전, 2014년 부산 오륙도 해맞이공원을 출발해서 강원도 고성 통일 전망대까지 이르는 '해파랑길' 트레킹을 시작할 때만 해도 스페인 '산티아고 데 까미노' 순례길을 마친 짙은 여운이 남아 있었다. 그 짙은 여운과 우리나라에서 유일하게 트레일로 개발되어 있는 긴 거리 770km를 걸어 보고 싶다는 두 가지 이유가 겹쳐 해파랑길 트레킹을 나선 것이다.

해파랑 트레킹 이후 다시 트레킹에 대한 아쉬움이 남아, 2015년 동서횡단 DMZ 평화누리길 트레킹으로 연결되고, 다시 '대한민국 둘레길'로 발전되어 2016년에는 인천시청에서 목포시청, 목포항에서 끝나는 서해안 트레킹을 마치게 되었다. 그리고 이제 마지막 남은 남해안 트레킹으로 연결되어 '대한민국 둘레길' 트레킹을 완성하게 된다.

트레킹 1일차. 2017년 3월 17일. 금요일. 맑음

어제 오후부터 편하지 않던 배가 저녁을 먹은 후에는 가벼운 통증을 유발하여 내일 트레킹을 나설 수 있을까 하는 의구심이 일어나다. 급하게 구한 약을 먹고 잠을 자고 아침이 되니 다소 진정된 듯하여 아내의 만류에도 불구하고 트레킹 길을 떠나기로 하다. 며칠 전부터 이번 트레킹에 대해 생각이 많아지고, 자연 동서횡단 트레킹, 서해안 트레킹 시 힘들었던 과정이 떠오르니 신경과민이 되어 과민성 대장을 일으킨 것 같았다. 평소에 먹던 아메리칸 조식 스타일이 아닌 밥과 국으로 된 아침식사가 좋을지 모른다며 차려준 식사로 이른 아침을 먹고 5시 50분에 집을 나서다. 6시 45분 수서발 목포행 SRT 고속 철도에 몸을 싣는다.

이른 시간 탑승이라 자연히 눈은 감길 수밖에 없고 지루함이 없는 열차 여행길이다. 차창 밖으로 보이는 농촌과 산야에 푸르름이 없어 봄이 오는 느낌을 가질 수 없다. 농촌이라고 하기에도, 그렇다고 농촌이 아니라

목포항.

목포카톨릭대학교

임성리역

목포시청

목포고

목포 종합
버스터미널

목포소방서

목포역

갓바위터널

영산로

근대 역사
문화거리

목포항

**목포-영암
구간**

목포항-입암교-문화유적거리-갓바위터널-영산강 하굿둑-
영암 대불산업단지-대불역-영암 방조제

대불역

대불 산업도로

영암소방서

용당리

삼호읍

영암 대불
국가산업단지

뚝섬

영대 삼호
조공업

영암금호방조제

삼포대교

영암 갑문.

고 하기에도 애매한 시골 풍경들이 기차 속도에 따라 빨리 빨리 지나간다. 9시 10분에 목포역에 도착하다. 목포항, 연안여객터미널 앞에서 남해안 트레킹이 시작되다. 9시 30분이다.

건너편에 있는 삼학도(소삼학도, 중삼학도, 대삼학도)를 보며 목포항 선창가를 따라 목포종합수산시장에서 삼학도 방향으로 걷는다. 다시 대삼학도를 오른편에 두고 남항을 보며 직진하다. 입암교를 건너 제일중고 삼거리에서 남농로로 우회전하여 계속 길을 따르면 목포 문화예술회관, 남농기념관, 목포 자연사 박물관이 모여 있는 문화유적 거리와 박물관 거리를 지나가게 된다.

갓바위 터널을 지나 신흥동 롯데마트와 롯데시네마를 오른쪽으로 보며 직진하여 2번 국도와 만나 우회전하면 영산호 하굿둑 길로 걷게 된다. 11시 20분, 6.5km 지점이

영암 F1 그랑프리 자동차 경주장 홍보 조형.

다. 서해안 바다와는 달리 에메랄드색의 바다가 하굿둑 양쪽에 펼쳐진다. 하구둑 끝자락에 있는 삼호대교를 건너면 영암군 삼호읍이다. 2번 국도와 대불로가 만나는 지점에서 우회전하여 걸으면 대불 산업단지로 간다. 시원하게 곧게 뻗은 대불로로 연결되는 산업단지로 드나드는 화물차량을 보기가 쉽지 않다. 넓은 대로에 간간이 다니는 화물 차량이 지금의 산업 경기를 보는 것 같아 씁쓸한 기분을 안고 길 걷기는 계속된다. 대불 산업단지로 이어지는 대불로 오른쪽 인도 위 전신주에 쭉 늘어져 달린 세월호 사고 규명 현수막이 진도군 팽목항으로 가는 길임을 내 보이고 있다.

대불역을 지나고 대아교를 지나 직진하면 해군 제3함대사령부로 가는 길이 오른쪽으로 휘어져 가고, 잠시 후 영암F1자동차 경주장으로 가는 806번 지방도를 만나게 된다. 1시 20분, 15.6km 지점이다.

현대 삼호중공업을 오른쪽에 두고 49번 국도 대불로를 직진하면 영암 갑문을 지나게 된다. 영암 갑문을 지나 영암 방조제를 건너면 해남군 산이면이다. 3시 15분, 20.7km 지점이다. 21번 군도와 만나는 달도 교차로를 지나면 해안 길로 이어진다. 금호해수욕장 끝자락에 금호 갑문을 지나면 화원면사무소에 이른다.

목포항-영산강 하굿둑-영암 대불산업단지-해남 신이면-화원면

출발: 목포시 목포항 오전 9시 30분
도착: 해남군 화원면 오후 5시 20분

오늘의 여정

걸은 시간: 7시간 50분
걸은 거리: 29.6km

트레킹 2일차. 3월 18일. 토요일. 흐린 후 맑음

　화원면에서 77번 국도 길이 문내면으로 가는 가장 빠른 길이다. 화원면에서 문내면으로 가는 길은 77번 국도 길 외에는 상당한 길을 우회해야 하는 33번 지방도로이다. 번잡한 국도 길 걷기보다 다소 먼 거리라도 안전한 지방도 길을 걷고자 하나, 지방도 길이 너무 돌아가는 먼 길이 되기에 오늘은 국도 길을 걷는다. 다행스럽게 오늘은 차량 통행이 적다. 국도 길을 걷다가 국도와 나란히 가는 마을 길을 따라 걷기도 한다.

　한가하고 조용한 농촌의 들녘을 길동무 삼아 마을 길을 걷는다. 차분하게 가라앉은 마음이 참으로 평안해진다. 저 멀리 들판을 바라보다. 눈앞에 문내면 우수영 초등학교가 그 위용을 드러낸다. 문내면 사무소에서 직진하면 1km 지점에 전라남도 해남 우수영(右水營)이 있는 우수영항이 있다. 경상남도 통영에 있는 좌수영과 함께 남해안을 왜구로부터 지켜내던 양대 진

농촌의 봄.

광장방조제

화원
면사무소

산이면

문내
면사무소

우수영항

문내로터리

진도 2대교

진도대교

굴내면

해남읍

황산면사무소

화산면사무소

화산면

현산면사무소

현산면

달마산

북평면

북평면사무소

송지면사무소

송지
해수욕장

땅끝마을

해남
구간

산이면-화원면사무소-문내면사무소-우수영항-문내로터리

봄의 전령 배꽃.

영이다. 위치적으로 통영이 동쪽이고 해남이 서쪽이어서 좌우가 바뀐 겻 같지만 임금이 있던 도성 한양을 기준점으로 볼 때 좌우 진영은 바르다. 우 수영항을 오른편에 두고 보도용 데크 길을 걸으면 마지막 길에 77번 국도 다리 밑을 왼쪽으로 지나가게 된다. 1km가량 걸으면 주유소를 만나게 되고 신호 교차로를 건너 77번 국도를 따르면 진도대교 우측 인도 길로 들어서게 된다. 단순한 구조의 깨끗한 다리, 제2진도대교가 눈앞에 우뚝 나타난다. 진도대교를 건너면 명량을 바라보며 수군을 지휘하는 듯한 이순신 장군 동상을 볼 수 있다.

걷기란 무엇인가? 걷는 것은 자기(自己)와의 대화이다. 이제까지의 나의 세계, 지금의 나의 세계 그리고 앞으로의 나의 세계와의 대화는 걷기와 함께 계속된다. 걷는 것은 자기 육체와의 대화이기도 하다. 육체 중에서 가장

진도대교.

진도읍 시가지.

약한 부분이 먼저 말을 한다. 어제는 왼쪽 무릎이 통증의 신호를 보냈는데, 오늘은 양 엉덩이 고관절이 통증을 보내온다. 특히 오른쪽 고관절이다. 앞으로 2~3일간 더 많은 부위에서 통증을 호소할 것이다. 이제 그 호소를 듣느냐, 마느냐는 나의 몫이다. 지켜보자. 얼마나 강하게 호소하느냐?

진도대교를 지나면 진도군이다. 진도읍 시가지는 꽤나 크다. 저녁 식사를 위해 찾은 나주 곰탕집은 오늘 토요일이 휴업이고, 다시 찾은 북어국 식당은 재료가 소진되어 영업을 마쳤고, 어쩔 수 없이 1인용이 제공되는 백반이 오늘 저녁 메뉴로 선택되다. 운수가 없는 날이다. 나에게 한 끼 저녁 메뉴는 대단히 중요한데.

오늘의 여정

해남군 화원면사무소-문내면사무소-좌수영항-진도대교-
진도군 군내면-진도읍

출발: 해남군 화원면사무소 오전 7시 40분
도착: 진도군 진도읍 오후 3시 30분

걸은 시간: 7시간 50분
걸은 거리: 27.4km / 누계 57km

트레킹 3일차. 3월 19일. 일요일. 맑음

　진도읍에서 18번 국도 길로 세월호 조난 사고 출항지인 진도항으로 걸을 나선다. 옛날 국도 길이라 왕복 2차선의 도로다. 차량 통행이 많지 않다. 그래도 간혹 지나치는 차량이 가까이 지나칠 때면 몸의 떨림이 일어난다. 오늘 목적지가 세월호 조난 사건으로 많은 사람이 목숨을 잃은 팽목항 즉 진도항이기에 걸음걸이가 가볍지 않다. 국도 길의 혼잡과 위험을 피하기 위해 국도 길을 벗어나 군도 길로 걷는다. 남녘이라 봄 기운에 연산홍과 새잎이 피어나는 국도 길과 군도 길을 교차로 걷는다.

　염장리 장구포에서 18번 국도를 벗어나 5번 군도 길로 바꾸어 걷는다. 진도읍에서 5.6km, 1시간 20분 거리다. 농사일을 시작하기에는 이른 때이지만 들녘 한쪽에는 지난 겨우내 자란 봄동 배추 수확이 한창이고 농사철이 가까이 다가와 있음을 알려주기도 하다. "진도 대파는 겨우내 자란다.'는 안내 광고판이 제2진도대교가 앞에 보이더니 실제로 밭 고랑고랑 사이에 큼직큼직한 대파가 수확을 기다리고 있다.

　앵무교를 지나고 소앵무사거리를 직진하면 17번 군도와 만난다. 9시 40분. 2시간 40분 거리, 10.1km 지점이다. 사거리에서 좌회전하면 지산면사무소로 가는 지산민속로 길이다. 우측에 웅장한 바위군이 산 정상에 우뚝하게 보이는 마을 지산면사무소에 이른다.

봄동 배추 수확이 한창이다.

　지산면사무소 앞 길에서 16번 군도 길과 만나 좌회전하여 걸어가면 다시 4번 군도 길을 만나게 되고, 우회전하여 걸으면 다시 송호리에

진도
구간

진도읍-소앵무 사거리-고야리-지산면사무소-오류리-
수양리-마사리-팽목 방조제-팽목/진도항

군내북초교

진도 2 대교

진도대교

군내면사무소

군 내 면

감사가구방조제

진도읍

수유리
청룡마을

진도읍사무소

진도군청

소앵무
사거리

고야리

지산면

지산
면사무소

오류리

수양리

임 회 면

마사리

팽목방조제

진도항

276

서 3번 군도를 만나는 삼거리가 나온다. 직
진하여 계속 걸으면 16번 군도와 만나고,
좌회전하여 4번 군도로 직진하면 진도항
팽목 방조제 입구와 만난다. 이 모든 길이
고요하고 따스한 농촌 길이다. 봄날에 농촌
길을 걷고 있는 것이다. 1시 35분. 6시간 35
분 거리, 23.7km 지점이다.

분향소 옆에 서 있는 십자가.

　방조제 입구에 앉아 진도항을 바라보며
준비해온 바게트, 우유와 삶은 계란으로
점심을 먹다. 건너 바라다 보이는 곳이 팽
목, 진도항이다. 팽목 방조제를 따라 걸으면 진구리 삼거리에서 18번 국도
진도대로를 만나고 우회전하여 팽목에 이른다. 아직도 노란 리본으로 점
철된 팽목항 일원에는 스산한 느낌이 감돌고 있다. 모든 사람이 떠난 진도
항은 조용하다. 이따금 찾아오는 자동차 소리만 들린다. 분향소에서 묵념
을 하며 억울한 사고로 희생된 고인들을 추모하다. 착잡한 마음이다. 버스
편으로 진도읍에 다시 오다.

오늘의 여정

진도읍-소앵무 사거리-고야리-지산면사무소-오류리-수앙리-마사리-
팽목 방조제-팽목/진도항

출발: 진도읍 오전 7시
도착: 진도항 오후 3시

걸은 시간: 8시간
걸은 거리: 28.6km / 누계 85.6km

트레킹 4일차. 3월 20일. 월요일. 흐린 후 비

　진도읍 사무소에서 진도실업고등학교 정문을 끼고 오른쪽으로 향하면 11번 군도 길을 따르게 된다. 진도읍사무소 앞 대로를 직진해 17번 군도 길로 나아가게 되어 앞 길을 두리번거리는데 저 먼발치에 앞서 가는 아주머니 곁을 따라가는 늠름하게 생긴 개가 보인다. 흥미를 느끼며 따라가 본다. 가게로 들어간 아주머니 뒤 보도에 단정하게 정좌한 개는 가게 안을 뚫어지게 바라보며 꼼짝 않고 기다린다. '참 잘생긴 놈이다.'라는 생각과 '주인에 대한 충성심이 대단한 놈이다.'라는 생각이 동시에 일어난다. 아하, 여기가 진도가 아닌가. 진돗개. 그래 진돗개. 다시 흥미가 고조되고 저 놈이 어떻게 하는지를 지켜보기로 마음먹고 먼발치에 서서 지켜본다. 5분, 10분, 15분 동안 꼼짝하지 않는다. 아마 주인이 나올 때까지 처음 자세 그대로 일 것이다. 내가 더 이상 지켜볼 이유가 없어졌다. 역시 알려진 대로 진돗개다.

　17번 군도 길로 걷다가, 고작에서 10번 군도 길을 만나 우회전하여, 진도서 초등학교 앞 길에서 11번 군도 길로 바꾸어 걸으면서 신흥, 월평, 수유마을을 지나다. 이어 803번 지방도와 만나는 수유리 청룡마을 개매기 체험장 바닷길에 이른다. 8시 40분. 1시간 30분 거리, 6.3km 지점이다. 농촌과 어촌이 공존하는 마을들이 길가에 옹기종기 흩어져 있다. 가늘게 내리는 봄비에 논두렁, 밭두렁을 타고 걸어오는 봄을 보는 듯하다. 팽목/진도항에서 무거워진 가슴이 봄비에 한결 가벼워지다.

주인이 나오기를 기다리는 진돗개.

　이렇게 잔잔하게 마음을 잡아주는 농촌이다. 상당히 진척된 기계화 농사, 구석구석까지 정비된 농로, 경사지고 후미진 곳까지 스프링클러 시설들이

개매기 체험장 바닷가.

설치되어 있다. 진도의 대파들이 많은 밭에서 자라고 있다. 청룡마을 개매기 체험장에서 803번 지방도 길로 바꾸어 북으로 향하면, 군내지구 방조제 길을 걷게 된다. 농촌 마을 들녘에도 봄이 오고 있다.

군내 방조제 길 끝자락에서 군내북초교로 가는 14번 군도 길 군내로도 우회전한다. 10시 20분. 3시간 10분 거리, 12.7km 지점이다. 북군내 초등학교를 지나 진도대로로 접어들고 우회전하면 진도대교를 건너게 된다. 건단하며 아름다운 대교다. 좌측에는 진도2대교와 이순신 장군 동상 후면이 보인다. 진도대교를 건너 해남군으로 다시 돌아오다.

진도대교를 지나 500m에 교차로가 있고 오른쪽 주유소 앞을 지나 오른쪽으로 방향을 틀면, 해남에서 진도로 갔던 길로 되돌아오는 길로 문내면사무소로 가기 전에 우회전하여 비 오는 국도 길을 걷는다. 오고 가는 차량의 숫자도 많고, 속도도 빠르다. 다시 안전이 우선이다. 차가 오는 방향 즉 역 코스로 걷는다. 나도 차량을 보고, 운전수도 나를 보아야 한다. 국도 길을 걸은 지 1시간 10분, 4.6km 지점에서 18번 국도 길을 벗어나 마을 길로 접어든다. 불안함을 안고 걷기에는 에너지 소모가 크다. 황산 초등학교를 거쳐 황산면사무소에 도착하다. 오는 길에 황산 성당이 보인다. 주님께 두 탈 트레킹을 기원드리다. 황산면사무소에 이른다. 오늘 숙박지다.

진도읍-수유리 청룡마을, 개매기 체험장-군내지구 방조제-제2진도대교 -해남군 문내 로터리-황산면사무소

출발: 진도읍 오전 7시 10분
도착: 해남군 황산면 오후 5시 30분

걸은 시간: 10시 간 20분
걸은 거리: 34.9km / 누계 120.5km

트레킹 5일차. 3월 21일. 화요일. 맑음 그리고 바람

　빗길 걷기는 많은 체력을 소모시킨다. 어제 비 온 뒤에 날은 맑지만 바람이 분다. 쌀쌀한 날씨다. 어제 지나간 황산 초등학교 앞 길에서 마을 길을 지나 국도 길로 가는 길에 우황리 공룡화석지로 가는 길 안내가 있다.

　18번 국도 길과 77번 국도 길이 만나는 삼거리에서 77번 국도 길로 화산면으로 향하다. 남해 지방이라 3월 하순 들녘 밭에는 푸른 채소가 웃자라나고 벚꽃도 만개하다. 봄기운을 느끼기에 부족함이 없다. 바람이 불어 옷깃을 가다듬고 걷는다. 한아, 신흥, 한자마을을 거치는 77번 국도 길은 차량도 한가하여 여유롭게 좌우 마을 들녘을 아우르며 걷는다.

　바다를 접하는 놈섬을 지나면 고천암 방조제를 만나게 된다. 9시 30분. 2시간 거리, 8.6km 지점이다. 방조제를 지나 국도 길을 따르면 화산면사무소에 이른다. 11시 30분. 4시간 거리, 16km 지점이다. 화산면에서 77번 국도 길로 남하하여 송지면으로 갈 예정이었으나, 국도 길 대신 반대 방향 넓은 마을 길로 잘못 들어 현산면으로 향하게 된다. 하구시 마을에서 13번 국도와 806번 지방도가 만나고 우회전하여 13번 국도 길로 현산면으로 가다. 다시 현산면사무소를 지나 13번 국도 길을 따라 직진하면 북평면사무소로 향하게 되나, 해남 땅끝 마을 송지면으로 가기 위해 고담교차로에서 1번 군도 길로 바꾼다. 한가한 마을들을 양쪽에 두고 고즈넉한 군도 길을 걷는다. 봄기운이 어깨너머로 다가온다. 길가 양지녘엔 쑥이 새싹을 뽐어 올리고 들풀들도 나란히 어깨를 한다. 편하

우황리 공룡모형.

바위로 연결된 달마산.

고 가벼운 마음이다. 읍호 한밭재 고개를 넘고 신방지 저수지를 지나면 다시 77번 국도와 만난다. 3시 10분. 7시간 40분 거리, 27.3km 지점이다. 서해 뻘을 바라보며 걸음은 계속된다. 다시 마을이 보이는 들판이 계속된다. 저 멀리 달마산이 보인다. 바위로 연결된 수십 킬로미터 길이의 바위산이다. 암자로 유명한 도솔암이 이 달마산 언저리에 있다. 송지면사무소에 도착하다. 바람이 많고 쌀쌀한 하루다.

오늘의 여정

황사면사무소-화산면사무소-현산면사무소-송지면사무소

출발: 황사면사무소 오전 7시 30분
도착: 송지면사무소 오후 5시 10분

걸은 시간: 9시간 40분
걸은 거리: 35km / 누계 155.5km

트레킹 6일차. 3월 22일. 수요일. 대체로 흐림

    해남군 송지면 송호리는 땅끝마을이라 불리는 곳이다. 우리나라 육지로는 가장 끝자락이다. 위도 상으로는 완도가 가장 남쪽이나 섬으로 불리기에 송지면 송호리에 땅끝마을을 양보해야 한다. 이 땅끝마을 가는 길이 77번 국도 길이고 간헐적으로 짧게 지방도나 군도가 있다. 77번 국도 길을 따라 걷는다. 이른 아침 잔잔한 바다가 모든 움직임을 붙잡아 놓은 것 같다.

    어느덧 나도 고요한 아침 바다에 빠져들고 몸과 마음이 평안하다. 농촌과 어촌이 공존하는 해안가 마을이어서 진도군과 해남군은 포구다운 포구가 없다. 그러나 바다 목장이라 불리는 양식장이 이 해남 바다에 펼쳐진다. 반대편 들녘에는 대파 농사가 한창이다. 송지해수욕장 소나무 군락 사이사이로 비치는 바다가 은모래 백사장과 어울려 아름다움을 선사한다.

    관광지로 잘 알려진 땅끝마을이 국도 길을 잠시 벗어나게 하다. 해남에 몇 안 되는 항구 마을이자 관광지 마을이다. 다시 77번 국도 길에 올라오면 북평면으로 향하게 된다. 언덕 길을 돌아 고개 마루에 오르게 되면 땅끝 마을 전경이 눈앞에 펼쳐진다. 쉼터에 세워진 땅끝마을 팻말 사이로 마을이 저 멀리 보인다. 오직 트레커만이 이 절경을 맛볼 수 있다.

    이 땅끝마을은 서울로 가는 삼남길의 출발점이기도 하다. 언젠가 걸어보고 싶은 트레킹 트레일이다. 호남에서 한양으로 가는 과거 시험 보러 가던 길 '삼남길'과 영남 부산에서 한양으로 과거 보러 가던 길 '영남길'은 쌍벽이다. 이 두 영호남 트레일은 아직 완전하게

갯벌과 바다와 숲 그리고 하늘.

고개마루 쉼터에서 본 땅끝마을.

이어지지 못하고 지금도 계속 연결되고 있다. 이 길들이 완전히 발굴되어 연결될 때 트레킹을 해야지. 제주 올레길은 국내 트레킹의 마지막에, 그것도 가장 늦은 나이(아마 팔순)에 장식해야 한다고 생각하고 있기 때문에 이제 삼남길과 영남길이 가까운 날에 걸어야 할 트레킹 트레일이다. 이 남해안 트레킹이 끝나면 'ㅁ'자 길 걷기도 마치게 된다. 삼남길은 해남 땅끝마을에서 출발하여 강진을 거쳐, 광주, 익산, 천안, 수원을 거쳐 서울로 오는 국토 중앙 내륙 트레킹 길이다. 2013년 트레킹을 마친 '지리산 둘레길'이 우리나라 남부 내륙 중심부이고, 2020년 10월에 트레킹한 '외씨버선길'은 국토 중부 내륙에 해당되므로 우리나라 중, 남부 내륙 트레킹 트레일도 완성되었으니, 이제 삼남길과 영남길로 국토 내륙 종단길에 이은 '제주 올레길'로 국내 트레킹은 대단원의 막을 내릴 것이다. 그러나 이제 남은 트레킹의 실행 여부는 체력 유지와 의지에 달려 있을 것이다. 국토 최남단이라 이제 꽃들이 멍울을 터뜨리기 시작하다. 개나리, 홍매화, 배꽃 등이 꽃망울을 막 터트리고 있다. 봄이 가까이 다가오고 있다. 생동감으로 가득 찬 들녘과 산하다.

바다를 벗어나 농촌 마을과 마을이 이어지는 길로 걷는다. 수십 킬로미터로 이어지는 병풍같이 마을을 감싸 안은 달마산 바위의 웅장함이

웅장한 달마산 병풍바위.

마을을 북풍으로부터 막아주다. 길게 계속되는 달마산 바위 산맥 줄기는 해남군 송지면에서 북평면까지 이어진다. 족히 몇 십 킬로미터가 되는 길이다. 발칸 반도 몬테네그로의 암갈색 바위 색깔에 비해 여기 달마산 바위는 회색으로 다를 뿐, 거대하고 장엄한 형태는 같다.

　　남도의 금강산으로 불리는 이 달마산(達磨山)은 호남정맥어서 갈린 산줄기인 땅끝 기맥이 갈두산으로 가기 전에 일궈 놓은 낮은 산이나 1000m 이상의 산이 부럽지 않을 정도로 암릉이 공룡의 등뼈처럼 골격을 지닌 산이어서 그 모습은 설악산의 공룡능선에 버금간다. 산 이름은 인도의 스님이며 중국 선종의 비조인 달마대사와 관련되어 유래되었다고 전해진다. 트레킹 3일째부터 시작되어 아침 출발 때마다 걱정해오던 오른 고관절 근육 통증이 오늘은 나타나지 않는다. 15km 거리 걸음에 통증이 있었는데 참으로 다행이다. 그러나 늘 따라다니던 왼쪽 어깻죽지 통증은 여전하다. 이제 체력이 조금씩 떨어지기 시작하는 트레킹 6일째. 내일이 가장 힘든 날이 될 것이다. 내일이 지나면 지친 체력이지만 다시 몸이 가벼워진다. 정신과 육체가 서로 조화를 이루기 때문이라 생각된다. 북평면에 도착하다.

오늘의 여정

해남군 송지면-송지해수욕장-땅끝마을-북평면

출발: 송지면 오전 7 시
도착: 북평면 오후 4시 20분

걸은 시간: 9시간 20분
걸은 거리: 32.4km / 누계 187.9km

트레킹 7일차. 3월 23일. 목요일. 흐린 후 갬

55번 국가지원지방도를 따라 마을들을 좌우편에 두고 걸으면 왼편에 동해 저수지 댐이 커다란 공룡 두 마리가 마주보며 서 있는 모습으로 나타난다. 쇠노재를 넘어 응봉산을 오른편에 두고 지나면 북일면에 이른다. 9시 5분. 1시간 45분 거리, 7km 지점이다. 잠시 후 왼쪽으로 두륜산 국립공원으로 가는 827번 지방도가 있고, 나는 55번 국가지방도로 직진하다. 15분 거리에 강진군 신전면 경계에 이른다. 봄의 전령이 이제 농촌 논에도 다가와 있다. 논 바닥에 푸른색을 띄우고, 산야(山野)에는 산수유, 매화, 동백꽃, 목련꽃이 피기 시작하다.

오른편으로는 1번 군도가 갈라지고 직진으로 계속 걸으면 신전면에 이른다. 11시 40분. 4시간 거리, 15.2km 지점이다. 계속하여 55번 국가지방도를 걷는다. 도암면으로 가는 길이고. 강진이 낳은 시인 영랑의 생가가 있는 강진읍으로 가는 길이다. 도암면 못 미쳐 향촌리에서 819번 지방도와 만나는 향촌 삼거리에서 우회전하여 819번 지방도를 걸으면 가우도(駕牛島)

망호 선착장 방향 출렁다리.

동해댐 저수지.

가는 길이다. 차량도 많지 않은 한가하고 조용한 길이다. 강진군 생태공원을 머리 끝으로 하는 강진만은 남북방향으로 길게 발달하여 최대너비는 약 7km, 길이는 19km로, 전체 해안선의 길이는 73.6km에 달하는 깔대기 모양으로 갯벌 면적은 2.9km²이다. 강진만을 중심으로 강진군의 좌우 대칭점에 있는 14가구 32명이 살고 있는 14개 섬 중에 유일한 유인도가 가우도이다. 강진읍을 머리 꼭대기로 하여 서쪽에는 강진읍 일부, 도암면, 산전면이 있고 동쪽에는 칠량면, 대구면, 마량면이 대칭하고 있다. 그 가운데에 가우도가 있다. 이 가우도를 서쪽과 동쪽에서 연결하고 있는 출렁다리로 들어간다. 출렁다리로 불리니 차량은 통행할 수 없고 걸어서만 들어갈 수 있다. 도암면 망호 선착장에서 들어가는 출렁다리 길이는 716m이고, 대구면 저두 방향에서 들어가는 출렁다리 길이는 438m이다.

출렁다리라고 불리지만 실제는 철제 교각과 빔으로 세워진 고정다리다. 다리 건너기의 흥미를 자아내는 출렁이라는 호칭 때문에 많은 관광객의 호기심을 불러일으키고 있다. 도암 망호 선착장 방향에서 출렁다리를

마량 항구의 낙조.

건너 좌회전하여 마을과 대나무 숲길을 지나고, 가우도를 가로지르는 산숲 길을 따라 내려가면 대구면 저두 방향 출렁다리를 건너서 가우도를 빠져나온다. 또한 만호 선착장 출렁다리 끝에서 바로 우회전하여 우측 해안길을 걸으면 영랑나루 쉼터을 지나고 대구면 저두 방향 출렁다리를 건너서 가우도를 빠져나온다.

봄볕이 따끈따끈하다. 저두리 강진도예학교 앞에서 만나는 길이 23번 국도 길이다. 2시 30분. 7시간 10분 거리, 24.5km 지점이다. 우회전하면 대구면으로 가는 방향이다. 해안가 길이다. 달마사를 지나면 사당리 '고려청자문화특구'가 길 왼편으로 50m 들어간 곳에 있다. 여기에는 한국민화 뮤지엄과 고려청자 박물관, 고려청자 도요지 등이 소재하여 청자촌이라 불리운다. 오늘 따라 유난히 힘든 걸음

영랑 시비.

이라 숙박이 가능할까 하며 모텔이나 호텔을 찾
아보지만 이 정자촌에는 숙박할만한 곳이 없다.
다시 돌아나와 대구면으로 향하다. 대구면에 도
착하다. 4시 10분. 8시간 50분 거리, 30.2km 지
점이다. 아, 대구면 소재지가 자그마한 마을이다.
숙박시설이 없다. 마량면 소재지로 가라고 한다.
약 6~7km 떨어진 거리다. 마을 버스를 타고 마
량면 소재지로 가다. 숙소를 정한 후 샤워와 빨

산수유.

래를 하고 마량 항구로 간다. 남해안에서 본 항구다운 항구가 마량미항이
다. 부두가에는 작은 야외공연장이 아담하게 꾸며져 있고, 이 고장의 시인
영랑의 대표시 '내 가슴을 아실 이' '모란이 피기까지는' 시비가 나란히 서
있다. 전라남도 강진이 낳은 김영랑은 구수한 남도 사투리와 향토색 짙은
정서로 한국 현대 순수시와 서정시의 지평을 연 시인으로 평안북도 정주
의 소월 김정식과 서정시의 양대 산맥을 이룬다.

지난 5일간 고통을 주던 왼쪽 고관절 통증이 사라지다. 저녁 해가 바다
로 지다.

해남군 북평면-북일면-강진군 신전면-향촌리 삼거리-가우도-
대구견 저두리-더구면-마량면

출발 해남군 북평면 7시 20분
도착 강진군 대구면 4시 10분

걸은 시간: 8시간 50분
걸은 거리: 30.2k㎞ / 누계 218.1km

도암면사무소

향촌리삼거리   819번 지방도

마을선착장   가우도

대구면
저두리

고려청자 박물관

대구면

819번 지방도

신전초
신전면사무소

신전면

영랑김균
임진왜란 격전지

계율리

대구면사무소

마량면

마량면사무소

강진
구간

마량항

강진군 신전면-향촌리 삼거리-가우도-대구면 저두리

290

트레킹 8일차. 3월 24일. 금요일. 흐린 후 맑음

　오늘이 트레킹 8일째, 육체적 정신적으로 가장 피곤할 때이다. 이때부터는 육체적인 체력보다는 정신력으로 걷게 된다. 트레킹을 시작하는 첫날에서 이틀, 사흘에는 허벅지, 어깻죽지, 무릎 종아리가 아파오기 시작하여 차츰 통증이 신체에서 가장 약한 부위로 퍼져 나간다. 어제 아침 숙소를 나설 때 한결 무거운 몸 상태를 느끼기에 오늘은 가능한 빠른 시간에 걷기를 마치기로 작정하다.

　그러나 언제나 그렇듯이 예정한 지역에 숙소가 있어야 하는 전제가 따른다. 어제 대구면에서 쉬고 싶었지만 숙소가 없었기에 마량면까지 올 수밖에 없었다. 대구면에서 마량면까지 6~7km, 1시간 40분에서 2시간 거리다. 여느 날 같으면 계속 걷겠지만 체력이 받쳐주지 않는다. 앞으로도 10여 일을 더 걸어야 할 터인데. 지금 무리하여 나머지 일정을 힘들게 보낼 수

3월의 농촌 들녘.

는 없지 않은가? 어제 만일 대구면에서 마량면까지 걸었더라면 오늘 아침에는 23번 국도 길로 장흥군 대덕읍으로 바로 갈 수 있었는데, 중간 끊어짐이 없는, 계속 이어지는 트레일을 고수해 어쩔 수 없이 택시로 대구면으로 돌아간다.

이제 마량면은 알았기에 대구면에서 23번 국도 길이 아닌 819번 지방도 대덕읍으로 향하다. 봄이 오는 남녘 늦은 3월, 이른 아침에 한적한 지방도를 걷는다. 계율리 계차교를 지나 계치마을 뒤 고갯길을 넘으면, 장흥군 대덕읍으로 가는 기젯재를 넘게 된다. 기젯재 고갯길을 넘으면 완만한 내리막길이 계속되고 신월리를 지나 대덕읍에 이른다. 9시 25분. 2시간 거리, 8.6km 지점이다.

진달래가 만개하다.

장흥군은 정남진으로 불린다. 서울을 기점으로 정남쪽 방향이다. 강원도 정동진이 정동쪽이고 경북 영덕군 축산면은 세종시를 기점으로 정 동쪽이기에 신정동진으로 불리기도 한다. 각각 자기 고장의 홍보다. 대덕읍 사무소에서 819번 지방도 길을 따라 걸으면 학무동에서 23번 국도 길과 다시 만난다. 국도 길로 바꾸어 관산읍으로 가다. 늦은 3월 남녘이라 진달래는 이미 만개하고 있다.

길가 꽃 잔디도 꽃피우기에

나서다. 매화도 곧 터질 듯한 망울을 보듬고 있다. 농촌의 들녘도 초록산 기운으로 덮이기 시작한다. 외동리, 송촌리 방통전통문화 마을을 거쳐 관산읍을 좌측에 두고 직진하다. 12시 50분. 5시간 25분 거리, 20.1km 지점이다. 흐린 날씨이나 봄기운이 완연하다. 장흥은 강진에 비해 밭농사가 많으나 해남에 비하면 경작지가 많지 않은 듯하다. 해남은 빈 경작지가 없는데 비해, 장흥은 빈 경작지가 눈에 보인다. 높지도 낮지도, 크지도 작지도 않은 산들이 북쪽에서 불어오는 바람을 막아주듯 길게 늘어서 있고, 바다와 산들 사이에 높낮이가 없는 넓은 밭에는 새싹들이 초록색 옷을 걸쳐 입은 듯하며 힘차게 땅에서 솟구치고 있다.

관산교를 지나면 7번 군도를 만나게 된다. 직진하면 용산면으로 가고 나는 우회전하여 죽교리 양촌 마을 거쳐 하발리 천관정보화 마을을 거쳐 용산면 상발리에 이른다. 영화 '축제' 촬영지 남포마을로 가는 819번 지방도로 옮겨 잠시 걷다가, 다시 21번 군도로 바꾸고 풍길리 풍길 삼거리에서 8번 군도로 옮기고, 덕암에서 만난 77번 국도로 바꾸어 걸어 안양면에 이른다. 5시 30분. 10시간 10분 거리, 36.1km 지점이다. 안양면에는 모텔이나 여관이 없다. 장흥읍으로 가야 한다.

강진군 대구면 계율리-장흥군 대덕읍-관산읍-하발리 천관정보화 마을-용산면 상발리-풍길리-덕암리-안양면

출발: 강진군 대구면 오전 7시 25분
도착: 장흥군 안양면 오후 5시 30분

걸은 시간: 10시간 5분
걸은 거리: 36.1km / 누계 254.2km

장흥읍

안양면사무소

용산면

안양동초 → 수문해수욕장

연동리

필리

상발리

머꾸내도

하발리

관산공룡
버스터미널

관산읍

관산읍사무소

관산남초

대덕읍사무소

대덕읍

회진면

회진면사무소

회진항

**장흥-보성
구간**

장흥군 대덕읍-관산읍-하발리 천관 정보화 마을-용산면
상발리-풍길리-덕암리-안양면-보성 군 회천면-서당리-
객신리 비봉 공룡알 화석산출지-
비봉 공룡공원-득량만 방조제-남정삼거리

보성군

득량만방조제

서당리

비봉공룡공원

회천면

객신리
비봉공룡알화석지

율포솔밭
해수욕장

명교해수욕장

294

트레킹 9일차. 3월 25일. 토요일. 비

어제 장흥읍에서 마련한 식단으로 아침을 먹다. 점심거리가 포함된 양이다. 이렇게 매일 두 끼를 준비해서 다닌다. 저녁은 대부분 도착지에서 백반이나 그곳에서 혼자 먹을 수 있는 메뉴다. 바닷가 트레일이 많기에 매운탕은 1인분을 판매하지 않는다. 삼겹살이나 쇠고기도 1인분 판매가 없다. 따라서 이런 긴 일정의 트레킹은 먹는 것이 부실해 체력에 많은 영향을 준다.

우체국 앞에서 9번 군도 길로 나서다. 굵은 비는 아니지단 우산을 받쳐야 할 양의 비가 오기에 위헙한 18번 국도 길을 피해 군도 길을 택하다. 빗길을 걷는 날이면 두 손에 으산과 지도를 들어야 하기에 체력 소모가 많다. 오늘 같이 트레킹을 시작한 지 9일째가 되면 이젠 거의 체력이 고갈되어 간다. 1km의 거리면 약 100kcal가 소모된다. 따라서 30km면 약 3000kcal가 필요한데 아침, 점심, 저녁으로 섭취하는 칼로리는 약 1500~2000kcal 정도다. 그것도 준비된 양을 다 먹어야 한다. 그러나 날이 갈수록 입맛은 없어지고 겨우 끼니를 때우는 정도이다. 그래서 정신력으로 걷기가 계속된다.

면사무소 앞을 지나 10여 분 걸으면 요곡재의 오르막길이 시작된다. 1km 정도의 오르막길도 이젠 힘이 든다. 빗길에다 우산도 든다. 오르막길이 시작되면 내리막길이 있기에 힘든 길을 걷는다. 한적하고 차량 통행이 없는 시골 길이다. 신촌 마

운치 있는 한식 레스토랑.

갈대와 뻘과 바다.

을 신촌 2교에서 다시 18번 국도와 만나다. 18번 국도 길을 따라 보성군 회천면으로 가다. 수문리 수문해수욕장을 지나는 수문터널을 벗어나면 보성군 회천면에 들어간다. 파 농사가 한창이다. 아직 아침인데, 점심 준비를 하는지 시골 식당의 굴뚝에서 하얀 연기가 퍼져 나간다. 오랜만에 만난 굴뚝 위의 연기가 빗속 길에서 운치를 더해주다. 한적한 시골 길에 이런 운치 있는 식당을 만나니 기분이 한껏 좋아진다. 지금 시간이 점심식사를 하기

아, 고흥이다.

에는 한참이나 이른 오전 9시다. 아깝다. 그냥 지나치기에는. 이런 따뜻한 풍광이 지친 몸에 활기를 넣어주는 길이 바로 트레킹 길이다. 마을 길에서 다시 해변가로 나오게 되고 곳곳에 이어지는 농촌과 어촌이 공

존하는 길이 이어진다

전일리 군학마을을 지나
고 평등마을에서 1번 군도
로 바꾸어 회천면에 다다른
다. 11시 5분. 3시간 50분 거
리, 14.8km 지점이다. 보성
은 녹차와 판소리와 꼬막으

해가 지고 있다.

로 유명한 곳이다. 이 회천면은 그중 판소리의 산실인 영천리 도강마을 일
원을 주무대로 서편제의 비조(鼻祖) 박유전 선생 기념비, 정응민 선생 생가,
득음정(得音亭)이 위치해 있는 곳으로, 보성 소리의 역사와 정통성의 맥을
이어가기 위해 판소리 성지가 조성되어 있는 곳이다. 율포 솔밭해수욕장이
면사무소와 이웃이고, 지하 120m 암반층에서 끌어올린 해수와 보성 녹차
가 지친 몸을 달래주는 전국 유일의 해수 녹차탕이 해수욕장 끝자락에 있
다. 아침 길이 아니었다면 나도 지친 몸을 담그고 싶다.

845번 지방도로로 이어진다. 군능리 화당마을을 지나면 1번 군도와 만
나는데 득량면 농촌 마을들이 있는 길로 가고, 1번 군도를 따라 우회전하
면 비봉리 공룡알 화석 산출지와 비봉 공룡공원이 있는 해안길이다. 1시
30분. 6시간 15분 거리, 22.5km 지점이다. 나는 해안길을 택하며 걷는다
나중에 알게 된 사실이지만, 845번 지방도 길을 따라 득량면사무소에서
숙박을 했어야 했다. 어찌되었던 지금은 공룡로 해안 길을 걷는다. 비봉리
비봉 공룡공원을 지나 득량만 방조제에 이른다. 4시 55분. 9시간 40분 거
리, 34.1km 지점이다. 3km 길이의 득량만 방조제를 지나고 중수문을 건
너면 고흥이다.

851번 지방도를 만나 왼쪽으로 가면 남정 삼거리에서 77번 국도 길을

벌교 야경.

만나 우회전하여 따라가면 대서면사무소가 나온다. 해는 서산으로 넘어가고 남은 길은 아직도 멀다. 어둑어둑하기 시작한 길을 뛰다시피 걷는다. 대서면이다. 7시. 11시간 45분 거리, 42.8km 지점이다. 아! 이를 어쩌나, 대서면이 너무나 자그마한 마을이다. 숙소를 찾기위해 문을 연 가게를 찾아보지만 이 시간에 문을 연 가게도 없다. 파출소 찾기도 쉽지 않다. 사람이 보이지 않는다. 길을 따라 가다가 저만치 보이는 경찰차로 달려가 경찰에게 물어본다. 모텔은 없고 숙박은 벌교읍으로 나가라고 한다. 그럼 어떻게 나가냐? 개인 택시가 한 대 있는데 그곳으로 가보란다. 알려준 곳으로 가니 방금 택시가 들어오고 있다. 벌교읍에 오다. 회천면 화죽리 화당마을 앞에서 왼쪽 845번 지방도 득량면으로 가는 길을 택하지 않은 실수가 지금까지 국내외를 막론하고 가장 긴 시간 11시간 45분, 가장 긴 거리 42.8km를 걷게 된 것이다.

오늘의 여정

장흥군 안양면-보성군 회천면-서당리-객신리 비봉 공룡알 화석산출지-비봉 공룡공원-득량만 방조제-남정 삼거리-고흥군 대서면

출발: 장흥군 안양면 오전 7시 15분
도착: 고흥군 대서면 오후 7시

걸은 시간: 11시간 45분
걸은 거리: 42,8km / 누계 297km

트레킹 10일차. 3월 26일. 일요일. 맑은 후 흐림

벌교읍에서 숙박한 후 택시로 다시 대서면에 오다. 어제 대서에서 벌교로 온 택시 기사가 아침에 약속한 시간 7시 30분에 오다. 77번 국도 길로 남양면으로 향하다. 어제 긴 거리 걷기에 오늘은 무리하지 않기로 생각하며 걷기 속도를 좀 줄이다. 이제부터 체력전이 시작될 것이고 그 위에 정신력이 덧붙여져야 이번 트레킹이 성공한다. 힘든 시간들이 시작되고 계속되는 날이다. 장기 트레킹의 체력 상황을 경험으로 알기 때문에 한번 시작은 15일을 가장 긴 여정으로 마쳐야 한다. 물론 2011년 스페인 산티아고 순례길은 33일간(29일+하루 휴식+4일) 920km로 마쳤지만, 그때는 매 5km마다 숙박 시설인 알베르게와 레스토랑 그리고 슈퍼마켓이 있는 마을들이 있었기에 저녁에는 먹고 싶은 메뉴를 먹을 수 있었고, 또 걷는 것 외에 많은 신경을 쓰지 않아도 되었다. 그날 몸 상태에 따라 거리를 조정하면서 걷는 길이었던 것이다.

그러나 지금 같은 국내 트레일은 먼저 어디서 자야 할지, 숙박에 대한 부담이 그날 걷는 내내 머리를 떠나지 않는다. 또 면소재지를 제외하고는 식당이나 식품 가게들이 없기 때문에 항상 두 끼 음식을 마련해서 배낭에

고요한 들과 바다.

동강면

대서면사무소

남양면
탄포 삼거리

남양면

장천해변

수운동 나룻터

남양
면사무소

과역면사무소

과역버스터미널

과역 119
안전센터

고흥군

고흥
구간

고흥읍

고흥공용
버스터미널

대서면-남양면-과역면-고흥읍-풍양면

고흥군청

고흥소방서

풍양면

300

풍양면사무소

넣고 다니려면 어쩔 수 없이 읍소재지나 면소재지를 반드시 경유해야 한다. 이런 장기간 트레킹은 걷기 첫 날, 둘째 날은 몸의 피곤만 느끼게 되고 셋째 날부터는 자기 몸의 가장 약한 부분에서 통증이 시작된다. 나

목련도 피기 시작한다..

는 왼쪽 허벅지, 고관절과 왼쪽 어깻죽지가 먼저 아파오기 시작하여 몸 전체로 퍼져 4일, 5일, 6일째까지 진행하다 7일째는 통증이 점차 사라지기 시작한다. 나는 생각한다. 몸이 더 이상 고통을 호소하고 저항해도 소용이 없다는 것을 알기 때문에 스스로 이 상황을 받아들인다고. 8일, 9일째로 지나가면 통증이 사라진 대신에 몸에 기운이 빠져나간 듯한 나른한 피곤감이 몸을 감싼다. 이때부터 걷는 것이 내 뜻과는 별개로 저절로 이루어지는 느낌을 갖게 된다. 가장 편한 상태로 걷게 된다. 10, 11, 12일 이후는 체력과 정신력이 함께 더해진 상태로 걷는다. 오늘 목적지까지 가야 한다는 주문을 자주 외게 된다. 13, 14, 15일 이후는 그냥 걷는다. 생각이 없이 걷는다. 내려다보면 두 발이 그냥 교대로 움직이고 내 발같이 느껴지지 않으며 내가 무엇을 하는지 잠깐잠깐 잊은 채 걷는다. 마라토너들이 고통의 구간이라 말하는 35km 지점 달리기와 같은 상황이 벌어지는 것이다.

이러한 여러 가지 상황을 극복하면 걷는 즐거움을 느끼게 된다. 희열이 온다. 트레킹이 끝나게 되면 아울러 체중은 3~4kg이 줄어든다. 만일 걷는 중에 골몰히 생각하고, 계속 이야기를 한다면 칼로리 소모는 훨씬 더 많을 것이다. 칼로리 소모가 많은 것이 사(思, 생각), 언(言, 말), 행(行, 동작) 순서라고 하지 않는가? 혼자 트레킹은 그래서 칼로리 소모가 적다. 생각과 말이 적기 때문이다.

중산 일몰 전망대.

아침 안개가 내려 희미한 길을 만들고 국도 길 걷기라 조심스럽다. 다행히 대서면에서 15번, 27번 국도가 만나는 남양면 탄포 삼거리까지는 2차선 도로이고 아침 시간이라 차량 통행이 적다. 탄포 삼거리에서 15번, 17번 혼용 국도는 4차선에 도로 사정도 좋아 다니는 차량도 많고, 속도 또한 빠르다. 대부분 과속이다. 탄포 교차로에서 15번 국도 길에 오르지 않고 국도 옆을 따라 마을로 접근했다 다시 국도 길로 접근하는 이웃하는 옛길로 중산리로 향해 걷는다. 과속 차량의 불안에서 벗어나 안전하고 한가한 길이다. 길가에는 개나리꽃과 목련이 만개하려 하고 있다. 개나리 꽃이 길게 피어 있는 국도 길을 이어 걷다 해안가로 나오면 노을에 물든 갯벌의 아름다움을 보며, 카메라에도 담을 수 있는 중산 일몰 전망대를 보게 된다. 서해와 남해의 낙조는 보는 그대로 환상에 빠지게 한다.

서해안과 남해안의 낙조는 그 자체로 환상이다. 강렬하게 빨아들이는 검붉은 황금빛의 낙조는 바라보는 사람을 혼미하게 만들어 무엇을 보고 있는지도 결국 잊게 만드는 가력을 가진 풍광이다. 고흥 10경(景)인 중산리 중산 일몰공원에 일몰 전망대, 노을 음악회 무대가 꾸며져 있고, 영화 '순정'이 중산리 해변가 일대에서 촬영되었다.

남양면사무소를 향하는 다리 밑을 지나 100m 직진 후 과역면 방향으로 우회전하여 국도가 아닌 옛길을 따라 과역면에 이르다. 11시 40분. 3시간 50분 거리, 15.1km 지점이다. 이후 점안면 대룡리에서 국도 길을 만나 옮겨 걷고, 신안리를 거쳐 두원면 운대리에서 만나는 2번 군도 길로 바꾸어 걷다, 고흥읍 남계리에서 국도 길로 다시 옮겨 걸어 고흥읍에 도착하다 3시 50분. 8시간 거리, 27.7km 거리다. 고흥읍사무소를 오른쪽에 두고 도양/금산 표시를 따라 풍양면으로 가다. 국도 길이 아닌 옛길이다. 장전 마을에서 27번, 77번 국도 길과 다시 만나 풍양면에 이른다. 5시 40분. 9시간50분 거리, 33.7km 지점이다.

역시나 풍양면도 여느 면처럼 자그마한 시골이다. 자연히 숙박할 곳이 없다. 숙소를 안내받기 위해 풍양면 파출소를 찾아가다. 파출소 순경도 역시 고흥읍으로 안내한다. 개인택시를 수배하는데 파출소 소장님이 오신다 관내 순찰을 마치고 고흥읍으로 가는 길에 태워주신다. 감사 감사하다.

오늘의 여정

대서면 남양면-과역면-고흥읍-풍양면

출발: 대서면 오전 7시 50분
도착: 풍양면 오후 5시 40분

걸은 시간: 9시간 50분
걸은 거리: 33.7km/누계 330.7km

트레킹 11일차. 3월 7일. 월요일. 흐린 후 갬

　고흥을 지붕 없는 미술관이라 부른다. 크고 작은 특징 있는 미술관들과 일출, 일몰이 아름다운 해안들이 많다. 천혜의 다도해 해산국립공원을 품고 있는 고흥은 가족의 섬 우도, 명상의 섬 진지도, 가고 싶은 섬 연홍도, 힐링파크 쑥섬쑥섬 애도(艾島) 그리고 한하운 시인의 '보리 피리' 소리의 서러운 애환이 깃든 작은 사슴섬 소록도(小鹿島) 등에 둘러싸여 있다. 또한 우리나라 우주 항공을 대변하는 나로 우주센터와 발사대가 있다.

　애초의 목표대로 어제 풍양면에서 숙박을 했더라면, 오늘은 도화면, 동일면을 거쳐 나로 우주 발사대가 있는 영남면을 지나 점안면 그리고 어제 지나왔던 과역면을 거쳐 보성으로 오는 계획이었다. 하지만 어제 풍양면에 숙박 시설이 없어 어쩔 수 없이 고흥읍으로 다시 돌아와 숙박을 했기 때문에 다시 풍양면으로 가서 원래 일정으로 바꾸어, 바로 고흥에서 버스로 어제 출발지 대서면 탄도 삼거리로 오다. 트레킹이라면 다시 걸어와야 할 텐데, 어제 걸었던 길을 되돌아오는 길 걷기가 싫은 것이다. 앞으로 걸어야 할 길이 너무나 많이 남았고, 벌써 11일째 걷는 길이니 몸도 마음도 지쳐가고 있기 때문이리라. 나의 육신과 정신이 타협을 하고 있다. 마음이 많이 나약해지고 있다.

　77번 국도와 15번 국도가 만나는 남양면 탄포리에서 15번 국도 길 좌우로 교차하는 한가한 옛 국도로 동강면으로 간다. 국도에는 차량 통행이 많다. 오전 7시 40분이다. 3.5km에 있는 동강면사무소를 지나다. 8시 20분이다. 동강면사무소를 지나 계속되는 옛 국도를 따라 올라가면 고흥군과 보성군이 만나는 경계지점에서 15번 국도로 접어들지 않고 직진하여 고흥 IC를 좌측에 두고 벌교읍으로 직진한다. 8.8km 지점, 9시 35분이다. 순천으로 가는 2번 국도를 타지 않고 벌교읍으로 향하다. 남북 분단으로 비롯된 냉전 상황이 극한에 달했던 시기, 이데올로기가 인간보다 우선했기에 좌우 대립이 극심한 상황 속에서 상처받고 신음하는 사람들의 이야기를 그린 대하 소설 '태백산맥'의 무대인 벌교가 여기다.

녹차와 벌교 꼬막으로 널리 알려진 보성의 중심지이다. '조정래길'이라는 별칭인 지방도 857번과 만나는 곳에 벌교 공용버스터미널에 이른다. 11.8km 지점, 10시 30분이다. 버스터미널 앞 조정래길인 857번 지방도를 따라 좌측으로 향하면 순천군 낙안면에 있는 조선시대 대표적인 지방계획도시로 우리나라 3대 읍성의 하나인 '낙안읍성'에 이르게 되는데, 나는 버스터미널에서 우측으로 향해 다음 목적지인 순천으로 향한다. 이 조정래 길 끝나는 지점이 다시 2번 국도와 만나는 벌교읍과 순천시 별량면이 만나는 경계지점이다. 14.5km, 11시 15분이다.

조정래길.

이제 다소 한적한 지방도를 벗어나 교통량이 많은 2번 국도로 걷는다. 오고 가는 차량에 신경이 많이 쓰인다. 별량면과 순천시가 만나는 인안초교에서 만나는 시도(市道) 순천만 길로 바꾸어 걷는다. 순천만과 순천만 국가 정원으로 가는 길이다. 26.1km, 오후 2시 45분이다.

가을철에 오면 아름다운 갈대 군락을 볼 수 있다. 순천만 길에 이어 세계 5대 연안습지로 빽빽한 갈대밭과 끝이 보이지 않는 광활한 갯벌이 있는 순천만 습지를 건너보며, 순천

순천만 습지 칠면조 갈대 군락

동천(東川) 강변길을 따라 올라가면 순천만 국가 정원과 순천시청에 이른다. 순천만과 함께 동천-봉화산 둘레길로 이어져 도시 전체가 하나의 큰 정원을 이루고 있는 순천시의 대표적 관광지다.

32.5km 지점, 4시 20분에 도사초교 앞에서 우측으로 방향을 잡아 해룡면 소재지 월전리를 향해 걷는다. 들판을 가로질러 순천 동천을 건너는 다리는 임시로 가설된 것이다. 해룡면 소재지 월전리에 도착하다. 36.2km, 5시 15분이다. 해룡면에도 숙박 시설이 없다. 택시를 타고 순천시로 오다. 오늘로 걷기 11일째, 부산까지 가려면 얼마나 더 걸어야 할지 쉬 가늠이 되지 않는다. 그래도 이번에 완주해야 하나, 아니면 내일 모레쯤에서 중단하고 다시 시작해야 해야 하나. 마음이 무겁다.

오늘의 여정

고흥군 남양면 탄포 삼거리-보성군 벌교읍-순천시 별량면-해룡면

출발: 고흥군 남양면 탄포 삼거리 오전 7시 40분
도착: 순천시 해룡면 5시 15분

걸은 시간: 9시간 35분
걸은 거리: 36.2km / 누계 366.9km

트레킹 12일차. 3월 28일. 화요일. 흐린 후 맑음

순천시 신개발지에서 숙박하고 아침에 택시로 해룡면이 있는 월전리로 오다. 매일 아침 출발 준비는 여전하지만 피로감은 쌓여만 간다. 이번에는 양 발이 더 이상 못 걷겠다고 먼저 피로를 호소해 온다. 그래도 가야 한다고 달래며, 여느 아침 출발같이 발가락 테이핑은 여전히 하다.

이 해룡면 신성리에는 임진왜란 당시 왜장인 소서행장이 쌓았다고 전해지는 순천왜성이 있다. 충무공 이순신 장군이 소서행장을 노량 앞 바다로 유인하여 대승을 거둔 유서 깊은 곳이기도 하다. 17번 국도가 교통량과 번잡함으로 걷기에 부담이 되기에 863번 지방도를 따라 여수시로 향하다. 3월 하순이고, 남녘 지방이니 도로변과 들녘에는 개나리와 모란이 만개하고 매화도 활짝 피기 시작하다. 길가에 선 매화나무가 유독 나이가 들어 보인다. 그런데도 가지가지마다 매화가 활짝 피어 있다. '꽃을 피우는데 나이가 무슨 대수냐' 하는 시의 같기도 하다. 홀로 우뚝 서서 건장함을 자랑하는 것 같다. 그래 저 나이 먹은 고목도 아름다운 꽃을 피우는데, 나도 더

길가에 있는 매화 고목.

순천시청

해룡초 해룡면사무소

해룡터널

해룡면

남해고속

동천

별량초

별량면사무소

송산초

순천만

순천
구간

순천시 별량면-해룡면

돌산대교 위에서 바라본 여수시.

아름답게 살아야지. 힘이 불끈 솟는다.

농사 준비에 바쁜 들녘도 씨앗을 품을 준비도 마친 양 기름진 밭고랑을 가르고 있다. 마을 어귀 당나무도 부챗살 같은 가지가지마다 물기를 머금어 곧 풍성한 잎을 피울 준비를 마치고 서 있다. 쌓여만 가는 육체적 피로가 이 화사한 봄날에 만가한 봄꽃들과 풍만한 흙을 품은 들녘을 바라보면 어느 정도 가셔지고, 다시 힘이 솟는 발걸음을 내디디며 나아간다. 순천시 해룡면 상내리와 여수시 율촌면 상봉리가 만나는 지점이 출발로부터 8.8km, 9시 40분 거리이다. 16번 시도와 만나는 율촌초교 상봉분교를 지나 계속 863번 지방도를 따라 걷는다. 저 멀리 남해 여자만이 까마득히 보이는 길을 계속하면 12번 시도와 만나는 소라면 복산리에 이른다. 18km 거리. 12시 50분이다. 12번 시도를 따라 여수시청으로 향한다.

해안가 카페촌을 지척에 두고 해넘이 명소로 유명한 진목마을을 시작으로 사진 찍기 좋은 곳으로도 선정된 여자만 갯벌이 길게 펼쳐진다. 아울러 하트 모양으로 유명한 일명 '하트섬'인 모개섬이 갯벌 너머로 보인다. 다시 1km 진행하면 8번 시도 조산로와 중촌으로 가는 12번 시도가 만나는 삼거리 갈림길이 나오며, 8번 시도로 우회전해야 하는데 어찌된 영문인지 나도 모르게 8번 시도 길을 걷게 되고 22번 국도를 만나기 전 마을 길로 돌아 죽림리 신송마을에서 좌회전하여 여수시청에 이른다. 28.5km 지점, 오후 3시 40분이다.

웅천동을 지나는 도로 신월로를 따라 여수시 하수종말처리장을 지나 해안가를 따라오면 만나는 신넘너리 바닷가에서는 바지락 채취가 이루어지고 있다. 나이 든 아주머니, 할머니들이 하루 일당을 벌 수 있을 만큼 캐고 있다. 그러나 여기에도 텃세가 있다. 이 마을 원주민은 비교적 채취량이 많은 곳에서 캐고, 이 마을 원주민이 아니면 외진 곳에서 채취해야 한다. 같은 마을에 살고 있는데도. 월초교를 지나게 되면 여수 돌산대교를 만나게 되고 돌산대교를 건너 돌산읍 우두리에 도착하여 숙박하다. 40.4km 거리, 6시 45분이다.

바지락을 채취하는 모습.

아침 일찍 깨어난 이유인지 몰라도, 오늘 걷기가 유독 힘이 들었다. 체력 저하에서 오는 피로감이다. 매일 섭취하는 열량에 비해 소모하는 칼로리가 많기 때문이다. 걷기 12일째인데 앞으로 얼마 더 매일매일 부족한 칼로리를 사용하면 건강에 이상이 올 수 있지 않을까? 염려가 깃든다.

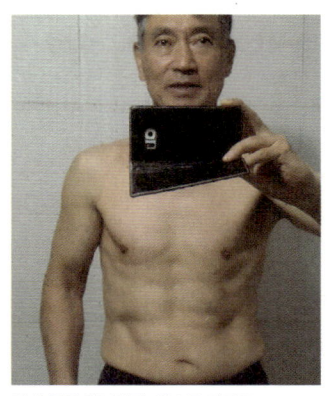

이제 몸이 항거한다. 집으로 가자고.

310

해안 갈대숲.

7일 이상의 긴 트레킹은 어쩌면 건강을 훼손할 수도 있겠다. 이번 트레킹은 전라도 지방 끝자락인 광양시까지만 하고 서울 집으로 돌아가야겠다. 거의 매일 아침, 점심으로 먹는 바게트빵, 삶은 계란 2개, 소시지, 우유, 커피, 과일로는 칼로리 섭취에 한계가 올 수밖에 없다. 저녁 식사도 혼자 먹는 메뉴는 거의 일정하다시피 한다. 삼겹살 구이, 생등심, 매운탕은 2인 이상 식단이다.

순천시 해룡면-여수시 소라면-여수시청-돌산대교-돌산읍 우두리

출발: 순천시 해룡면 오전 7시 30분
도착: 여수시 돌산읍 우두리 오후 6시 45분

걸은 시간: 9시간 15분
걸은 거리: 40.4km / 누계 407.3km

여수시 돌산읍 우두리-무슬목 삼거리-죽포리-
북한 반잠수함 전시관-향일암-오동도-
만성리해수욕장-신덕해수욕장-
여수 국가산업단지-이순신대교-포스코 광양제철-
하동 금성면사무소

**여수-광양
구간**

트레킹 13일차. 3월 29일. 수요일. ㅂ 그리고 흐림

　돌산청사가 있는 숙박업소 밀집지역인 우두리를 나서다. 오늘은 아주 특별한 모임이 있기에 가슴이 뛰고 들뜬다. 고려대학교 68년도 입학 동기들의 연례행사 중 하나인 봄철 지방 나들이가 오늘 저녁 6시 30분 돌산공원에서 저녁 회식으로 2박 3일간 진행되기 때문이다. 저녁회식 후 동기들은 향일암에서 숙박 후 내일 아침 일출 구경 후 다른 곳으로 이동하기로 하다. 향일암에서 같이 자고 아침에 헤어지면 서운한 마음에 맥이 빠져 더 이상 걷기 힘들 것 같아 나는 오늘 먼저 향일암에 갔다 오고, 저녁 모임 후 헤어지는 것이 더 나을 것 같기에 부지런히 향일암으로 걷기로 하다. 오늘 저녁 모임을 맞추려고 지난 4일 전부터 매일 42.8km, 33.7km, 36.2km, 40.4km로 걸어왔다. 보통과는 다르게 걷는 거리를 늘려온 것이다.

　어제 밤 내린 비로 촉촉이 젖은 도로 위로 많은 차량이 오가고, 구간 구간 도로 공사로 포장 안 된 흙 길에 발이 빠지기도 하여 걷는 속도가 자연 늦어진다. 확 트인 바다 위에 군데군데 던져진 듯한 무인도들이 아침 바다의 고요함을 더해주고 있다.

　오가는 차량 소리만 없다면 더할 나위 없는 트레킹 트레일이건만 많이 아쉽다. 우측 바다는 가막만이고 좌측은 여수만이다. 17번, 77번 국도로 걷다. 무슬목 삼거리에서 7번 시도로 옮겨 걷는다. 6.1km 거리, 9시다. 여수만 바다를 보며 해안 길을 한동안 걷게 된다. 바다를 뒤로 하고 내륙으로 길은 굽어진다. 산과 들녘에는 봄이 완연하다.

　돌산읍으로 들어가기 전에 다시 17번, 77번 국도와 만나고 돌

향일암까지 21km다.

오동도 광장.

산읍에서 1번 시도 길로 향일암까지 간다. 돌산읍을 벗어나 향일암까지 다시 해안 절벽 길이 쭉 이어진다. 북한 반잠수함 전시관이 있는 율림리 대율 삼거리에서 1번 해안 길로 직진하다.

향일암에 도착하다. 임포 마을에서 향일암에 이르는 언덕길은 마치 예수가 십자가를 메고 골고다 언덕 '비아 돌로로사(Via Dolorosa)'에 이르는 길을 연상시킨다. 12시 10분, 17.2km 거리다. 여수 3경(景) 중 하나인 향일암은 남해 금산 보리암, 강화도 보문사, 양양 낙산사와 함께 우리나라 4대 관음 기도처이기도 하다. 금오산의 기암절벽 사이에 울창한 동백이 남해의 일출과 어우러져 절경을 빚는다고 해서 향일암이 되었다는 유래가 전해진다. 매년 12월 31일과 1월 1일에 일출제가 열리는 해맞이 명소이기도 하다. 버스를 타고 다시 여수로 나오다. 오동도에 가다. 바다 위에 핀 한 송이 꽃 같은 모습으로 바뀌는 3월, 4월의 붉은 동백꽃이 섬을 아우르는 여수 1경의 한려해상 국립공원이다. 아쉽게도 붉은 동백꽃은 볼 수 없다.

울창하고 곧게 자란 오동도 숲속은 신이나무를 비롯한 많은 나무들이

바닷가 기암과 어우러져, 태고의 원시림의 풍취
를 느끼게 한다. 여러 갈래로 뻗어진 산책길이 많
은 관광객들에게 고요하며 소슬하게 불어오는 숲
향기를 마음껏 마시게 한다. 오동도 앞 호텔에 여
장을 풀고 동기들 모임 장소인 돌산공원 음식점
으로 가다. 내가 먼저 도착이다. 잠시 후 왁자지껄
하며 동기들이 몰려온다. 남해안 트레킹 중인 내
가 이 모임에 오리라고는 몇 명을 제외하고 대부

향일암 바우 사잇길.

분 알지 못했다. 이 모임에 참석하기 위해 지난 4일간 길 걷기 거리를 늘려
왔다는 이야기에 큰 박수로 성원해주고, 건배사로 무탈한 트레킹 완수를
격려해주는 고맙고도 고마운 친구들이다. 시간이 흘러 아쉬움이 많이 남
는 헤어짐의 순간이 오다. 흥겹게 향일암으로 향하는 버스를 떠나보낸 후
갑자기 텅 빈 가슴에 허전함이 엄습한다. 눈시울이 무거워지다. 동기들이
떠나간 돌산대교 가로등 불빛이 더욱 슬프게 가슴을 적신다. 멋진, 그러나
한편으로는 쓸쓸한 밤을 맞는 하루다.(다시 걷고 싶은 길-무슬목 해수욕장에서
돌산읍 해안도로 일주.)

여수 돌산읍 우두리-무슬목 삼거리-죽포리-북한 반잠수함
전시관-향일암

출발: 돌산읍 우두리 오전 7시 20분
도착: 향일암 오후 2시 10분

오늘의 여정

걸은 시간: 6시간 50분
걸은 거리: 24.2km / 누계 431.5km

트레킹 14일차. 3월 30일. 목요일. 흐린 후 맑음

　오늘은 광양시를 거쳐 하동군까지 간 후 이번 트레킹을 마감하고 서울로 가기로 한다. 여수에서 광양시를 거쳐 하동군으로 가는 트레일은 출발지 여수 오동도 앞을 떠나 77번 국도에 이어 시내길로, 다시 여수시청 시청로로 주삼동 주삼나들목에서 다시 17번 국도로 바꾸어 율촌면 대포리, 취적리, 월산리를 거치고, 순천시 해룡면을 거쳐 광양시 광양읍으로 나아가야 한다. 이렇게 진행되는 노정(路程)에는 율포면에 있는 대포터널, 산곡터널, 취적터널, 율촌터널을 지나야 한다. 국도이기에 터널 통과는 가능하겠지만 먼지 오염 및 차량 통행으로 인한 말할 수 없는 불안감과 함께한다. 오늘 길이 남해안 트레킹 중에서 가장 난감한 길이다. 국도 가까이 시도나 지방도도 없으니 오로지 이 국도 길을 따라 걸어야 한다.

　이 트레일의 대안으로 여수 엑스포 박람회장을 지나 덕충 나들목에서 제2마래터널을 지나 해안 길로 만성리 해수욕장을 거쳐 계속되는 해안 길로 여수 국가산업단지를 거쳐 묘도동에서 이순신대교를 건너 광양시로

여수 엑스포 박람회장.

돌산대교 야경.

들어가는 길이 있다. 이 길의 진행에는 반드시 확인해야 할 내용이 있다. 여수 묘도동에서 광양읍 금호동으로 넘어가는 '이순신대교'를 걸어갈 수 있느냐 하는 점이다. 인터넷을 검색해보니 도보로 건넌 사람의 글이 올라 있다. 최종적으로 여수시청에 확인한 결과 도보 통행이 가능하다고 한다. 그렇다면 남해안 트레킹 트레일 중에서 가장 난제의 길이 해결되는 것이다. 여수 엑스포 박람회장을 지나 덕충 나들목으로 향하다.

마래터널 입구에 '자동차 전용'이란 팻말이 걸려있고, 제2마래터널 앞에는 사고로 통행을 금지한다는 안내판이 서 있다. 자동차 전용이라면 도보 통행이 불가능하다는 의미다. 어쩔 수 없이 택시로 마래터널을 지나 만성리 해수욕장 인근 평촌마을에 내려 해안 길을 따라 걷는다. 만성리 검은 모래 해변이 계속된다. 간혹 지나가는 여행객의 차량을 제외하면 통행이 거의 없는 한가한 길이 한려 해상국립공원 바다 풍경을 즐기는 해변 길이다. 모사금해수욕장을 거치다.

모사금해수욕장.

　소치 마을, 신덕해수욕장을 지나 낙포동 삼일 자원비축단지와 만나는
지점에서 왼쪽 길은 77번 국도 상암로와 만나는 길이다. 8.8km, 10시다. 여
수 국가산업단지 길로 접어든다. 이제까지 조용한 여수만 한려해상국립공
원 해안 길을 걸어오다 갑자기 산업 동맥의 굵고 우렁찬 떨림의 역동감이
전신에 다가오는 듯하다. 대형 트레일러가 빈번하게 오고 가는 산업 길에서
두려움이 함께하니 자연히 길 가장자리로 밀려나 움츠러든다. 거대한 국가
가 움직이는 느낌이다. 지쳐 있던 몸에 활력이 되살아나는 느낌이다. 부지
런히 오고 가는 차량을 지켜보며 묘도대교를 건너 이순신대교로 가는 길
로 천천히 조심스럽게 다가간다. 여수시와 광양시를 잇는 이순신대교는 총
길이 2260m의 주탑과 주탑 사이를 케이블로 연결하고 쇠줄을 늘어뜨려
다리 상판을 매다는 방식으로 건설된 현수교(懸垂橋)이다. 주탑과 주탑 사이
가 1545m인데 이는 이순신 장군이 태어나신 1545년을 상징한다.
　걷는 사람이 한 사람도 없고 육중한 화물 차량만이 분주히 오가는 이
순신대교를 건너 광양시 금호동에 이르기 300m 가량 남은 지점에 다달

앗을 때 도로공사 직원 차와 경찰차가 내 앞으로 선다. 여수시에서 광양시로 건너가지만 걷고 있는 방향은 광양시에서 오는 차량 방향이다. 언제나 길 걷기는 소위 말하는 역주행이다. 안전을 위해서다. 달려오는 차량 방향이 상황에 따라 피하기 용이하고, 또한 운전사도 나를 보며 달리기에 안전성이 높은 것이다. 차에서 내린 경찰관과 도로공사 직원은 이순신대교는 차량 전용 도로로 보행으로 건널 수 없다고 한다. 다리 입구에 세워진 안내판을 보지 않았냐고 묻는다. 안내판을 보지 못했고, 인터넷에 걸어서 건넌 사람 이야기도 있고, 여수시청에 확인했더니 도보로 건널 수 있다고 해서 걸어왔다고 주장했지만, 경찰관은 도보로 건너는 것은 불가능하다고 단언한다. 그럼 되돌아가야 하는데 참으로 난감한 순간이다. 다시 상황을 설명해 본다. 내가 부산 해운대 오륙도 해맞이공원에서 출발하여, 동해안 통일 전망대, 동서 트레일의 김포 대명항, 서해안 목포항 그리고 마지막 부산 해맞이공원에서 끝나는 '대한민국 둘레길'의 마지막 구간 남해안 트레킹이다. 이제 겨우 300여 m가 남았으며, 길 가장자리로 낮은 거리를 조

이순신대교

심해서 걸어가겠으니 통행을 부탁해 보지만, 결론은 법규 위반이니 되돌아가야 한다는 것이다. 경찰관이 이순신대교 입구까지 태워주기로 한다. 그렇게 되면 다시 여수로 나가 순천시를 거쳐 광양시로 되돌아와야 하는 애초의 트레일이 된다. 이건 나에게 엄청난 일이 되는 것이다. 그래서 나에 대한 안전이 걱정되면, 얼마 남지 않은 300여m이니 경찰관이 호송해 주면 되지 않겠느냐고 제안을 해본다. 나도 물러날 수 없는 입장이 된 것이다. 처음에 주장했

섬진대교에서 바라본 섬진강 상류.

던 나 개인의 큰 기록을 위해 마지막 남은 300m를 마저 걷게 해달라고 했던 것에서 한 발 양보한 것이다.

경찰차에 타게 된 나는 이순신대교를 나와 다시 묘도동에서 U턴하여 광양시 다리 끝에 내리다. 300m를 남겨 두고 경찰차로 이순신대교를 건너게 되었다. 무사히 트레킹을 안전하게 마치시라는 경찰관의 인사와 감사하다는 내 인사가 교환된다. 자전거나 도보 통행금지 안내판이 이순신대교 진입 도로가 아닌 우회전 진입 도로에 설치되어 있는 것을 함께 확인하다. 어제 저녁에 정한대로 오후에 하동에서 버스로 서울로 가기로 했기에 부지런히 걸어야 한다. 금호동 포스코 광양제철단지에서 2번 국도로 정문을 지나다. 23.9km 거리, 오후 2시 15분이다. 태인동 장내산업단지 도로를 따라 걷는다. 59번 국도로 옮겨 섬진대교를 건너다. 하동군으로 오다. 29.6km 거리, 3시 45분이다.

59번 국도로 걷다 16번 군도(郡道)로 바꾸어 하동군 금성면사무소에 오

하동의 벚꽃.

다. 31.9km, 오후 4시 20분이다. 벚꽃이 만개하기 시작하다. 오늘 집으로 가기 위해 하동에서 오후에 서울로 가는 고속버스를 타러 무거운 발걸음을 부지런히 옮긴다. 예상보다 30분 빠른 시간에 하동 금성면사무소에 도착하다. 하동 버스터미널에서 5시 30분 서울행 버스에 몸을 싣는다. 버스에 남은 딱 한 좌석이 나를 기다려주었다. 행운과 함께. 남해안 트레킹 견반을 마치다.

여수시 오동도-관성리해수욕장-신덕해수욕장-여수 국가·산업단지-이순신대교-포스코 광양제철-하동 금성면사무소

출발: 여수시 오동도 7시 30분
도착: 하동군 금성면사무소 오후 4시 20분

걸은 시간: 8시간 50분
걸은 거리: 31.9km / 누계 463.4km

오늘의 여정

하동군

금성면사무소

가덕리 명덕마을

덕오마을

하동화력발전소

금남면사무소

대성

노량항

하동
구간

금성면사무소-가덕리 명덕마을-
하동화력발전소-덕오마을-금남면사무소

지난 3월 17일 목포항에서 출발한 남해안 트레킹은 3월 30일 하동군 금성면사무소까지 14일간으로 마무리되다. 그 후 7월 22일부터 7월 29일까지 TMB(Tour De Mont Blanc) 몽블랑 트레킹을 했다. 알프스 몽블랑 4807m 정상을 보며, 프랑스 샤모니에서 출발하여 이탈리아를 거쳐 스위스 그리고 프랑스 샤모니로 마감하는 둘레길 트레킹이다. 몽블랑을 감싸고 있는 설산과 얼음 빙벽의 고지, 알프스 산등성이에 펼쳐진 야생화 들판의 조화를 두루 섭렵하며 걷는 산행이기에 그 장관은 이루 말할 수 없는 환희와 감흥을 가져다준다. 언젠가 또 다시 가야지. TMB가 아닌 알프스 트레킹으로. 이제 다시 '대한민국 둘레길' 마지막 구간으로 경남 하동에서 부산 오륙도 해맞이공원까지 가는 길 걷기다.

트레킹 15일차. 10월 12일. 목요일. 비

남부터미널에서 6시 30분발 하동행 버스를 타다. 10시 20분 하동읍 버스터미널에 도착해, 인근 식당에서 간단히 점심을 먹고, 지난 3월 트레킹 때 마감했던 금성면사무소로 가다. 가랑비가 내리니 출발은 우의 없이 우산만 쓰고 면사두소를 출발하다. 오전 11시다.

금성면에서 다음 경유지 금남면사무소로 가는 길은 두 방법이 있다. 하나는 6번 군도를 타고 가다 59번 국도로 바꾸어 개천리 삼거리에서 다시 19번 국도로 바꾸어 계속 금남면까지 가는 것이고, 두 번째는 6번 군도로 반대 방향, 즉 남쪽으로 내려오는 길로 계속하여 해안도로 길을 이어 걸어가는 방법이다. 이 두 방법 모두 북쪽과 남쪽으로 돌아가는 길이기에 만족스럽지 못하다. 너무 긴 거리를 돌아가는 것이다. 가덕리 명덕마을로 연결되는 17번 군도를 연결하면 두 방법 길거리를 반으로 단축할 수 있다.

부슬비가 내리는 가운데 GPS를 켠 휴대폰, 안내지도 그리고 우산을 펴고 불편한 상태로 계속 걷다. 길가 논에는 벼가 고개를 숙이기 시작하고 벼 잎이 노란색을 띄기 시작하니 가을이 차츰 익어가는 남쪽 지방이다. 가덕리 명덕마을에서 17번 군도를 걷다가 6번 군도와 만나는 지점에서 바꾸어 걸어 남해화력발전소 정문을 거쳐 덕오마을에 이른다. 오후 1시다. 가을비에 촉촉하게 젖은 구절초가 생기를 뿜으며 화사하게 피어 있다. 군락을 이루어 핀 꽃이 길가를 따라 물결치듯이 이어진다.

작은 마을 길을 벗어나 해안 길을 따라 금남면사무소에 도착하다. 10.5km 지점, 오후 2시다. 오늘 일정을 마치는 장소이지만 쉬기에는 너무 이른 시간이다. 더 걷기로 하다. 하동은 한국의 알프스라고 부른다. 광양시와 공유하는 섬진강은 재첩 채취와 화개장터에서 쌍계사로 이어지는 섬진강 강변 십리 벚꽃 길로 봄의 운치를 만끽할 수 있는 봄의 강이기도 하다. 벚꽃이 망울을 맺기 시작할 때면 섬진강 건너편 다압면의 매화는 만개하여 인근 산군(山群)을 매화로 뒤덮어놓는다. 뿐만 아니라 상류에 있는 화개장터는 경상도와 전라도가 맞닿은 화개장은 해방 전까지만 해도 우리나라

금남면 마을.

5대 시장 중 하나였다. 박경리의 대하소설 '토지'의 무대이기도 한 악양 평사리 최참판댁 사랑채 대청마루에서 내려다보는 평사리 넓은 들판은 보는 사람 모두의 마음을 뻥 뚫어준다. 조상들의 옛 생활을 회상시켜 주면서.

봄의 고장 하동을 이 가을에 지나간다. 악양면 평사리는 지리산 둘레길에도 만나는 곳이다. 가늘게 내리는 가을 빗속을 우산을 쓰고 걷는다. 아침 출발부터 내리는 비가 간헐적으로 그치기도 하지만 비옷을 꺼내 입을 정도의 많은 비는 아니다. 누런 벼가 고개를 숙이기 시작하는 계절이다. 누군가가 모심기를 했을 텐데, 논에는 농부가 보이지 않는다. 구글 지도를 찾아 길 찾기에 보탠다. 빗속 길이기에 잘못 접어들 수 있다. 관음포의 잘 정돈된 이순신 장군 순국공원은 일명 이락사라 불리는 곳으로, 이순신 장군이 노량해전에서 왜구의 총탄에 맞아 순국하신 후 유해가 처음 육지에 내려진 곳이다. 순국공원인데 이렇게 입장료를 받아야만 할까?

트레킹 첫날은 언제나 가벼운 두려움이 있게 마련이다. 걸을수록 사라지게 마련인데, 언제나 첫날에는 어김없이 찾아온다. 이제 남해군으로 접어든다. 남해대교를 건너 한려해상국립공원 지역인 남해군 고현면에 도착하다. 금남면에서 걸은 19번 국도 길이다. 19.4km 거리, 오후 4시 20분이다. 고현면에 숙소가 없어 남해읍으로 오다.

금성면사무소-금남면사무소-남해대교-고현면사무소

출발: 금성면사무소 오전 11시
도착: 고현면사무소 오후 4시 20분

걸은 시간: 5시간 20분
걸은 거리: 19.4km / 누계 482.8km

남해
구간

남해대교-고현면사무소-남해읍-이동면-
상주 은모래해수욕장-미조면 미조항-창선교-
창선면사무소-창선, 삼천포대교

고현면사무소
도마초
남해읍
남해군청
남해소방서
대정리
이동면
남면사무소
두곡해수욕장
남 면
앵강만
원천항
벽련항
은모래
해수욕장

단항
냉천항
매천국도
동대리
보천항
고현항
청현면사무소
산흥항
지족리
삼동면
남해독일마을
물건항
금산
보리암
상주면
미쪼면
미조항

트레킹 16일차. 10월 13일. 금요일. 맑음

아침에 택시로 어제 트레킹이 끝난 고현면사무소로 오다. 남해는 서쪽은 하동군을 잇는 남해대교로, 오른쪽은 사천시 창천 삼천포대교로 연결되어 강진만을 둘러싸고 있다. 사람의 허파와 같은 좌우 대칭 형태를 띤 모습이다. 77번, 19번 국도 길로 남해읍으로 향하다. 해안 길을 벗어난 나륙 길이다. 곳곳에 4차선 도로 확장 공사가 한창이어서 차선이 없어지고 교행하는 차량들이 길 가장자리로 접근해 위험하기도 하다. 방어 도보기 필요하다. 고요한 농촌의 아침이 길 양편에 펼쳐져 있다. 복잡하고 산만한 국토 확장 공사가 없는 구간에는 고요하고 한가한 농촌의 전경이 눈앞에 다가와 긴장했던 마음을 가라앉힌다. 모든 움직임들, 심지어 지구 운행까지도 멈춘 듯한 고요함만이 있는 마을과 마을들이다. 국내에서 유일한 유배문학관(流配文學館)이 있는 남해는 자암(自菴) 김구(金絿), 태소(太疎) 김용 등 많은 학자들이 유배 생활을 했던 곳이기도 하다.

남해읍사무소에 도착하다. 7km 지점, 9시 12분이다. 남해읍사무소를 지나는 국도 77번, 19번은 남해군을 관통하며 동쪽 지역 해안도로를 만드는 유일한 길이다. 극도 길을 따라 이동면으로 향하다. 농촌의 논과 밭 그리고 산하가 조용히 시야를 따라온다. 가을걷이의 계절, 많은 작물들이 논과 밭에 자라고 익어가고 있으나 농부는 논에도 밭에도 코이지 않는다.

남해유배문학관.

농부가 없다. 기업 농부만 있다. 농기계가 농사를 대신 지어준다. 이동면사무소에 도착하다. 14.5km 거리, 11시 20분이다. 이동면사무소를 지나면 삼동면, 창선면으로 가는 1024번 지방도로와 만나고 직진하면 상주면으로 가는 77번, 19번 국도 길이다. 1시간여 계속 걸으면 남면으로 가는 1024번 지방도를 만나고, 직진한 고개 길을 오르면 앵강휴게소가 보인다. 휴게소에서 점심을 먹다. 휴게소를 지나면 좌측은 금산 보리암으로 가는 길이 나온다

  금산(錦山, 704m)은 한려해상국립공원 내의 유일한 산악공원으로 38경이 있으며 온갖 전설을 담은 기암괴석이 금강산을 빼어 닮았다 하여 소금강 혹은 남해 금강이라 불린다. 고려 말 태조 이성계가 이곳 금산에서 백일기도를 한 후 건국하게 되는데, 기도 중 소원이 이루어지면 이 산을 금(비단)으로 뒤덮어주겠다고 약조한 후, 실제 소원이 이루어지게 되었는데, 이 약조를 지키려면 수만 필의 비단이 필요하게 된다. 이때 측근 신하가 꾀를 낸 것이 산 이름을 금산으로 바꿔 부르게 하였다고 한다. 신라 신문왕 때 원효대사가 세웠다는 보리암은 금산의 기암절벽 영봉에 자리 잡은 우리나라 4대 관음 기도처 중 하나이다.

  이정표 밑을 지나 내리막길로 내려가면 눈앞에 에메랄드 바다가 펼쳐

두모 마을. 자연 풍광과 조화가 이름답다.

미조만의 저녁 바다.

지는 앵강만이 저 멀리 보인다. 이름만큼이나 아름다운 바다색이다. 동쪽으로 이동면과 상주면, 서쪽으로 남면의 해안을 크지도 작지도 않은 산으로 둘러싸여 있는 잔잔한 바다다. 마을과 들녘과 바다가 어우러진 아름다운 풍광이다. 이런 아름다운 마을들을 보며 즐기는 것이 트레킹이다. 마음이 아름다워진다.

에메랄드빛 짙은 바다와 아름다운 작은 포구 마을을 내려다보며, 한갓진 여유로 지친 몸을 추스린다. 앵강만 해안을 바라보며 국도 길을 따라 소막동 등 해안 마을들이 이어져 있다. 오후의 앵강만은 은빛색의 파도가 잔잔하고 조용하며 아름답다.

상주면에 들어서면 백련 마을을 지나는 77번, 19번 국도 길과 두모, 소량으로 가는 7번 지방도가 만나는 길에서 해안도로인 7번 지방도로 바꾸어 걷는다. 23.4km 거리, 오후 2시 14분이다. '구운몽'과 '사씨 남정기'의 작가 서포 김만중 선생이 56세 일기로 유형(流刑)의 삶을 마감했던 노도가 두모마을에서 저 멀리 보인다.

소량을 거쳐 상주 은모래해수욕장에 오다. 31km 거리, 오후 4시다. 남해에서 가장 빼어난 풍광을 가진 해수욕장으로 부채꼴 모양의 해안 백사장과 눈앞에 펼쳐진 작은 섬들은 바다를 호수 모양으로 감싸고 있어 아름다운 풍광을 만든다.

77번, 19번 국도 길로 남해에서 가장 아름다운 항구 미조면, 미조항으로 가다. 천하마을을 조금 지나면 특색 있는 남국의 정취, 부드러운 백사장과 송림을 배경으로 가진 환경적으로 완벽한 해수욕장인 송정 솔바람해변으로 가는 9번 지방도 길로 해서 미조항으로 갈 계획이었는데, 깜박하여 이 갈림길을 지나쳐 버린다. 어쩔 수 없이 삼동면을 거쳐 창선대교로 가는 77번 국도와 미조면 미조항으로 가는 19번 국도가 갈라지는 초전 삼거리에 오게 된다. 36.1km 거리, 5시 30분이다.

아름다운 미조만의 저녁노을을 바라보며 해안 길이 계속되는 19번 국도 길은 차량 통행이 한적하여 걷기가 편하다. 대지의 기운이 뻗기 직전의 고요함, 육체가 작동하기 직전의 한가한 상태, 모든 기운이 가라앉아 있는 고요함이 함께하는 걷기가 미조면 미조항에 이르러야 멈춘다. 38.5km 거리, 오후 6시다.

오늘의 여정

고현면- 남해읍-이동면-상주 은모래해수욕장-미조면 미조항

출발: 고현면 오전 7시 20분
도착: 미조면 미조항 오후 6시

걸은 시간: 10시간 40분
걸은 거리: 38.5km / 누계521.3km

트레킹 17일차. 10월 14일. 토요일. 흐린 후 맑음

　미조항에서 어제 걸어왔던 초전 삼거리까지 버스나 택시나 빠른 교통편을 이용하려 했으나 여의치가 않다. 버스도 택시도 보이지 않는다. 어쩌면 걷는 것이 빠를지 모른다는 생각에 그냥 걸어서 미조항을 출발하다.

　초전 삼거리에서 77번, 3번 국도 길로 항도 몽돌해수욕장이 있는 항도마을에 이른다. 77번, 3번 국도 길은 해안을 끼고 계속된다. 대치포, 은점마을이 아름다운 해안을 끼고 이어져 있다. 물건리 독일마을 입구에 이른다. 이제는 남해의 명소로 대표적 관광지가 된 남해 독일마을은 60~70년대 경제 발전에 헌신한 독일 교포들의 정착촌으로, 마을의 모든 주택이 독일식으로 지어져 이국적 풍경을 자아내고 있다. 남해 파독전시관은 파독 광부, 간호사의 애환이 어린 독일생활상을 생생하게 전해주고 있어 눈시울을 붉히게 한다. 우리나라 근대사의 한 편린이다.

　고향이 남해인 친구가 꼭 들러서 먹고 가라고 한 지족리 '우리 식당'에 오다. 20.3km 거리, 2시 50분이다. 마침 점심시간이 겹치는 행운이다. 역

몽돌해수욕장이 있는 항도마을.

독일인 마을.

시 손님이 많은 식당이라 겨우 한 자리를 차지한다. 트레킹 중 식당에서 하는 식사는 늘 혼자이기에 메뉴 선택의 폭이 좁다. 1인용 식사 메뉴다. 어제 저녁 미조항에서 멸치 쌈밥을 먹었기 때문에 이 식당의 대표 메뉴인 쌈밥 정식 대신 오늘은 갈치구이다.

남해의 대표 식단은 역시 멸치 쌈밥이다. 죽방 멸치잡이의 본 고장이다. 생갈치 구이라 식감이 매우 좋고 부드럽다. 갈치 토막을 반으로 뭉텅 분질러 입에 넣고 우물우물 씹기도 전에 아이스크림처럼 입안에서 사르르 녹는 단맛의 향이 코를 때린다. 갈치 세 토막에 멸치 쌈이 부수로 따라 나온다. 오랜만에 기분 좋은 식사가 되다.

지족리 우리식당을 나와 창천교를 건너다. 77번, 3번 국도 길을 따르면 창선면사무소 그리고 창선, 삼천포대교를 건너는 길이다. 창선교는 남해의 명물 죽방 멸치잡이 터다. 삼각형의 대나무발로 바닷물을 막아 멸치를 모으는 방식이다. 여기 저기 죽방이 설치되어 있다. 빠른 물살을 가르며 오르

고 내려 지방질이 가장 좋은 멸치
가 자라는 곳이다.

남해 죽방 멸치잡이.

당항마을, 냉천마을을 지나는 '한국의 아름다운 길'로 알려진 동부대로 길이 창선, 삼천포대교로 이어지다. 창선, 삼천포대교를 지나면 지금은 사천시로 통합돈 옛 삼천포 시가 나온다. "삼천포로 빠졌다."라는 말이 있는데, 삼천포 시민들을 불쾌하게 만드는 이 말의 유래는 다양하게 이야기된다. 그중 하나를 소개하면 이렇다. 경상남도 삼랑진에서 진주와 순천을 거쳐 광주까지 가는 경전선의 개양역에서 다시 삼천포까지 가는 진삼선이 갈라지는데, 삼랑진을 떠난 기차가 개양역에 도착하면 객차를 분리하여 일부만 삼천포로 가게 된다. 이때 몇 호 차가 삼천포로 가는지 방송을 해주곤 했는데, 삼천포가 아닌 다른 곳으로 갈 손님들이 방송을 듣지 못해 빈번히 삼천포로 가곤 했다고 해서 생긴 말이 "삼천포로 빠진다."이다. 나는 오늘 삼천포로 빠지지 않고, 삼천포에 도착하다. 동서동 삼천포초교 앞이다.

오늘의 여정

미조항-창선교-창선면사무소-창선, 삼천포대교-사천시 삼천포

출발: 남해 미조항 오전 7시 30분
도착: 사천시 삼천포 동서동 오후 5시 50분

걸은 시간: 10시간 20분
걸은 거리: 36km / 누계557.3km

사천시청

사 천 시

각산

삼천포종합운동장

삼천포터미널

대교유람선
선착장

대방초

망산

사천경찰서

향촌동
행정복지센터

삼재마을회관

삼천포대교

대방진굴항

삼천포항

노산초

남일대
해수욕장

77번 국도

**사천-고성
구간**

사천시 삼천포-고성군 하이면-하일면-삼산면사무소

고 성 군

고성관청

77번국도

하일면사무소

삼산면사무소

남평항

하이면

삼혜선착장

하일면

고성공룡박물관

균령포

맥전포항

트레킹 18일차. 10월 15일. 일요일. 비, 흐리고, 비

새벽녘에 무언가 세게 창틀을 때리는 소리에 눈을 뜨니 아침 6시 45분. 세차게 비가 내리고 있다. 어제 밤 9시에 잠이 들었으니 장장 10시간 가까이 잔 잠이다. 이 정도의 비라면 오늘은 걸을 수가 없다. 창문을 열고 밖을 내다보니 비는 연신 주룩주룩 내리고, 일기예보는 10시경부터 비가 잦아든다고 한다. 어떡하나. 그래도 계속 걸어야지. 이 정도 비에. 아니야, 오늘은 쉬어야 해. 비 줄기가 굵잖아. 오가는 마음에 결정이 쉽게 내려지지 않는다. 서두를 것 없이 아침을 먹으면서도 연신 밖의 빗소리에 신경이 가 있다. 가늘어지는 것 같기도 하고, 여전히 주룩주룩 내리는 것 같기도 하고. 오늘 트레킹 트레일로 생각했던 바닷가 길로 동서공원, 삼천포 수산시장이 있는 삼천포 구항을 거쳐 삼천포 신항으로 나가 향촌동 향촌 사거리에서 77번 국도 길로 고성군 하이면으로 가려는 계획을 비로 인해 바꾸어 걷기로 결정하다. 우의를 입고 한 손에 우산을 쓰고 한 손에 지도를 들고

공룡나라 고성, 공룡박물관으로 가는 길

걸어야 하는 빗속 길 걷기는 여간 번잡한 일이 아니어서 길 찾기를 바삐 해야 할 바닷가 길을 포기하고 쉽게 걸어갈 수 있는 77번 국도 길을 택한다. 8시 30분에 출발하다. 비는 여전히 내리고, 삼천포 시내를 빠져나오는데 30여 분이 지나다. 고성군 하이면에 오다. 하이면사무소에서 30여 분 지나면 상족암 군립공원내에 있는 공룡공원과 고성 공룡 박물관으로 가는 길 4번 지방도를 만난다. 중생대 백악기 고생물, 공룡 발자국 화석 5000여 점이 고성군 전역에서 발견되어 '공룡나라'라는 별명을 얻었다. 고성군 하이면 덕명리 일대에서 1982년 1월에 최초로 화석이 발견되었다.

출발 때와는 달리 빗줄기가 가늘어지고 점차 비가 그치니 걷기가 한결 수월하다. 맑은 공기가 가슴속을 찌른다. 들녘에 익어가는 볏잎이 황금색을 띠기 시작하는 시절이다. 농촌의 가을색이 넓고 넓은 벌판을 가득 메운다. 산과 산 사이 모든 면적이 이 가을 색으로 가득 차 있다. 마음을 즐겁게 하는 색깔이다. 이 가을 색을 따라가다 보니 피곤한 발걸음이 나도

농촌의 가을 색. 푸근하고 넉넉한 색감이다.

삼산면사무소.

모르게 가벼워진다. 노랑, 초록 갈색이 모두 조화로운 파스텔톤이다. 깊어지는 가을이 한 발 한 발 나에게로 다가오다.

하일면사무소에 도착하다. 77번 국도 길이다. 16.4km 거리, 오후 1시 18분이다. 이제 비는 완전히 그치다. 하일면에서 쪽지골, 가룡포, 해포를 거쳐 삼산면으로 가는 해안 길이 있으나 용태리 등끝이 마지막으로 완성되지 않아, 어쩔 수 없이 77번 국도 길로 삼산면사무소로 가다. 하일면사무소를 지나 고성 학동마을 최영덕 고가 앞을 지나는 국도 길부터 시작되는 오르막길은 삼봉저수지에 이르러서는 절정을 이룬다. 몹시 가파른 오르막 고갯길이다. 중촌삼거리에서 내리막길이 시작되고 다시 삼봉리 옥내동에서 시작되는 가파른 오르막길은 신왕산을 넘어서야 내리막길로 이어져 삼산면까지 오다. 27.9km 거리, 4시 40분이다. 두 차례 가파른 오르막길에 몹시 지치다. 삼산면에는 숙박할 곳이 없다. 버스로 고성읍으로 가다.

사천시 삼천포-고성군 하이면-하일면-삼산면사무소

출발: 사천시 삼천포 오전 8시 30분
도착: 고성군 삼산면사무소 오후 4시 40분

걸은 시간: 8시간 10분
걸은 거리: 27.9km / 누계585.2km

트레킹 19일차. 10월 16일. 월요일. 흐림

　고성읍에서 버스를 타고 출발지 삼산면사무소로 오다. 77번 국도 길을 따라 미용저수지를 오른쪽에 두고 걸으면 77번 국도 길이 끝나면서 1010번 지방도로 이어진다. 77번 국도 길은 두포리를 횡단하여 군령포에서 통영시 도산면 저산리로 이어질 예정지만, 아직 공사는 시작되지 않았다. 1010번 지방도로 이어 걷는다. 바다가 훤히 내려다보이는 고개가 있는 산길을 내려오면 해안 길이 이어지고 굴곡이 많은 해안 길을 걸어 수남리 노루목에 이른다. 8.7km거리, 9시 35분이다. 남산공원 오토 캠핑장이 있는 남포항에 해변 데크 길이 잘 다듬어져 있다.

　곡룡마을에서 14번 국도와 만나고 국도 길로 통영시 도산면 도선리, 고성군과 통영시 경계에 오다. 13.7km 거리, 11시다. 해안을 보며 걷는 농촌 마을 길이다. 농촌과 어촌이 어우러진 곳이 많은 것이 남해안의 특징이다. 이제 가을걷이가 가까워지고 있다. 예전엔 이맘때쯤이면 농부들이 들녘으로 나와 누렇게 익어가는 벼 이삭을 바라보며, 무더웠던 여름의 땀 흘린

남포항 해상 데크 길.

보람을 느끼고 풍요로운 가을걷이에 흡족해 하던 미풍은 어느 틈에 사라지고 말았다. 이 풍경이 내 어릴 때, 농촌의 모습이었다. 가슴 속에서 짙은 향수가 배어 나온다.

도산면사무소에 오다. 18.9km 거리, 12시 25분이다. 도산면사무소를 지나 계속되는 국도 14번, 77번에 1021번 지방도가 연결되는 지점에서 바꾸어 걷는다. 광도면 용호리 방향이다. 2시간 20여 분이 지난 때에 67번 국가지원 지방도와 만나고 다시 옮겨 걷는다. 27.4km 거리, 오후 3시 20분이다. 통영은 굴 양식이 활발하다. 해안가 바다에 굴 양식 목장이 많다. 내일 건너야 할 통영대교 가까운 곳에 숙소를 찾으니, 통영시 중앙동 통영문화마당이 인근에 있는 강구안에 도착하다. 31.5km거리, 오후 4시 50분이다.

생굴 채취 공장.

강구안에 정박되어 있는 거북선.

고성군 삼산면-통영시 도산면사무소-강구안

출발: 고성군 삼산면사무소 오전 7시 45분
도착: 통영시 강구안 오후 4시 50분

오늘의 여정   걸은 시간: 9시간 5분
걸은 거리: 3˙.5km / 누계616.7km

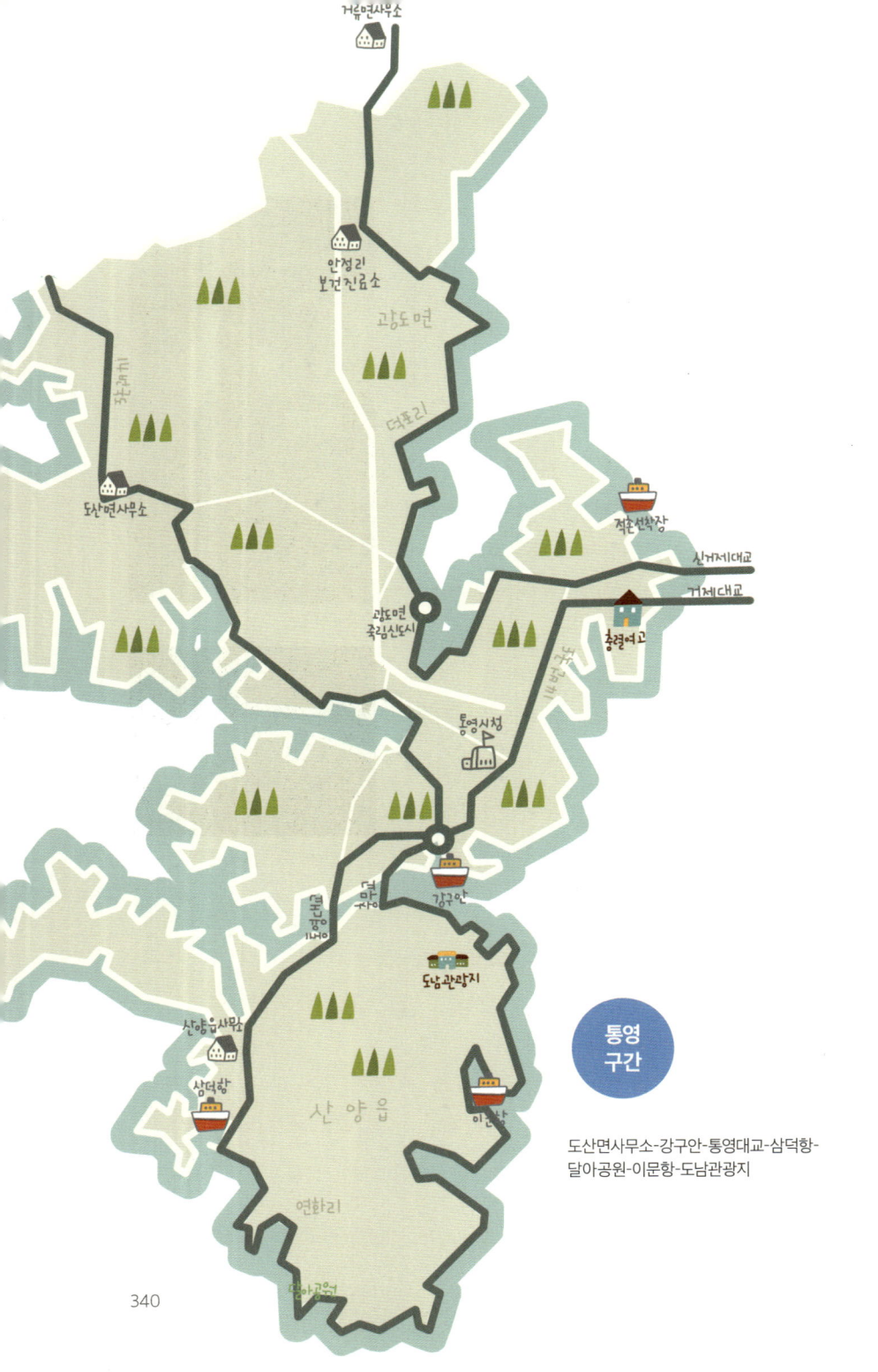

거류면사무소

안정리
보건진료소

광도면

적촌선착장

신거제대교
거제대교

도산면사무소

충렬여고

광도면
국립신도시

통영시청

강구안

도남관광지

산양읍사무소

삼덕항

이문항

산양읍

통영
구간

도산면사무소-강구안-통영대교-삼덕항-
달아공원-이문항-도남관광지

연화리

달아공원

트레킹 20일차. 10월 17일. 화요일. 흐림

강구안에서 중앙로로 걷다. 통영의 중심지라 할 수 있다. 통영은 수군 통제사가 머문 통제영이 있던 자리라는 데서 비롯되었다. 임진왜란 당시 전라, 경상, 충청 3도를 통괄하기 위해서 수군통제사를 만들었고 이순신 장군이 그 자리에 부임했다. 1955년 시군 통폐합 시 통영군과 충무시가 합쳐져 지금의 통영시가 되었다. 중앙로 통영시립박물관 입구에서 해저 터널 입구까지가 '윤이상 거리'이다. 중앙로 인도(人道)에는 마산고등학교와 부산고등학교, 통영고등학교의 교가 외에도 몇개 학교 교가가 동판으로 새겨져 인도 위에 박혀 있다. 윤이상 작곡, 유치환 작사다. 두 사람은 통영 출신이다.

윤이상은 부산고등학교 음악 교사를 거쳐 베를린 예술대학교 작곡과 교수를 지낸 유명한 작곡가이다. 그는 한국음악의 연주기법과 서양악기의 결합을 시도하여, 서양 현대 음악기법을 통한 동아시아적 이미지의 표현에 주력하였으며, 서양 문명의 흐름 속에서 동양사상을 담은 음악으로 세계음악사의 새로운 페이지를 연 작곡가로 평가받는다. 독일에 거주하며

이문항. 아름다운 해안 포구 마을이다.

윤이상 거리 인도에 새겨 있는
마산고등학교 교가 동판.

왕성하게 작곡 활동을 했으며, 동베를린 사건과
친북 행적으로 인해 사상적 이념적인 사건에 연
루되어 귀국하지 못하고 독일에서 사망한 후
2018년 통영으로 이장되었다. 통영에서는 윤이
상 음악제가 해마다 개최되고 있다. 통영을 예
술의 도시라 일컫는데 이는 윤이상 외에 박경
리, 유치환, 김춘수, 전혁림 등 예술인이 많이 배
출되었기 때문이기도 하다.

중앙로를 지나 67번 국가지원지방도로를 따라 통영대교를 건너다.
2.9km 거리, 8시 20분이다. 미륵도관광특구로 불리는 산양읍 산양일주로
1020번 지방도로이다. 이름이 알려지지 않은 아름다운 작은 항구들이 이
해안 길 아래 숨어 있다. 세포항, 연명항, 삼덕항을 지나면 해안 길이 아름
다운 남해 바다를 보며 길게 이어지고 연명항을 지나며 하구의 아름다운
길이 펼쳐진다.

미륵도관광특구 산양읍의 가장 남쪽 끝에 자리 잡은 달아공원에 오다.
11.8km 거리, 0시 40분이다. 주중이라 한가하다. 50대 후반의 중후한 부부
와 20대 후반 나이의 여성 3명이 한참이나 떠들다 간 것 외에는 사람이 보
이지 않는다. 무성하게 자란 조경 나무들이 대장두도, 가마섬, 곤리도, 사량
도 등을 볼 수 있는 수려한 남해바다의 시야를 가로막고 있다. 안타까운 일
이다. 조용하고 고요한 달아공원에서 파란 색종이 위에 짙은 암갈색 초콜
릿을 뿌려놓은 듯한 한려수도 다도해의 크고 작은 섬들을 한없이 넋놓고
바라본다. 이렇게 멍하게 한참이나 앉아 있으니, 생각이 멈춘 것 같다.

이번 트레킹의 두 번째 주제 '나는 무엇을 아는가?'를 정리해 본다. 나
는 무엇을 아는가? 옳고 그름은 아는가? 70여 년 가까운 삶을 살고 있으

니, 그럼 삶을 아는가? 좋은 것과 나쁜 것을 구별할 줄 알고 있으니, 그럼 선(善)과 악(惡)을 아는가? 그럼 선은 무엇이고 악은 무엇인가? 아는 것이 많다고 막연히 생각해 왔는데, 이러고 보니 분명히 아는 것이 많지 않다. 머리가 너무 무거워지는 것 같다. 옳고 그름을 안다. 선과 악을 안다. 어제까지 알고 있다고 했던 것이 오늘에는 아는 것이 없어진다. 톨스토이가 전해준 페르시아 현자가 한 말을 들어보자. "젊었을 때 나는 나 자신에게 말한 적이 있다. 모든 학문을 다 배우고 싶다고. 그래서 마침내 모르는 것이 거의 없게 되었지만, 이제 늙어버린 지금, 내가 지금까지 안 것을 되돌아보니 내 인생은 다 지나가버렸는데, 나는 알고 있는 것이 아무 것도 없었다."

달아공원을 벗어나면 경사가 심하고 굴곡이 심한 길이 앞에 다가온다. 대봉산과 미륵탄산의 좌측길이다. 걷기가 힘이 든다. 이문항에 도착하다. 20km 거리, 오후 1시다. 이제까지 남해안의 아름다운 작은 포구 마을들이 많았다. 이문항도 그 중에 하나다. 아름다운 작은 포구 마을들을 보며 걸어오다 이 이문항에 이른다. 이문항을 내려다보니 이탈리아 친퀘테레 마을들이 떠오른다. 둘 다 아름다운 해안 마을들이다. 이탈리아 북부 스페치아에 있는 다섯 개의 아름다운 작은 포구 마을 친퀘테레(Cirque Terre)가 우리나라 남해안 해안 마을들과 대비된다. 우리나라 남해안 해안 마을들은 거리가 떨어져 있지만, 이 친퀘테레는 가까운 거리에 있는 점이 다르다. 게다가 세계적 관광지로 인해 숙박, 가게, 식당들이 많다. '친퀘(다섯)'와 '테레(마을)'가 합해져 아름다운 '다섯 마을'의 별칭이다. 리오마조레(Riomaggiore), 마나롤라(Manarola),

이중섭의 '소'.

가을이 깊어간다. 도남 관광지 옆 코스모스 단지.

코르닐라(Cornila), 베르나차(Vernazza), 몬테로소(Monteroso)로 이루어진 작은 마을들이 해안가 절벽에, 그리고 좁은 터 안에 옹기종기 다양한 지붕색과 벽색으로 부조화가 조화를 이룬다. '친퀘테레'라는 브랜드 파워에 해마다 수십만 명의 관광객이 세계 각국으로부터 몰려온다. 깎아지른 절벽 위에 선 작은 집들을 보기 위해, 혹은 다섯 마을을 잇는 트레킹을 하기 위해서.

미륵관광특구의 대표관광지 도남 관광지에 이르다. 한려수도 조망이 가능한 통영 케이블카, 통영 루지, 해저터널, 국제음악당, 유람선터미널 등 리조트와 관광호텔이 인근에 모여 있어 놀이와 레저 휴양까지 한 곳에서 가능한 도남 관광지. 도남항을 중심으로 카페와 고급호텔, 리조트가 이국적인 바다 풍경과 어우러져 자리 잡고 있다. 23.1km 거리, 오후 2시 25분이다. 충무교를 지나다. 예술의 도시를 뽐내는 길 보도 위에 그림들이 새겨져 있다. 문화 예술의 도시다운 예술의 거리 조성의 일환으로 설치되어 있으나 시민들의 무관심이 안타깝다.

'사물(事物)이 불편하면 소리를 낸다.' 걷기 5일째인 어제부터 식욕이 뚝 떨어지다. 무엇이든 먹고 싶은 생각이 없다. 따라서 저녁 식사는 무엇으로 할까라는 생각을 할 수 없다. 그러니 식당 주변을 맴돌다 별 거부감이 없는 메뉴를 골라 저녁 한 끼를 때우는 것이다. 4일째는 고성에서 갈비탕, 5일째는 통영에서 해물 칼국수, 6일째 어제는 통영에서 설렁탕으로 국물이 있는 메뉴가 먹기가 쉽다. 마일의 아침, 점심은 빵으로 먹는다. 몸 전체가 집단으로 저항하는 것 같다. 집단이라 표현하는 것은 마지막 단계인 식욕이 없기에 하는 말이다. 몸의 각 기관이 지쳐있으니 트레킹을 그만하라는 시위다. 오늘이 트레킹 6일째인데 벌써 그만 둘 수는 없지 않은가? 물러설 수가 없다. 적어도 앞으로 1주일은 더 걸어야 부산 오륙도 해맞이공원에 도착할 수 있다. 이제까지 체험에 의하면, 앞으로 2~3일 더 시위하다가 물러날 것이다. 허벅지 통증, 그관절 통증, 어깻죽지 통증 게다가 식욕까지 없어지다. 잇몸이 들뜬 듯하여 음식을 씹는 힘도 약해진다. 그래, 너희들이 아무리 시위를 해도 나는 부산 오륙도 해맞이공원까지 간다. 통증을 벗어나기 위해 이런 저런 생각하며 걷는다. 어제 묵었던 강구안에 있는 모텔로 다시 오다.

오늘의 여정

강구안항-통영대교-삼덕항-달아공원-이문항-도남관광지 -
충무교-강구안항

출발: 강구안항 오전 7시 30분
도착: 강구안항 오후 4시 30분

걸은 시간: 9시간
걸은 거리: 28.8km / 누계645.5km

구 거제대교-둔덕면사무소-거제면사무소-연담-구천호-
원덕골-반송재로-지세포항-장승포항-대우
옥포조선소-연초면사무소-연초초등학교

사등면사무소

산거제대교
거제대교

사등면

사곡
해수욕장

삼성중공업

연초면사무소
연초소

연초복지로

거제시청

둔덕면

거제면사무소

거제시

대우옥포
조선소

장승포항

동부면사무소

원덕골

반송재로

지세포항

구천리
연담

트레킹 21일차. 10월 18일. 수요일. 흐림

통영 강구안항에서 그제, 어제 2박 후 거제시를 향해 길을 나서다. 길 건너 맞은편에 삼도수군통제영이 보인다. 중앙로를 거쳐, 통영 공설운동장 위 장대 사거리를 지나면 통영시청이 나온다. 통영시청을 지나 14번 국도 길로 진행하여 용남면사무소를 지나고 충렬여중고를 지나 구 거제대교를 건너 거제시 둔덕면 1018번 지방도로 거제 남서로를 걷는다. 내평마을을 지난다. 12.8km 거리, 10시 50분이다. 춥지도 덥지도 않은 가을 날씨에 바다가 보였다 가렸다 하는 굴곡이 없는 해안도로를 편안하게 걷는다. 바다는 유리판을 얹어 놓은 듯 물결이 없다. 둔덕 충혼묘지가 길가에 보이고 둔덕면사무소에 오기 전 녹산마을 녹산 선착장 건너편에 한센씨 병 환자 집단 거주지인 소록도(小鹿島)가 보인다.

둔덕면사무소에 이르다. 15.5km 거리, 12시다. 둔덕우체국에서 1번 시도를 따라 1시간 정도 올라가면 청마 유치환 시인의 생가와 기념관이 있다. 거제도는 굴 생산량으로 전국 최고이나 이웃마을 통영의 굴 유명세에

삼도수군통제영.

굴 양식장.

둔덕 충혼묘지.

밀려 안타깝게도 굴 생산지로 크게 알려지지 않는다.

해안가 길이 길게 이어지고 산달 카페리 선착장을 지난다. 소랑포구의 아담한 모습이 저 멀리서 눈에 들어오고 간헐적으로 자동차 소리가 들리지만, 가을날의 풍요롭고 조용한 산들 바람을 즐기며 걷는다.

1018번 지방도를 따라 해안이 보이다 숨었다 하는 굴곡 길을 계속 나아가면 거제면사무소에 이른다. 27.2km거리. 오후 3시 10분이다. 숙소가 없어 거제시로 나가다. 이제까지 입맛이 없어 저녁을 잘 챙겨 먹지 못했는데, 오늘 저녁은 모처럼 밥맛으로 저녁을 먹다. 몸이 스스로 살 길을 찾아가는 것인가?

오늘의 여정

통영시 강구안항-통영시청-구 거제대교-둔덕면사무소-거제면사무소.

출발: 통영시 강구안항 오전 7시 30분
도착: 거제시 거제면사무소 오후 3시 10분

걸은 시간: 7시간 40분
걸은 거리: 27.2km / 누계 672.7km

트레킹 22일차. 10월 19일. 목요일. 흐린 후 맑음

어제 저녁 거제시청 인근 숙소에서 본 거제시 번화가의 밤거리는 휘황했다. 시골 길 면사무소 소재지나 읍사무소 소재지에는 한가하고 활력이 없어 보이는 곳이 많았는데, 거제시 중심가는 단연 달랐다. 하기야 세계 최대 조선 건조 회사 2개가 밀집해 있는 거제시이니 그 경제적 여유와 위상을 나타내 보일 수밖에 없다.

아침에 택시로 거제면으로 오다. 오늘 걷기 8일째다. 1018번 지방도를 따라 동부면으로 향하다. 한가한 아침 길을 호젓하게 걷는다. 오늘은 통증이 느껴지는 부분이 없다. 몸 스스로 장기간 걷기에 적응하는 것 같다. 해안 길이지만 산간과 마을 사이로 이어지는 길가는 농촌의 모습들이다. 동부면사무소에 도착하다. 4.36km 거리, 오전 8시 48분이다. 여기서 갈림길에 서게 된다. 남부면으로 내려가서 거제 섬 해안도로로 일주하여 장승포항으로 가느냐, 아니면 산간 길이지만 일운면을 경유하여 장승포항으로 가느냐 하는 결정을 해야 한다. 거제 섬 해안도로를 일주하는 데 6일이 소요되다. 이번 트레킹으로 대한민국 둘레길 걷기를 마치려면 거제 섬 트레킹에 긴 시간을 할애할 수만 없다.

구천호.

거제 섬 트레킹 시간을 줄이기로 하고 동부면에서 5번 군도 길로 접어든다. 동부 저수지를 오른쪽에 두고 걷는다. 저수지 끝자락에서, 남부면을 거쳐 다시 거제시로 올라오는 1018

번 지방도로가 만나는 연담 삼거리에서 지방도로로 바꾸어 걷는다. 한가하고 가을의 정취가 물씬 풍겨나는 농촌의 가을 길과 여유로운 산간 길을 혼자 고즈넉하게 걷는다. 자연이 숨을 죽이고 있는 듯하다. 오가는 이 없는 이 산간 고갯길을 나 혼자 걷는다. 커다란 구천호를 오른쪽에 두고 절골 돌고개 길을 넘으면 8번 군도 반송재로와 만나는 원덕골 삼거리에서 8번 군도로 바꾸어 걷는다. 11.8km 거리, 11시 45분이다. 산간 길이 계속 고도를 높여가고, 고갯길을 넘으면 지세포항이 저 멀리 보인다

지세포항의 거제 씨월드가 보이는 14번 국도가 지나는 삼거리를 만난다. 오른쪽은 일원면 사무소를 지나 구조라해수욕장과 구조라 유람선착장이 있는 구조라항으로 가는 방향이다. 일운면 동쪽 한려해상 국립공원 해상에 떠 있는 내도(안 섬)와 외도(밖 섬)는 거제 8경의 하나로 호수에 떠 있는 돛단배처럼 아름답다. 우리에게 잘 알려진 외도 보타니아는 구조라

지세포만.

장승포항.

항과 장승포항 여객터미널에서 출항한다. 왼쪽으로는 장승포항으로 가는 방향이다. 17.4km 거리, 2시 30분이다. 14번 국도 길을 걷다. 이제까지 비교적 한가했던 지방도와 군도 길에 비해 대형 화물 차량 등 차량 통행이 많다. 다시 국도 길 걷기에 정신을 집중해야 한다. 대명 콘도를 낀 지세포만의 푸른 바다가 잔잔하게 하늘 구름과 맞닿으며 시원하게 펼쳐져 있다. 장승포항에 도착하다. 22.2km, 오후 2시 10분이다.

　장승포항을 벗어난 국도 길 옆에 성모상이 성당과 아름답게 모습을 보이는 장승포 성당이 모습을 보인다. 국도 길을 따라 능포동, 아양동에 접어들면 옥포만을 낀 거대한 더우조선해양의 옥포조선소가 그 위용을 드러낸다.

　2014년 해파랑길 트레킹 당시 태화강 강둑을 따라 아산대로와 나란히 2시간 가까이 걸으며 본, 현대자동차 울산 공장 담벽 길과 다름없이 이 옥포조선소 길도 바다면을 제외하고 옥포만을 ㄷ자로 둘러싸고 있는 거다

옥포 조선소.

한 육, 해상 조선 작업장이다. 송정리 송정 교차로에서 우회전하여 58번 국가지원도 거가대교 길을 따르면 장목면에 이르고 장목면에서 부산광역시 강서구 가덕도를 잇는 거가대교가 나온다. 나는 44번 국도 길을 따라 걷는다. 연추면사무소 연추 초등학교 앞에서 택시로 어제 묵었던 거제시청 인근 모텔로 오다. 34.1km, 오후 5시 15분이다.

오늘의 여정

거제면사무소-연담-구천호-원덕골-반송재로-지세포항-장승포항-대우 옥포조선소-연초면사무소.

출발: 거제면사무소 오전 7시 50분
도착: 연초면사무소 오후 5시 15분

걸은 시간: 9시간 25분
걸은 거리: 34.1km / 누계706.7km

트레킹 23일차. 10월 20일. 금요일. 맑은 후 흐림

    택시로 거제시에서 어제 마지막에 도착했던 연초 초등학교 정문에 오다. 길 이어 걷기다. 아침에 일어나서 길을 나서는데, 몸이 몹시 구겁다. 트레킹 9일째에 맞는 날이다. 이제 피로도 최고점을 향해 가는 것 같다. 오늘을 버텨야 한다. 오늘, 내일이 이번 트레킹에서 가장 힘든 날이 될 것이다. 앞으로 5일 정도는 더 걸어야 '대한민국 둘레길' 걷기가 끝날 텐데. 이번에 마저 마칠 수 있을까 하는 걱정이 앞선다. 게다가 오늘 여정이 주로 국도 길 걷기여서 차량 통행이 주는 소음과 교통사고(事故)를 대비한 걷기에 매우 조심스러운 날이 될 것이다. 거제시를 일주하는 14번 국도 길이다. 연안크루즈터미널이 있는 고현만을 보며 지나오면 삼성중공업 조선 도크가 있는 창평동 죽도 국가산업단지가 바다와 맞닿아 크게 펼쳐져 있다. 바다면 전체가 마치 공장으로 이루어진 것 같다. 웅대한 규모이다.

    거제시 고현동으로 가는 1018번 지방도가 갈라진다. 이 지방도를 따라 시청이 있는 고현동으로 가면 우리 민족사에 한 획을 그은 탄공포로 수용

삼성중공업 조선 도크

청포 포구 마을.

소가 있었던 '반공포로수용소' 유적지가 나온다. 지금은 거제포로수용소라 불리고 다시 덧붙여 평화공원으로 조성되어 있는 곳이다. 역사는 진실을 간직한다. 구겨진 역사든 펼쳐진 역사든 사실이 유지되어야 한다. 덧붙이고 미화하는 것은 사실을 왜곡하는 것이다. 14번 국도 길로 직진하여 국도 우회로와 만나는 지점에 오다. 5.1km 거리, 8시 40분이다. 사곡해수욕장의 고운 모래 사장을 우측으로 보며 국도 길은 계속된다. 9번 시도와 만나는 성내 공단 앞에 이른다. 10.7km 거리, 10시 10분이다. 오늘 아침 일어날 때 피로감이 엄습하니 식욕이 떨어지는 것은 당연하다. 늘 아침으로 먹던 메뉴에서 빵, 소시지, 삶은 계란, 커피를 빼고, 우유와 사과 한 개로 대신하고 나선 길이어서 허기가 다가오고 있으나 먹고 싶은 생각이 일어나지 않는다. 길 옆 식당에 '아침 식사' 문구를 보니, 그래도 억지로 먹어야 한다는 생각이 든다. 매운탕 메뉴이나 나물이 좋아 비빔밥으로 만들어 먹는다.

가조도로 연결되는 가조연육교가 사등면사무소를 거쳐 푸른 하늘에

연한 뭉게구름이 걸리고, 굴 양식장이 파스텔 사파이어색 바다 위에 던져진 도포같이 아름답게 펼쳐진 작고 평화로운 청포 포구 마을들을 지난다. 바닷가에 접한 포구 마을이다.

다시 통영으로 돌아가는 신거제대교 앞에 이르다. 19.1km 거리, 12시 50분이다. 신거제대교를 지나 14번 국도 남해안대로 길을 따라 지난 18일 지났던 통영시청에 오다. 26.1km 거리 2시 53분이다. 통영시청사를 왼편에 두고 14번 국도 길이 계속된다. 통영 시내를 벗어나는 지점인 원문고개, 원문생활공원에 해병대 통영상륙작전기념관과 충혼탑도 있다. 귀신 잡는 해병대 신화가 시작된 곳이기도 하다. 한국전쟁 당시 북한군에 점령된 통영시 일대는 마산과 부산마저 위태로울 때 해병대가 통영에 상륙해 통영을 수복함으로써 마산, 부산이 지켜질 수 있었던 중요한 상륙 전투가 벌어진 곳이다. "귀신 잡는 허병대의 역사는 이곳에서 시작되었다."는 글귀가 해병대기념관 앞에 있는 장갑차에 새겨져 있다. 해병대 최초 상륙작전이었다. 새로운 역사적 사실에 트레킹의 피곤함도 잊어진다. 광도면 죽림리 죽림 신도시가 해안을 따라 조성되어 있다. 죽림 신도시에 도착하다. 27.4km 거리, 오후 3시 50분이다.

오늘의 여정

거제시 연초 초등학교-고현만 삼성중공업 조선 도크-사등면사무소-
신거제대교-통영시청-광도면 죽림 신도시

출발: 거제시 연초면 연초 초등학교 오전 7시 30분
도착: 통영시 광도면 죽림 신도시 오후 3시 50분

걸은 시간: 8시간 20분
걸은 거리: 29.6km / 누계736.3km

거류면사무소

안정리
보건진료소

고도면

덕포리

적촌선착장

신거제대교

거제대교

도산면사무소

광도면
죽림신도시

충렬여고

통영시청

강구안

도남관광지

산양읍사무소

삼덕항

산양읍

이만사

연화리

**통영
구간**

충무교-통영시청-고현만 삼성중공업 조선
도크-사등면사무소-신거제대교-통영시청-
광도면 죽림신도시-덕포리-안정리 보건진료소-
고성군 거류면사무소-동해면사무소-동해면
내산리

트레킹 24일차. 10월 21일. 금요일. 맑은 후 흐림

　　광도면과 용남면을 마주보는 원문만 해안을 따라 조성된 죽림 신도시에 통영경찰서, 통영소방서, 국민연금공단 및 통영 종합버스터미널 등 행정기관이 많다. 해안가 길을 따라 출렁이는 파도를 보며 걷는다. 햇살이 바다 위로 내리 쏟는다. 아침 햇살에 비친 파도가 은빛으로 바다를 둘로 가른다. 무거운 발걸음이지만 마음은 상쾌하다. 아침 기분을 끌어 올려야지. 14번 국도 길은 계속되고 다시 77번 국도 길이 만나는 노산 삼거리에 이른다. 2.8km 거리, 8시 9분이다. 덕포리 해안길 5번 시도 길토 바꾸어 잔잔한 아침 바다를 감상하며 걷는다. 덕포 포구 마을을 지나 적덕에서 77번 국도 길과 만나다. 7.3km거리, 10시 10분이다

　　안정리 국가산업단지를 지나 다시 고성군으로 들어가다. 고성군 거류면 사무소를 지나면 12번 군도 길과 만나는 봉암 삼거리에 이른다. 16.7km 거

덕포 포구 마을 앞 바다.

소슬한 가을 정취를 느끼게 하는 감나무.

리, 12시 10분이다. 오른편으로 계속되는 77번 국도 길은 동해면 해안 길이고 직진하는 12번 군도 길은 동해면 서쪽 해안 길이다. 12번 군도 길로 30분 직진하면 1010번 지방도 길과 만나는 대천 삼거리에서 지방도 길로 바꾸어 걷는다. 바다 건너편으로 회화면 당항포 관광지 조성이 보인다. 동해면사무소에 이른다. 24.5km 거리, 오후 2시다. 1시간을 걸으면 동해면 동쪽 해안 길인 77번 국도 길이 적포항에서 다시 만난다. 이제 바닷가도 가을이 익어간다. 잔잔한 바다에 굴 바다 목장이 아름답게 펼쳐져 있다. 내산리 언덕에 '씨 사이드' 모텔이 보이기에 숙박을 한다. 길가에 편의점이 있어 저녁과 내일 아침도 해결할 수 있다. 30.9km 거리, 오후 4시다.

석양에 물드는 남해 바다를 바라보며 이제까지 많은 시간에 걸쳐 생각하고 생각해 오던 정신 트레킹의 세 가지 주제, 첫째 나는 누구인가?, 둘째 나는 무엇을 아는가?, 셋째 나는 어떻게 살 것인가? 중 셋째 나는 어떻게 살 것인가? 주제를 마지막으로 정리해 본다. 80여 일에 걸친 길고 긴 거리,

많고 많은 시간들 속에서 거의 매일 같이 걸으면서 주위를 둘러보고 풍광을 즐기는 것은 주로 오전에 일어나고, 시간이 지나고 익숙한 풍경들이 눈에 들어올 쯤이면 저절로 생각이 시작된다. 누구와 대화가 없으니 온전히 이런 저런 생각으로 이어지고 겹쳐지기도 하며 오전이 지나가고, 생각이 귀찮아지면서, 육체적 권태와 피로가 차츰 몰려온다. 이때가 대략 오후 2~3시경이다. 생각이 정지된 듯한 멍한 상태로 길 걷기는 이어지고 시간이 지날수록 무의식 상태에서 저절로 교차되는 발만이 길 위에 저절로 아니 자동으로 옮겨지고 있다. 몽롱한 상태로.

"인생의 최선은 건강이고, 그 다음은 외모와 성품이 아름다운 것이며, 셋째는 정당하게 번 재산을 누리는 것이고, 넷째는 친구들과 청춘을 꽃피우는 것이다." BC 5세기 그리스 시인 시모니데스의 시다. 이 시(詩)가 의미하는 내용을 생각해보면, 성공적인 삶을 그리고 있다고 하겠다. 이에 따라 살아간다면 나름대로 의미 있는 삶을 산다고 할 수 있지 않을까? 특히 '성

굴 바다목장.

석양이 젖어 드는 가을 바다.

품'을 아름답게 만들려면 그에 맞는 많은 노력이 뒤따라야 하지 않을까. 이에 더하여 나뿐만 아니라 모든 사람들이 다 같이 행복하게 살아가는 사회를 만드는 데 작은 힘을 보태고, 같이 어울릴 수 있는 삶을 산다면 의미 있는 삶이라고 할 수 있지 않을까.

지난 2014년 3월 28일, 부산 오륙도 해맞이공원을 떠난 지 오늘로 걷기 80일, 2597.8km를 걸은 것이다. 지난 4년간 얼마나 많이 그만 두고 싶은 충동에 빠졌든가. 육체적 고통은 또 얼마나 많았으며, 그때마다 뒤따른 정신적 회의감은 또 얼마였던가? 이 모든 어려움을 이겨내고 오늘 여기까지 걸어온 나의 투지를 격려하지 않을 수 없구나. 장하다, 강신길. 대단하다, 강신길. 며칠이면 도착할 출발지이자 종착지인 부산 오륙도 해맞이공원에 온 가족의 환영을 받고 도착하고 싶다. 가족의 따뜻한 사랑이 가득한 웃음 속에 자랑스럽게 도착하고 싶다.

오늘의 여정

통영시 죽림 신도시-덕포리-안정리 보건진료소-고성군 거류면사무소-동해면사무소-동해면 내산리

출발: 통영시 죽림 신도시 오전 7시 30분
도착: 고성군 동해면 내산리 오후 4시

걸은 시간: 8시간 30분
걸은 거리: 30.9km/누계767.2km

트레킹 25일차. 10월 22일. 일요일. 흐린 후 맑음

  먹구름과 구름 속 햇살, 고요한 바다 위에 점같이 떠 있는 작은 어선이 바닷가의 아침 풍경이다. 남해는 아름답다. 지친 몸을 추스려주는 풍광이다. 이 고되고 힘든 길이 아니면 어떻게 이런 먹구름이 드리운 아름다운 풍경들을 매일 맞이할 수 있을까?

  다시 기운을 돋우어 걷는다. 동진교를 건너 창원시로 접어든다. 77번 국도 길이다. 1002번 지방도가 만나는 창포만 암하 삼거리에 이르다. 1시간 36분 거리, 7.2km 9시 6분이다. 1002번 지방도 길로 바꾸어 진동만 진동 면사무소에 이르다. 10.6km 10시다. 진동면사무소에서 삼진의거대로를 거쳐 진동터널이 끝나는 지점에 남해안대로인 77번, 14번, 2번 국도 길이 함께 만나서, 이 국도 길로 현동 나들목까지 가고 현동 나들목에서 직진 하여 2번, 14번 국도 길을 따르면 마산만으로 향하고 마산합포구청을 지

남해 아침 바다.

마산고속
버스터미널
의창구청
창원중앙역
마산회원구청
창 원 시
마산합포구청
마창대교
진해역
구서분교
진해고교
덕산초교
진동면사무소
구산초교
진해구청
웅천동

창원
구간

진동면사무소-구산초교 구산분교-덕동-마창대교-진해고교-덕산초교-웅천동나면 14번 국도 길과 2번 국도 길로 나누어진다. 2번 국도 길을 따라 진행하면 진해로 오는 길이다. 이 길을 택하게 되면 하루가 더 소요된다. 현동 나들목에서 14번, 2번 국도 길로 직진하지 않고 5번 국도 길로 우회전하면 하루를 단축할 수 있지만 긴 가포터널을 지나야 하는 어려움이 있는 길이다. 나는 진동면사무소에서 1002번 지방도 해양관광길로 해안 길을 걷는다. 다구리를 지나 구산초교 구산분교를 막 지나다. 17.6km 거리, 11시 40분이다.

유산리, 현동으로 가는 유산군령로 시도(市道)로 길을 바꾸다. 1시간 가까이 지나면 유천의 우산천을 지나고 가포로와 만나게 된다. 21.6km 거리, 12시 55분이다. 이 가포로로 직진하면 마창대교 밑을 지나게 된다. 마산합포구청, 마산회원구청을 지나는 옛 마산시를 경유하지 않는 길로 온

농촌과 어촌이 함께하는 마을 다구리.

이유는 이번 트레킹으로 전 일정을 마무리하고자 했기 때문이다. 하루 일 정이라도 단축하고 싶은 욕심으로 이 가포로로 온 것인데 막상 마창대교 밑에 다다르니 마창대교를 올라가는 길이 꽤나 먼 거리에 있고, 게다가 마 창대교는 도보로 통행이 안 된다는 사실에 망연자실하다. 이제 한 발자국 도 옮기기가 힘들 정도로 실망감에 허탈해지다. 앞으로 2시간 이상 걸어야 겨우 마산합포구청 부근에 5시경에 도착할 것이다. 길 선택의 갈등이 증 폭된다. 명색이 트레킹인데 끝까지 도보로 완주를 해야지, 아니야 불가피 한 경우는 교통편을 이용할 수도 있지. 쉽게 해결이 나지 않는 갈등이 길 어진다. 지금의 육체적 컨디션으로는 하루라도 단축해도 완주하기가 어렵 다고 느껴지는데, 하루가 더 늘어지는 스케줄이라면 나 스스로 무너질 것 만 같다. 힘든 결정 끝에 교통편으로 마창대교를 건너고 장복터널을 건너 는 곳까지만 이용하기로 한다. 진해고등학교 앞에서 택시를 내리다. 26.8km, 2시 30분이다. 진해 시가지로 관통하여 진해루를 지나 덕산동 덕산초교에 도착하다. 진해구청까지 갔으나 모텔이 없어 다시 되돌아오다. 33.2km거리, 오후 5시다. '대한민국 둘레길' 걷기 81일째다.

오늘의 여정

고성군 동해면 내산리-창원시 진동면사무소-구산초교
구산분교-덕동-마창대교-진해고교-덕산초교

출발: 고성군 동해면 내산리 오전 7시 30분
도착: 진해시 덕산동 덕산초교 오후 5시

걸은 시간: 9시간 30분
걸은 거리: 33.2km / 누계800.4km

트레킹 26일차. 10월 23일. 월요일. 맑음

    덕산초교에서 진주구청을 거치는 길이 국도 길 2번과 77번이다. 응천동으로 이어지는 국도 길이다. 응천동을 지나면 마산 일반산업단지를 거치게 되고 계속 걸으면 용동2동을 지나 58번 국가지원도와 만나 부산 국가산업단지로 가는 우회전 길이다. 부산광역시 강서구에 들어온 것이다. 77번, 2번 국도 길은 녹산 보건소 앞, 녹산 제1수문에서 낙동강을 건너 강서경찰서로 가는 길이 되고, 국도 길의 번잡한 차량 통행을 피해서 부산 국가산업단지 길을 걷는다. 산업단지 내 녹산 산업대로가 길게 늘어져 있고 르노삼성자동차 공장으로 가는 길 이름이 르노삼성대로로 바뀐다. 르노삼성자동차 공장 끝자락에 이르면 신호대교가 시작된다. 21.5km 거리, 12시 30분이다.

    신호대교를 건너면 명지지구 국제업무신도시개발 사업지가 넓게 펼쳐져 공사를 하고 있다. 같은 길이나 이름이 을숙도대로로 바뀐 길로 계속 걸으면 을숙도대교를 만나게 된다. 만일 을숙도대교를 건너게 되면 감천동을 거쳐 광복동, 남포동으로 빠르게 갈 수 있다. 문제는 을숙도대교를 도보로 건너갈 수 있느냐 하는 것이다. 여수에서 광양으로 넘어가는 이순신대교를 건너기 위해 인터넷과 여수시청에 문의를 해 봤지만, 이 을숙도대교를 건너는 계획은 어제와 오늘 결정했기 때문에 도보가 가능한지 확인을 하지 못한 상태다. 마침 길가는 사람이 있어 도보로 건너는 것이 가능한지 물어보니 주저함이 없이 가능하다고 한다. 을숙도대교로 진

신호대교

을숙도대교

입하다. 25.15km, 오후 1시 28분이다.

　을숙도대교 톨케이트를 지나 500m 정도 지나 걷는데 도로공사 직원 2명이 탄 자동차가 내 앞에 선다. 을숙도대교도 자동차 전용 도로다. 을숙도대교 진입 입구 르노삼성대로에 태워다 내려준다. 이순신대교에 이어 2번째로 되돌아가는 길이다. 을숙도 철새공원을 오른편으로 보며 명지 나들목으로 걷는다. 내일이면 '대한민국 둘레길'의 출발지이자 종착지인 오륙도 해맞이공원에 도착하게 된다. 어제 잠시 생각했던 가족의 환영 속에 도착하고픈 마음이었는데 서울 가족에게 연락하는 것을 주저하다 시간이 맞지 않게 되었다. 마음이 허전하다. 아내가 미리 알고 준비해 주었으면 얼마나 좋겠느냐? 그러나 수차례의 국내외 트레킹을 했기에 이번에도 별반 다르지 않게 생각했을 것이다. 이번 남해안 트레킹을 떠날 때 귀띔을 미리 하지 못한 것이 후회가 된다. 그래 부산 친구 광철에게 내일 오륙도 해맞이공원에 환영 플래카드는 달지 못하더라도 꽃다발이라도 가지고 나오도록 해야지. 이렇게 하면 서운함이 다소 가실 것이다. 오늘 저녁 남포동에서 숙박하고 광철이네 삼계탕 가게에서 저녁하며 이야기를 해야지. 광철에게 전화를 하다. 아, 그런데 광철이가 지금 서울에 있다. 내일 오후 늦게 부산에 올 계획이다. 허탈하다.

까치고개길.

명지 나들목에서 낙동강 하굿둑을 건너 지하철 1호선 하단역을 지나, 사하구청을 지나고 사하역을 거쳐 사하초교 앞에 이른다. 33.9km, 4시 20분이다. 괴정역을 지나 송학초교를 거쳐 까치고개로 아미동 부산의과대학 부산대병원으로 내려온다.

남포동에 숙소를 정하고 남포동에 있는 광철네 가게 '서울 삼계탕'에서 저녁을 먹다. 지금은 많이 쇠락했지만 그래도 광복동, 남포동 이름에 걸맞게 야간 거리는 화려한 조명에 번잡하다.

오늘의 여정

창원시 진해구 덕산초교-응천동-녹산 국가산업단지-신호대교-명지 나들목-지하철 1호선 괴정역- 아미동 까치고개길-부산대 병원-남포동.

출발: 창원시 진해구 덕산초교 오전 7시
도착: 부산시 남포동 오후 5시 50분.

걸은 시간: 10시간 50분
걸은 거리: 38.7km / 누계839.1km

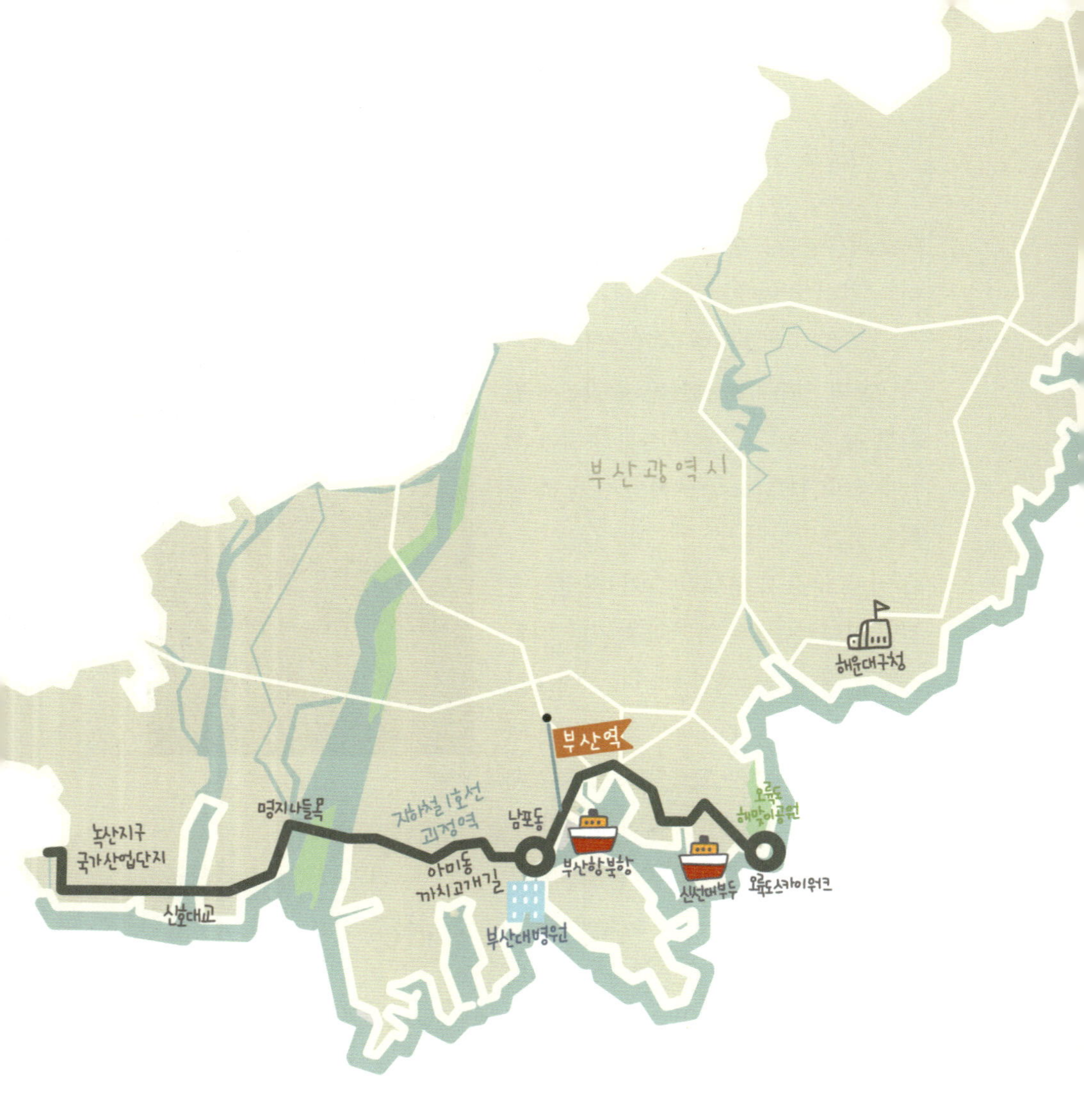

부산광역시

해운대구청

부산역

녹산지구
국가산업단지

신호대교

명지나들목

지하철 1호선
괴정역

아미동
까치고개길

부산대병원

남포동

부산항북항

신선대부두

오륙도
해맞이공원

오륙도스카이워크

부산
구간

녹산 국가산업단지-신호대교-명지 나들목-지하철 1호선 괴정역- 아미동 까치고개길-
부산대 병원-남포동- 부산역-부산항 북항-신선대 부두-오륙도 스카이워크-오륙도 해맞이공원

트래킹 27일차. 10월 24일. 화요일. 맑음

내일이면 연(延) 83일간에 걸친 우리나라 해변 길을 걷는 트레킹이 그 막을 내리게 된다는 사실에 쉬 잠을 이루지 못하고 뒤척이다 평소보다 늦은 시간에 잠이 들다. 아침에 눈을 떠니 그래도 5시다. 자리에 누워 팔베개를 베고 지난 4년간에 걸쳐 82일간 걸었던 길을 되짚어본다. 아련하고 뚜렷한 기억들이 물안개 같이 피어오른다. 스페인 산티아고 순례길 못지않은 감흥이 일어난다. 감격스러운 마음이 무거운 몸을 일으켜 세운다. 7시에 길을 나서다. 충무동 사거리에서 자갈치 시장으로 향하다. 자갈치 전철역을 지나 영도대교로 향하는데, 영도대교로 건너 영도구에서 부산항대교를 건너면 오전 이른 시간에 목표 지점에 이르게 될터인데, 아무래도 부산항대교 도보 걷기가 마음에 걸린다. 역시 자동차 전용도로다. 중앙역으로 가다. 중앙역에서 중앙대로로 접어들면 부산세관과 제1부두가 눈앞에 들어온다. 다시 부산역 뒷면이 중앙대로변에 보이고. 부산항 북항 끝자락에 남해 해양

부산역 뒷면.

안전본부를 지나게 된다. 범일5동을 지나고 송정대로로 진행하다 우회전하여 우암로로 바꾸어 걷는다. 북항을 오른편에 두고 걸으면 제7부두 우암부두를 지난다. 7.3km, 9시 3분이다.

　감만2동 8부두를 지나며 걷기가 계속되고 응당초교 앞 삼거리에서 우회전하여 내리막길로 100m 진행하다 좌회전하고 오르막길로 접어들면 신선대 산북로가 나타난다. 이 산북로 끝자락이 오륙도 해맞이공원과 오륙도 스카이길공원이다. 말발굽형인 부산항 북항을 오른편에 두고 걷는 것이 오늘 여정의 전부이다. 부산항 제1부두에서 8부두를 거쳐, 신감만 부두, 셋방감만 부두, 한진감만 부두 그리고 신선대 유원지 끝자락에 있는 신선대 부두가 마지막 부두이다. 이 모든 부두 끝에 있는 부산만 그 끝자락에 '대한민국 둘레길' 출발지이자 종착지인 오륙도 해맞이공원과 새로 생긴 오륙도 스카이워크가 있다. 4년 전 2014년 출발 시에는 해상 워킹 시

부산항 북항.

설 즉 스카이워크가 없었다. 그 4년 사이에 시설이 생긴 것이다. 오륙도 해맞이공원이 보인다. 내가 이렇게도 큰일, 어려운 일을 하고 있구나. 어떻게 이런 일을 할 수 있었을까? 그 원동력은 무엇일까? 강건한 육체, 하고자 한 투지와 의지, 시간과 돈의 조화가 이루어낸 결과물이라고 말할 수 있겠다. 지난 4년간 꾸준히 노력한 국선도 아침 수련, 퇴근 운동을 포함한 PT 트레이닝이다. 육체적 고통과 싸워 온 시간이 얼마였던가. 또한 포기하

스카이워크 발밑으로 바다를 볼 수 있다.

고 싶었던 시간은 얼마였던가. 이 모든 것을 이겨내고 오늘 여기까지 온 것이다. 아, 부산 오륙도 해맞이공원에 도착하다.

너무 지쳐서 감정이 일어나지 않는다. 4년 전에 떠난 곳, 4년 후에 다시 돌아왔네 걸어서. 아, 오륙도 해맞이공원. 누구나 할 수 있는 일, 또한 누구나 할 수 없는 일을 자랑스럽게 해냈다.

오늘의 여정

남포동-부산역-부산항 북항-신선대 부두-오륙도 스카이워크-
오륙도 해맞이공원

출발: 남포동 오전 7시
도착: 오륙도 해맞이공원 오전 11시 5분

걸은 시간: 4시간 5분
걸은 거리: 18.2km / 누계 857.3km

후기

　지난 4년간에 걸쳐 부산 오륙도 해맞이 공원에서 시작된 '대한민국 둘레길' 트레킹을 크고 작은 곡절이 있었음에도 83일간, 2655km 거리로 사고없이 마치게 되었다. 첫 출발 시 동행했던 김기태 대박회 산행 후배와의 의기투합이 없었다면 결코 실행이 어려웠던 일이기에, "시작이 반이다."라는 평범한 진리를 다시 되새겨 본다. 트레킹 기간 중에 어김없이 찾아오는 육체적 고통을 이겨내는 일은 결코 쉬운 일이 아니었다. 트레킹을 포기하고 집으로 가고 싶은 유혹을 떨쳐내는 일도 만만하지 않았다. 매번 배낭을 메고 집을 나설 때 아내가 보여주는 불안한 눈빛도 결코 가볍게만 볼 수 없었다. 내색 없이 배웅하지만 많은 차량이 내달리는 국도 길과, 사람도 차량도 없는 지방 산간 길을 혼자 걸을 때 닥쳐올지 모르는 불행한 일에 대한 걱정을 하지 않을 수 없는 아내의 심정을 어찌 알 수 있었을까? 이 모든 것을 참고 견디어 준 아내에게 감사 감사하다.

남해안 트레킹 완주 기념돌.

혼자 길을 걷는 것이 얼마나 고독한지 나는 잘 안다. 이 긴 트레킹을 통해 인간이 혼자가 아닌 동행자를 갈구한다는 사실을 잘 알게 된 것도 또 다른 수확이다. 우리들에게 잘 알려지지 않은 작은 포구들의 아름다움과 아늑한 농촌 풍경을 나 혼자 보고, 느끼고, 즐긴 것을 미안하게 생각하지 않을 수 없다. "작은 것이 아름답다."라는 말은 작은 포구들을 가리키는 말임을 알게 된 것도 이 트레킹의 큰 소득이었다. 그러나 농촌의 쇠락을 눈으로 확인하는 것은 가슴 아픈 일이다. 어릴 적 보고 느끼고 즐겼던 농촌의 풍경이 세월의 변화에 따라 발전하는 것이 아니라 퇴보로 가는 것이 마음이 아프다. 풍광 좋은 곳곳에 들어선 관광 시설물들이 방치되어 흉한 모습들을 드러내 보이는 것도 마음을 착잡하게 한다.

가장 중요했던 트레킹 주제인 '첫째 나는 누구인가?, 둘째 나는 무엇을 아는가?, 셋째 나는 어떻게 살 것인가?'는 많은 생각을 하고 나를 돌아보게 한 이 트레킹의 작은 수확 중에 하나이다. 바라고 바라던 '내 가슴 속에 들어온 그 무엇(성령)'이 스페인 산티아고 순례길에 나타난 단 한 번 외에 이 길고 긴 83일간의 트레킹 중에 결코 강림하시지 않음에도 실망할 수 없었다. 너무 크고 높은 욕심이었기에. 83일간, 2655km를 걸으면서, 국도 길, 지방도 길, 시 군도 길, 임도 길, 농촌 길, 어촌 길, 마을 길 등 걸을 수 있는 모든 길은 다 걸었다 그리고 길에 떨어진 돈도 주웠다. 동전

가족이 건네준 기념 도자기.

1710원, 미국 동전 쿼타 1개, 다임 4개였다. 그래도 동전을 주울 때는 피곤함이 가시더라.

지금도 사무실 한쪽에 다른 많은 트레킹 기념돌과 함께 자리 잡고 있는 해파랑길 완주 기념돌은 볼 때마다 힘들었던 때와 완주의 뿌듯한 감정을 느끼게 해 주는 보물과 같은 돌들이다.

목적지인 오륙도 해맞이 공원에서 가족들의 풍성한 사랑을 받으며 도착하고 싶었으나 이루지 못해 실망한 것도 잠시, 나 몰래 아내, 두 딸 그리고 사위까지 동원된 깜짝 선물에 눈시울이 붉어지기도 했다. 꽃다발과 함께 건네준 기념 도자기. "영원한 자유인. 길꾼 강신길. 한반도 남쪽 부산 해맞이 공원. 4년 전 우리나라 길 종횡단을 위해 첫걸음을 내딛은 곳. 부산-고성-인천-목포-부산에 이르는 힘들고 외로운 여정 83일, 2655km. 지금껏 당신이 살아온 인생처럼 굳건한 의지와 은근한 끈기로 해내셨습니다. 당신의 그 큰 열정에 우리는 무한한 존경을 표합니다. 2017년 10월 24일. 길꾼을 사랑하는 강씨네 가족들 드림." 이 얼마나 자랑스럽고 영광스런 기념, 감사패냐! 가장 간직하고픈 물건이 되었다.

국내 트레킹 준비 가이드

국내 트레킹은 계획된 일정을 조정할 수 있기 때문에 응급 사태를 피할 수 있지만, 가능한 출발 전 계획을 세운대로 일정을 소화하여야 트레킹이 주는 걷는 맛의 묘미와 성취감을 느낄 수 있다. 이 걷는 맛과 성취감이 다음 트레킹의 연결고리가 된다. 사전의 치밀한 준비가 트레킹 성공 여부를 결정하는 경우가 많다. 따라서 아래 내용들은 '대한민국 둘레길' 코스에 따른 준비다.

트레킹 구간 안내지도

 해파랑길- 해파랑길 구간을 경유하는 지방자치 군, 시의 관광과에서 지도를 얻을 수 있다. 부산광역시에서는 '부산 갈매길' 안내도와 '해파랑길'이 겹치기도 한다.

동서횡단 DMZ 평화누리길- 강원도 고성군, 인제군, 양구군, 화천군, 철원군의 지도는 각 군청 기획과 또는 기획 조정실 등에서 보유하고 있는 '관내 행정지도'를 얻어야 한다. 전화를 해서 부탁하면 우편으로 보내준다. 특히 대부분은 관광과로 전화를 돌려주는데, 관광과에서는 관광지도이기 때문에 필히 '관내 행정 지도'을 얻어야 한다.
경기도 연천시 신탄리역이 '평화누리길' 마침 지점이다. '평화누리길' 시작점은 경기도 김포시 대명항이다. '평화누리길'은 길 안내 이정표가 곳곳에 설치되어 있는, 잘 조성된 트레킹 트레일(걷는 길)이다. 김포시, 고양시, 파주군, 연천군으로 연결되어 있다. 각 군청 관광과에서 '평화누리길'지도를 얻을 수 있다. 따라서 고성군, 인제군, 양구군, 화천군, 철원군의 관내 행정지도와 평화누리길 안내지도를 결합하면 동서횡단 DMZ 평화누리길 트레일이 완성된다.

서해안 트레킹- 인천시청 또는 인천여객터미널에서 출발한다. 각 지자체 시, 군 '기획과'에서 '관내 행정지도'를 얻어야 한다.

남해안 트레킹- 각 지자체 시, 군 기획과에서 '관내 행정지도'를 구해야 한다. 스마트폰을 통해 인터넷으로 지도를 찾을 수 있으나, 그날 걷기에 따라 거리를 조정할 경우와 비가 오는 경우 등에 '관내 행정지도'가 대단히 유용하다.

걷는 일정

각 개인의 체력에 따라 일정을 조정하여야 하며, 절대 욕심을 내는 무리한 일정 계획을 짜서는 안 된다. 대체로 시간당 4km 걷기가 된다. 대개 걷기 2~3일부터 신체상 약한 부분에서 통증이 오기 시작하여, 5~6일에는 통증이 스스로 사라진다. 이후 체력의 저하가 오기 시작하며, 나른한 상태의 몸으로 걷게 된다. 본인의 몸 컨디션을 면밀히 분석하여 계속 걷기 여부를 결정해야 한다. 만일 체력에 자신이 있다면 이때 소위 '걷는 맛'을 느낄 수 있다. 트레킹을 시작하려는 미 경험자는 3개월 정도의 사전 등산 및 걷기를 하는 것이 도움이 된다. 걷는 계절은 3월 하순이나 9월 하순 출발이 좋다. 9월 하순보다 3월 하순이 좋다. 낮 길이가 길고, 꽃들과 동행할 수 있다.

준비물

준비물은 가능한 단순해야 한다. 매일 30여 km를 걸어야 하니 배낭 무게를 줄여야 한다. 가벼운 재질의 배낭(가능한 등산 전문 업체 배낭. 등에 맸을 때 등에 밀착해야 한다.), 경등산화(발목이 없는 것. 트레킹화나 중등산화는 금물), 양모 재질의 두꺼운 양말 세 컬레(매일 세탁), 스포츠용 내의 상하 세 벌(매일 세탁), 카우보이 모자, 선글라스, 3M 종이 테이프(반드시 지참, 매일 발가락, 발바닥, 발뒤꿈치 테이핑), 비옷 상하의, 작은 접이 우산, 버프, 트레킹 폴(개인의 선택, 크게 필요하지 않음), 물통(가능한 가벼운 것), 장갑(가벼운 것), 미들 레이어(중간 옷 2~3벌, 일정에 따라 세탁), 아우터 레이어(겉옷 방수 한 벌).

트레킹 코스 정하기

 해파랑길 및 평화누리길은 트레일이 정해져 있고, 나머지 구간은 각자가 정해야 한다. 각자 일정에 따라 달리할 수 있지만, 첫째, 가능한 국도 길은 피하고 지방도, 시도, 군도 길을 잡는다. 교통량이 많지 않아 비교적 안전하다. 둘째, 시청사, 군청사가 있는 곳, 읍사무소, 면사무소에는 대개 숙박시설인 호텔이나 모텔이 있다. 곳에 따라 면사무소에도 숙박시설이 없는 곳도 있다. 셋째, 대체로 면사무소 소자 지에 숙박하기 때문에 일정을 잡을 때, 면사·무소를 기준으로 하게 된다. 넷째, 출발 전 트레킹 코스를 정하고, 각 면사무소 소재지의 모텔 유무 여부를 확인하고 그곳의 회사나 개인 택시 전화 번호를 인터넷을 통해 사전 확인하고 출발하는 것이 좋다.

아침, 점심 식사 챙기 기

 대부분 지역에서 아침 식사가 가능한 시간이 9시 이후다. 아침 식사를 식당에서 하고 출발하면 하루 걷는 거리가 짧아진다. 또한 트레킹 중에 점심 식사 시간에 식당을 찾기가 대우 쉽지 않다. 따라서 아침, 점심은 전날 저녁에 준비하고, 점심은 배낭에 넣어서 출발해야 한다. 지금은 대부분 면사무소 소재지에는 편의점이 있기 때문에 아침, 점심 준비가 그렇게 어렵지 않다. 편의점 도시락도 트레킹의 좋은 식단이 될 수 있다. 비상용 에너지 바 3~4개는 필히 지참한다.

대한민국 둘레길
동·서·남해안과 휴전선 2700km 트레킹

ⓒ 강신길

초판 1쇄 발행   2021년 4월 7일
    2쇄 발행   2021년 6월 24일

지은이   강신길
펴낸이   김영훈
편집 및 디자인 편집회사새라새

펴낸곳   안나푸르나
출판신고   2012년 5월 11일
주소   서울시 마포구 월드컵북로 4길 44-7 한솔빌딩 101호
전화   02-3144-4872
팩스   0504-849-5150
전자우편   idealism@naver.com

ISBN 979-11-86559-62-8(03910)